전두환
타서전

전두환 타서전

초판 1쇄 인쇄 2017년 4월 28일
초판 1쇄 발행 2017년 5월 2일

엮은이 정일영 · 황동하
펴낸이 김연희
주 간 박세경

펴 낸 곳 그림씨
출판등록 2016년 10월 25일(제2016-000336호)
주 소 서울시 마포구 월드컵북로 400 문화콘텐츠센터 5층 23호
전 화 (02)3153-1344
팩 스 (02)3153-2903
이 메 일 grimmsi@hanmail.net

ISBN 979-11-960678-0-9 03910
값 18,000원

이 도서의 국립중앙도서관 출판예정도서목록(CIP)은 서지정보유통지원시스템 홈페이지(http://seoji.nl.go.kr)와 국가자료공동목록시스템(http://www.nl.go.kr/kolisnet)에서 이용하실 수 있습니다.(CIP제어번호: CIP2017009948)

전두환 타서전

全斗煥他敍傳

정일영 · 황동하 엮음

그림씨

머리말

시간 앞에서 모든 것은 무력하다. 무엇이든 시간이 흘러가면 바뀌기 마련이다. 그래도 모든 것의 '뼈대'는 세월의 힘을 버텨 내어, 본래의 모습을 추측이나마 할 수 있는 기회를 주기도 한다. 역사학 전공자로서 우리는 기억도 그러할 것이라고 생각했다. 지금 손에 쥐고 있는 뼈대가 온기 묻은 실체를 온전히 보여 준다고는 할 수 없겠지만, 사라진 '살점'을 상상할 수 있는 바탕은 될 수 있다고 생각했더랬다.

기사를 검토·분류하고 정리하면서 이런 나의 생각은 엄청난 착각이었음을 깨달았다. 기억에는 애초부터 세월의 힘을 버텨 내는 뼈대 따위가 없었다. 100년 전 일도 아니고 고작 40년도 채 되지 않은 일인데도, 우리의 기억은 어부가 건져 올린 연체동물처럼 무너져 내리고 있었다. 전두환을 비롯한 신군부 세력이 저지른 일들이 완전히 잊히지는 않았지만, 자세한 사실들은 시간 앞에 무력한 살점처럼 조금씩 떨어져 나가고 있었다. 그래도 전두환이나 신군부에 대한 전반적인 평가처럼 뼈대는 남아 있지 않느냐고 생각도 해 봤다. 하지만 신문 자료를 살펴볼수록, 우리의 기억에서 떨어져 나간 살점들이야말로 어쩌면 정말 중요한 게 아닐까 하는 결론에 가닿았다.

이 책은 분명『전두환 회고록』에 대응하는 책이지만, 그를 위해 만든 책이 아니다. 우리가 어떤 시대를 살아왔고 어떤 일을 겪어 왔는지 돌아보고 또 기억하기 위한 책이다. 그 삼엄한 시대를 거치고서도, 고작 30여 년이 지난 지금 우리는 떨어져 나간 '살점들'을 잊었다. 그리하여 전두환을 웃음으로 이야기하고, 심지어 누군가는 그때가 살기 좋았다고 말하기도 한다. 운 좋게 별 탈 없이 그 시대를 거쳐 살아 있기 때문에 웃고 말하고 기억할 수 있다는 걸 잊은 채. 그리고 그 망각의 틈을 이용하여 누군가는 제멋대로 과거를 '회고'한다. 그 또한 그의 자유라고 할지 모른다. 그렇다면 우리 사회는 과연 피해자와 소수자에게 어떤 권리와 자유를 주었는가?

신군부가 언론을 통제했고 언론도 신군부에 적극 빌붙어 기생했다는 사실은 잘 알려져 있다. 그러나 이번 작업을 하면서 그 정도가 어떠했는지 새삼 다시 깨달았다. 1980년대 초반의 기사는 보존 상태가 썩 좋지 않아 글자 하나를 해독하는 데에도 적지 않은 어려움을 겪었다. 혹시나 하는 마음에 같은 일자의 다른 신문 기사를 찾아보면 단어 하나 달리 쓰지 않고 일치하는 문장을 수없이 마주했다. 작업하는 데에 많은 도움이 된 것은 사실이지만 씁쓸한 웃음을 참기는 힘들었다. 그렇다 하더라도 이 책에 수록한 기사들은 우리의 기억을 돕는 자료다. 통제된 언론에서 생산한 기사마저도 2017년 특정인의 회고와 얼마나 다른지 확인하는 것도 의미 있다고 생각한다.

역사 선생인 우리는 사실 하나하나를 암기하고 기억하는 게 역사는 아니라고 학생들에게 말해 왔다. 지금 와서 그 생각을 완전히 뒤집을 마음은 없지만, 사실을 기억하고 기록하는 게 역사의 최소한이라는 걸 다시 한 번 확인한다. 『전두환 회고록』을 보며 처참함을 느낄 이들에게 우리가 갖출 수 있는 최소한의 예의는, 잊지 않는 것. 그것뿐이다.

2017년 봄

엮은이

『전두환 회고록』(전 3권)이 2017년 4월에 출간되었다.
앞만 보고 살아온 그가 뒤를 돌아보는 글을 썼다는 것 -그것도 3권이나-은 대한민국 현대사에 어떤 방향으로건 커다란 흔적을 남긴 인물의 시대가 저물고 있다는 이야기다.
그 내용을 두고 말들이 많다. 당연하다. 문제적 인물들의 경우, 그들의 일거수일투족이 문제를 불러일으키는 것은 당연하니 말이다.
게다가 전두환이 누구인가? 단돈 29만 원의 재산으로 수십 년째 호의호식할 만큼 일반적 인간과는 전혀 다른 존재이니 그의 말과 글이 논란을 일으킬 것이라는 점은 책을 읽지 않아도 알 수 있다.

『전두환 타서전』은 그의 '회고록'이 일으킨 논란과 관련한 내용, 더하여 그가 시민 앞에 모습을 드러낸 후 역사의 뒤안길로 저물어가는 오늘날에 이르는 한 시대를 정확히 확인하고 기록하기 위해 출간한 책이다. 제목의 '타서전他敍傳'은 '다른 사람이 서술한 전기'라는 뜻이다. 당연히 자서전에 대응하는 것이다. 그렇다면 '누가' 서술한 것인가?

잘 알려져 있다시피 동양의 역사 편찬 체제는 사건이 일어난 순서대로 기록하는 '편년체編年體', 군주에 관한 본기本紀와 신하 및 주요 인물들의 전기인 열전列傳, 통치제도·문물·경제 등을 분류해 쓴 지志와 연표年表 등으로 기록하는 '기전체紀傳體', 사건의 명칭을 제목으로 내걸고 그에 관련된 기사를 모두 모아 서술하여 사건의 처음부터 끝을 기술하는 '기사본말체紀事本末體'가 있다. 이 가운데 '기사본말체'가 "가장 발전된 역사편찬 체재"이자 "역사에서 사건의 전말을 알고자 하는 새로운 역사의식의 소산"이며, "따라서, 정치적인 사건을 기술하는 데 가장 효과적인 역사편찬 체재"라고 한다(『한국민족문화대백과사전』).

『전두환 타서전』은 기사본말체에 따라 편찬하였다. 또한 기사본말체의 정신에 맞게 전두환과 관련된 신문 기사 이외에 어떠한 주관적 평도 수록하지 않았다.
전두환에 대한 모든 평가는 이 책에 수록된 기사를 통해 독자 여러분께서 판단하실 일이다. 엮은이들은 오직 그와 관련한 사실fact만을 수집, 편집하였다.

알려드릴 말이 있다.

본 책에 수록한 기사의 대부분은 『한국일보』 기사다. 『한국일보』 기사를 주로 선택한 데에 특별한 이유가 없다. 어차피 전두환 시대의 신문기사는 대부분 비슷하다. 엄격한 언론 통제 탓일지 모른다. 그러하기에 어떤 신문의 기사를 활용해도 사실을 확인하는 데는 문제가 없다. 그런데 이 책에는 백 건 이상의 신문기사와 사진 자료가 활용되었다. 오늘날의 저작권 재산 시대에 이 자료를 사용하는 데 소요되는 비용이 적지 않다. 한국일보사에서는 이에 대해 출판이 가능할 정도로 비용을 절약하는 데 적극적으로 협조해 주셨다. 『한국일보』 기사가 대부분을 차지하는 까닭이 여기에 있다.

그 외에 꼭 필요한 기사 몇 개는 다른 신문사의 것을 사용하였다. 또한 신문기사는 원칙적으로 날짜순으로 배치하였으나 관련 기사가 추후에 게재된 경우에는 함께 배치하였다.

한글 전용 신문이 창간된 것은 전두환의 집권기가 끝난 후다. 그래서 그 시대 신문들은 한자를 많이 사용하였다. 신문기사를 한글로 다시 수록한 것은 오늘날 독자들께서 쉽게 읽도록 함이다.

그 외에 엮은이가 작성한 기사는 이 글, 즉 머리말과 전두환 연표뿐이다.

독자 여러분의 열독熱讀을 바란다.

2017년 봄

차례

박 대통령 유고

朴大統領 有故

全國에 非常戒嚴 선포

崔圭夏總理 大統領權限대행

通禁은 밤10시로 延長

모든大學 무기한 休校

戒嚴司令官에 鄭昇和陸參總長 임명

有故내용 심각… 상오9시30분 발표

屋外집회·示威 禁止

言論·出版 事前검열

令狀없이 체포·拘禁

職場이탈·怠業 嚴斷

深夜 임시國務회의

유언비어날조·유포등禁止

새벽4시 공공施設

戒嚴軍 경비

"國土넓혀食糧自給"

朴大統領, 揷橋防潮堤준공 참석

통금은 밤 10시로 연장
모든 대학 무기한 휴교

옥외집회 · 시위 금지
언론 · 출판 사전검열
영장없이 체포 · 구금
직장이탈 · 태업 엄단

최규하 권한대행

전국에
비상계엄 선포

최규하 총리
대통령 권한대행

정 계엄사령관

새벽 4시 공공시설 계엄군 경비

박 대통령 유고

『한국일보』 1979. 10. 27. 1면

001

정부는 27일 박정희(朴正熙) 대통령의 유고로 전국에 비상계엄을 선포했다. 박 대통령의 유고에 따라 최규하 국무총리가 대통령의 권한을 대행케 됐다. 김성진 문공부장관은 27일 상오 4시 30분 임시 국무회의 내용을 발표하고 "79년 10월 26일 밤 11시에 긴급히 소집된 임시국무회의는 대통령의 유고로 인하여 국가의 안전과 사회질서의 유지를 위하여 79년 10월 27일 상오 4시를 기해 전국 일원(제주도 제외)에 비상계엄을 선포키로 의결하였다"고 발표했다. 김 장관은 이어 "비상계엄사령관에는 육군 참모총장 정승화 육군대장을 임명했다"고 말했다. 한편 정부는 헌법 제48조 규정에 의하여 최규하 국무총리가 대통령 권한을 대행하여 수행하게 되었음을 79년 10월 26일 밤 11시에 열린 임시 국무회의에 보고되었다고 김 장관은 말했다.

새벽 4시 공공시설 계엄군 경비

계엄령 선포와 함께 계엄군은 이날 새벽 4시를 기해 중앙청 종합청사를 비롯한 관공서, 신문사, 방송국 등 언론기관, 기타 전화국, 교도소 공공건물에 군부대를 진주시켜 경비 임무에 들어갔다.

한편 서울 중구 태평로 미국대사관 7층 건물은 이날 자정부터 새벽까지 대부분 환하게 불을 밝힌 채 이례적으로 철야근무하고 있었다.

이 같은 미 대사관의 철야는 드물게 보는 일이다.

옥외집회 · 시위 금지

언론 · 출판 사전검열

영장없이 체포 · 구금

직장이탈·태업 엄단

계엄포고 제1호

포고문-국가의 안전과 공공의 안녕 질서를 확립하고 국민의 생명과 재산을 보호하기 위해 다음 사항을 포고한다.

1. 일체의 옥내외 집회는 허가를 받아야 하며, 시위 등 단체 활동 등은 금한다.
2. 언론 출판 보도는 사전에 검열을 받아야 한다.
3. 야간통행금지는 22시부터 익일 4시까지로 한다.
4. 정당한 사유 없이 직장 이탈 및 태업행위를 금한다.
5. 유언비어의 날조 및 유포행위를 금한다.
6. 항만 및 공항의 출입은 검열을 받아야 한다.
7. 모든 대학(전문대 포함)은 별명이 있을 때까지 휴교 조치한다.
8. 일체의 집단적 난동 소요 및 기타 범법행위를 금한다.
9. 주한 외국인의 활동은 이를 보장한다.

상기 포고를 위반한 자는 영장 없이 체포, 구금, 수색하며 엄중 처단한다.

1979년 10월 27일 계엄사령관
육군대장 정승화

“79년 10월 26일 밤 11시에
긴급히 소집된 임시국무회의는
대통령의 유고로 인하여 국가의
안전과 사회질서의 유지를
위하여 79년 10월 27일 상오
4시를 기해 전국 일원(제주도
제외)에 비상계엄을 선포키로
의결하였다”

박정희 대통령 서거

朴正熙大統領 逝去

金載圭前부장銃彈에

7시50분께 情報部식당서 病院移送중운명

金載圭前부장拘束、車智澈警護室長과 충돌로

車室長등 5명도 死亡

朴正熙대통령이 26일하오7시50분께 피격, 서거했다. 朴대통령은 이날 저녁6시 서울종로구宮井洞소재 中央情報部식당에서 金載圭전중앙정보부장이 마련한 만찬에참석, 만찬도중 金전중앙정보부장이 발사한총격으로 중상을입고 저녁7시50분 인근軍병원으로 옮겨 이송도중 운명했다고 金聖鎭문공부장관이 27일아침7시35분 특별발표를통해 밝혔다. ★관련기사 2·3·4·5·6·7면

非常時局 결연히 對處

崔大統領權限代行담화 온국민合心 국가保衛

"全將兵은 一致團結로 北傀 어떤挑發도분쇄"

盧國防·3軍參謀總長결의문

美 어떤 惡用挑發도 不容

韓美聯合司 비상警戒태세

國務省성명

金文公장관 發表전문

11월 3일 國葬

閣議의결 國立墓地 安葬

國法질서 遵守토록

金載圭 情報部長 26日字 解任조치

一般 犯罪는 一般 法院서

비상시국 결연히 대처

김 문공장관 발표 전문

11월 3일 국장
각의 의결, 국립묘지 안장

미, 어떤 악용도발도 불용
한미연합사 비상경계태세

박정희 대통령 서거

『한국일보』 1979. 10. 28. 1면

002

차 실장 등
5명도 사망

김재규 전 부장 총탄에
7시 50분께 정보부식당서
병원이송 중 운명
김재규 전 부장 구속, 차지철
경호실장과 충돌로

박정희 대통령이 26일 하오 7시 50분께 피격, 서거했다. 박 대통령은 이날 하오 6시 서울 종로구 궁정동 소재 중앙정보부 식당에서 김재규 전 중앙정보부장이 마련한 만찬에 참석, 만찬 도중 김 전 중앙정보부장이 발사한 총격으로 중상을 입고 하오 7시 50분 인근 군병원으로 급거 이송 도중 운명했다고 김성진 문공부장관이 27일 상오 7시 35분 특별발표를 통해 밝혔다.

차 실장 등 5명도 사망

이 자리에 대통령과 함께 참석했던 차지철 청와대 경호실장도 피격, 절명했으며 대통령을 중앙정보부식당까지 수행했던 정인형 경호처장, 안재송 경호처부처장, 김용섭 경호계장, 대통령전용2호차 운전사 김용태씨 등이 사망, 박상범 경호계장은 중상을 입었다.

김 장관은 김 전 정보부장이 계엄사에 의해 구속, 조사를 받고 있다고 발표했다. 향년 62세로 경북 선산 출신인 박 대통령은 지난 61년 5월 16일 군사혁명으로 국가재건최고회의 의장을 거쳐 63년 12월 17일 5대 대통령에 취임, 6대, 7대, 8대 대통령을 지냈으며 작년 12월 27일 9대 대통령에 취임한 뒤 10개월 만에 서거했다.

정보부 만찬에 참석

박정희 대통령은 26일 하오 충남 삽교천 방조제 준공식에 참석한 뒤 헬리콥터 편으로 서울로 돌아와 하오 6시에 청와대 바로 옆 궁정동 중앙정보부 분실에 있는 식당에서의 만찬에 참석했다.

중앙정보부 분실 식당 만찬은 김재규 전 중앙정보부장 주최로 열린 것으로 알려졌으며 식탁에는 박 대통령, 김계

박정희 대통령은 79년 10월 26일 하오 6시께 서울 궁정동 소재 중앙정보부 식당에서 김재규 전 중앙정보부장이 마련한 만찬에 참석하여 김계원 청와대 비서실장, 차지철 청와대 경호실장과 만찬 도중 김재규 전 부장과 차지철 실장 사이의 우발적인 충돌사고가 발생하여 김재규 전 부장이 발사한 총탄에 맞아 이날 하오 7시 50분께 서거하셨다.

원 비서실장, 차지철 경호실장, 김 전 정보부장 등 4명만 이 자리 잡았고 경호원들은 밖에서 대기하고 있었던 것으로 알려졌다.

김 문공장관 발표 전문

장관이 이날 아침 발표한 박 대통령 서거 경위는 다음과 같다.

박정희 대통령은 79년 10월 26일 하오 6시께 서울 궁정동 소재 중앙정보부 식당에서 김재규 전 중앙정보부장이 마련한 만찬에 참석하여 김계원 청와대 비서실장, 차지철 청와대 경호실장과 만찬 도중 김재규 전 부장과 차지철 실장 사이의 우발적인 충돌사고가 발생하여 김재규 전 부장이 발사한 총탄에 맞아 이날 하오 7시 50분께 서거하셨다.

박정희 대통령은 총탄을 맞은 직후 김계원 실장에 의해 급거 인근 군서울병원으로 이송되었으나 병원 도착 직전 운명하신 것으로 군서울병원장에 의해 진단되었다.

차지철 경호실장을 포함한 5명이 사망했으며 김재규 전 부장은 계엄군에 의해 구속, 조사 중이다. 정부는 박 대통령의 서거에 애도의 뜻을 표하는 국민의 뜻에 따라 국장을 지내기로 했다. 구체적 사항은 추후 발표할 예정이다. 조기를 달고 다 같이 경건하게 애도의 뜻을 표하기 바란다.

김재규, 집권 노린 범행

金載圭, 執權노린 犯行

超緊張의 12시간10분

時間別로 본 弑害사건

金桂元은 默認동조·收拾지연시켜

6月부터 計劃, 釜·馬사태 逆用犯行

鄭陸參總長 유인…포섭하려다 失敗

百11명조사 33명 身柄확보, 公開裁判키로

朴大統領 弑害사건捜査 全貌발표

弑害사실 감춰놓고 戒嚴軍장악 革命委로 誘導계획

"軍이나 外勢介入 전혀 없었다"

박 대통령 사건 전모를 발표하는 전두환 계엄사 합동수사본부장

박 대통령 시해 사건 수사 전모 발표

"군이나 외세 개입 전혀 없었다"

시해 사실 감춰 놓고 계엄군 장악 혁명위로 유도계획

김계원은 묵인동조·수습 지연시켜
6월부터 계획, 부·마사태 역용범행
정 육참총장 유인…포섭하려다 실패
111명 조사 33명 신병확보, 공개재판키로

김재규, 집권 노린 범행

『한국일보』 1979. 11. 7. 1면

003

계엄사령부 합동수사본부는 6일 상오 "전 중앙정보부장 김재규(53)가 박정희 대통령과 차지철 경호실장을 제거한 뒤 군 고위층을 조종, 군사혁명을 유도해 정권을 탈취한다는 사전구상에 따라 지난 6월부터 단독 구상, 거사 후 3일간 박 대통령의 서거를 감추고 비상계엄을 선포하려 했다"고 박 대통령 시해 사건 수사 결과 전모를 발표했다. 계엄사 합동수사본부장 전두환 소장은 이날 상오 9시 이같이 밝히고 전 청와대비서실장 김계원(56)도 사건 당일인 10월 26일 궁정동 중정 식당에서 김재규와 함께 박 대통령을 대기 중, 김이 차 경호실장을 비난하면서 "오늘 저녁 해치우겠다"는 말을 듣고 차 실장을 살해한다는 점을 알고도 묵인 동조하고 사건 후 이재전 경호실차장에게 "병력출동의 필요가 없음"을 비치고 밤 11시 30분까지 박 대통령의 서거 소식을 알리지 않다가 비상 각의가 박 대통령의 안위를 확인하기 전에는 비상계엄을 선포할 뜻을 보이지 않자 그때서야 김재규의 거사가 실패했음을 인지, 시해 3시간 50분 만에 노재현 국방장관과 정승화 육참총장에게 김이 박 대통령을 시해한 사실을 비로소 알림으로써 김의 체포를 지연시키는 등 김의 거사를 방조했다고 밝혔다. 전 소장은 "이번 사건은 김재규가 자신이 대통령이 되겠다"는 망상에 사로잡혀 저지른 범행이며 이 사건에는 미(美) CIA 등 외세 개입과 군부 등 여타 조직의 관련이 전혀 없음이 확인됐다고 발표하고 김은 사건 후 5시간 만에 검거됐고 사건 당시 식당에는 박 대통령, 차 경호실장, 김계원, 김재규 이외에도 정양, 성양 등 여자 2명이 있었다고 밝혔다. 전 소장은 이번 사건과 관련, 중앙정보부원 등 111명을 조사했으나 33명만 참고인으로 신병을 확보, 나머지 78명은 훈방했다고 말하고 이 사건의 중대성에 비추어 이 사건을 계엄군법회의에서 공개 재판할 방침이라고 밝혔다.

10대 대통령 최규하 후보 당선

10代大統領 崔圭夏후보 當選

統一主體國民會議서 2,549명중 贊2,465 무효84票로

전국민和合·協調통해 政治發展 최선의 노력

崔圭夏 제10대 대통령은6일 당선인사를 통해『본인은 전국민의 和合과협조를통해 국가적難局을 타결해나가고 民生안정과 경제의 안정적성장을 도모하면서 경제사회적성장에 상응하는 政治的발전을 이룩해나가는데 최선의노력을 경주한 것』이라고 말했다. 崔대통령은『본인은 10代 대통령으로서 國憲을준수하고 국가를 보위하며 국민의 자유와 복리의증진에 노력하고 조국의 평화적 통일을위해 많은바직책을 성실히수행할것을 국민여러분에게 굳게 다짐한다』고 말하고『지금 우리는 매우 어려운 時局에 처해있으며 격동하는 국제정세와 石油위기등 국내외적으로 큰시련에 직면해있다』고지적했다. 崔대통령은 대통령으로 선출된데대해 국민회의 대의원들과 국민들에게 사의를 표한다고 말했다.

★관련기사3·7면

在籍 代議員중 11명만不參

제10代 대통령에 崔圭夏 대통령권한대행이 당선됐다. 통일주체국민회의는 6일 상오 서울奬忠체육관에서 在籍대의원 2천5백60명중 2천5백49명이 참석한가운데 3차 회의를 열고 故 朴正熙 대통령의 서거로 궐위된 대통령 후임에 단독 출마한 崔대통령권한대행을 2천4백65표 (무효84표)로 선출, 당선을 공고 했다. 이로써 崔대통령은 李承晩, 尹潽善, 朴正熙 대통령에 이어 憲政 사상 4번째 대통령이 됐다. 崔대통령은 당선 즉시 임기가 개시되어 故朴대통령의 잔여임기인 84년12월26일까지 재임할수 있으나「11·10특별담화」에 따라 잔여임기를 채우지않고 가능한 빠른시일안에 헌법을 개정하고 11대 대통령및 국회의원선거를 실시한뒤 정부를 이양하게된다.

◇10대 대통령으로 당선된 崔圭夏 대통령이 당선직전 개회사를 끝내고 대의원들의 환호에 손을흔들어 답례하며 회의장을 떠나고있다.

10대 대통령으로 당선된 최규하 대통령이 당선 직전 개회사를 끝내고 대의원들의 환호에 손을 흔들어 답례하며 회의장을 떠나고 있다.

當選人事

국민회의는 이날 상오10시 대의원과 閔寬植국회의장 직무대리, 李英燮대법원장등 三府요인과 駐韓외교사절, 각계대표등 내외귀빈 2백여명이 참석한가운데 15분간 개회식을 가진뒤 朴英秀사무총장으로부터 대의원출석현황, 대통령후보자등록상황과 회의주재운영위원으로 郭尙勳 金一煥 李鍾國대의원을 지명한다는 보고를 들은뒤 상오10시 42분 투표에 들어갔다.

無記名비밀투표로 진행된 이날 투표는 상오11시30분께 끝나 곧 개표에 들어가 낮12시26분 개표결과가 발표됐다.

이에앞서 개회식에서 崔대통령권한대행은 국민회의 의장권한대행자격으로 행한 개회사를 통해『이번선거는 그 政治史的의의가 과거 어느때보다도 중대한것』이라고 강조하고『그것은 우리가 사회안정의 바탕위에 당면한 국가적시련을 극복하면서 질서정연한 가운데 合憲的인정치발전에따라 평화적인 政府이양을 가능하게 하기 때문이며, 또 우리나라가 名實相符한 法治국가로서 민주주의발전의 저력을가진 文明국가임을 국내외에 과시하게되는것이기 때문』이라고 말했다.

오늘 全閣僚사표·來週組閣

崔大統領 緊急措置관련 오늘 談話

總理는 來週初에 임명할듯

崔圭夏대통령의 당선에 따라 전국무위원들은 7일하오4시 중앙청에서열리는 국무회의에서 일괄사표를 제출할 것으로 알려졌다.

일괄사표에따른 組閣은 내주초에 국무총리서리임명이 있을것이며 새총리에대한 국회의 임명동의요청도 내주중에 있을예정이다. 또 나머지 국무위원들에대한 조각은 내주말께단행될것으로보인다.

한편 崔대통령은 7일 국무회의가 끝난뒤 긴급조치9호 해제와 관련, 특별담화를 발표할 예정이다.

한편 휴회중인 國會도15일께 본회의를 소집, 국무총리의 任命同意등 組閣을뒷받침하는 절차를 취할예정이다.

오늘 전 각료 사표·내주 조각
최 대통령, 긴급조치 관련 오늘 담화

전 국민 화합·협조 통해 정치
발전 최선의 노력

10대 대통령 최규하 후보 당선

『한국일보』 1979. 12. 7. 1면

004

통일주체국민회의서 2,549명 중 찬 2,465 무효 84표로

최규하 제10대 대통령은 6일 당선 인사를 통해 "본인은 전 국민의 화합과 협조를 통해 국가적 난국을 타결해 나가고 민생안정과 경제의 안정적 성장을 도모하면서 경제사회적 성장에 상응하는 정치적 발전을 이룩해 나가는 데 최선의 노력을 경주할 것"이라고 말했다. 최 대통령은 "본인은 10대 대통령으로서 국헌을 준수하고 국가를 보위하며 국민의 자유와 복리의 증진에 노력하고 조국의 평화적 통일을 위해 맡은 바 직책을 성실히 수행할 것을 국민 여러분에게 굳게 다짐한다"고 말하고 "지금 우리는 매우 어려운 시국에 처해 있으며 격동하는 국제정세와 석유 위기 등 국내외적으로 큰 시련에 직면해 있다"고 지적했다. 최 대통령은 대통령으로 선출된 데 대해 국민회의 대의원들과 국민들에게 사의를 표한다고 말했다.

재적 대의원 중 11명만 불참

제10대 대통령에 최규하 대통령 권한대행이 당선됐다. 통일주체국민회의는 6일 상오 서울 장충체육관에서 재적 대의원 2,560명 중 2,549명이 참석한 가운데 3차 회의를 열고 고(故) 박정희 대통령의 서거로 궐위된 대통령 후임에 단독 출마한 최 대통령 권한대행을 2,465표(무효 84표)로 선출, 당선을 공고했다.

이로써 최 대통령은 이승만, 윤보선, 박정희 대통령에 이어 헌정 사상 4번째 대통령이 됐다.

최 대통령은 당선 즉시 임기가 개시되어 고 박 대통령의 잔여임기인 84년 12월 26일까지 재임할 수 있으나 「11·10 특별담화」에 따라 잔여임기를 채우지 않고 가능한

빠른 시일 안에 헌법을 개정하고 11대 대통령 및 국회의원 선거를 실시한 뒤 정부를 이양하게 된다.

국민회의는 이날 상오 10시 대의원과 민관식 국회의장 직무대리, 이영섭 대법원장 등 3부 요인과 주한 외교사절, 각계 대표 등 내외귀빈 2백여 명이 참석한 가운데 15분간 개회식을 가진 뒤 박영수 사무총장으로부터 대의원 출석 현황, 대통령 후보자 등록 상황과 회의 주재 운영위원으로 곽상훈, 김일환, 이춘기 대의원을 지명한다는 보고를 들은 뒤 상오 10시 42분 투표에 들어갔다.

무기명 비밀투표로 진행된 이날 투표는 상오 11시 30분께 끝나 곧 개표에 들어가 낮 12시 26분 개표 결과가 발표됐다.

이에 앞서 개회식에서 최 대통령 권한대행은 국민회의 의장 권한대행 자격으로 행한 개회사를 통해 "이번 선거는 그 정치사적 의의가 과거 어느 때보다도 중대한 것"이라고 강조하고 "그것은 우리가 사회 안정의 바탕 위에 당면한 국가적 시련을 극복하면서 질서정연한 가운데 합헌적인 절차에 따라 평화적인 정부 이양을 가능하게 하기 때문이며, 또 우리나라가 명실상부한 법치국가로서 민주주의 발전의 저력을 가진 문명국가임을 국내외에 과시하게 되는 것이기 때문"이라고 말했다.

“본인은 10대 대통령으로서
국헌을 준수하고 국가를 보위하며
국민의 자유와 복리의 증진에
노력하고 조국의 평화적 통일을
위해 맡은 바 직책을 성실히
수행할 것을 국민 여러분에게
굳게 다짐한다”

정승화 계엄사령관 연행

鄭昇和戒嚴사령관 連行

盧國防 談話발표 "金載圭관련 숨겼던 새事實 드러나"

一部將星도 拘束수사

陸參總長公館서 搜査官·경비병 충돌 12일저녁 7시께

國防部廳舍서도 增員軍과 哨兵 총격 어제새벽 2시께

새陸參總長 戒嚴司令官 李熺性中將大將승진任命

12日밤 全軍非常 서울에 戒嚴軍 추가투입

盧國防특별담화 "점진적民主發展 계속 國民모두 職分충실을"

새內閣발표 오늘중에

崔대통령 예정보다 하루늦춰

現職장관 更迭 더있을듯

申總理 任命

申副總理 離任式

非常국무회의 李大將승진의결

새 육참총장·계엄사령관
이희성 중장, 대장 승진 임명

노 국방 담화 발표 "김재규 관련
숨겼던 새 사실 드러나"

12일 밤 전군 비상 서울에
계엄군 추가 투입

일부 장성도 구속 수사
육참총장 공관서 수사관·경비병 충돌, 12일 저녁 7시께
국방부 청사서도 증원군과 초병 총격, 어제 새벽 2시께

정승화 계엄사령관 연행

『한국일보』 1979. 12. 14. 1면

노재현 국방장관은 13일 정승화 육군참모총장 겸 계엄사령관을 박정희 대통령 시해 사건과 관련, 군 수사기관이 연행 조사 중이라고 밝히고 새 육군참모총장 겸 계엄사령관에 이희성 육군대장(중앙정보부장서리)이 임명됐다고 발표했다.

이날 상오 발표된 노 장관의 특별담화는 박 대통령 시해 사건의 주범 김재규에 대해 수사 중이던 군 수사기관이 조사 과정에서 김이 숨기고 있던 새로운 사실을 발견, 12일 저녁 7시께 그 진부를 확인하기 위해 총장 공관으로 출동했다가 공관 경비병과 가벼운 충돌을 일으켰다고 밝히고 정 총장은 신상에 아무 이상 없이 현재 연행 조사를 받고 있다고 말했다.

노 장관은 또 13일 새벽 2시께 국방부 청사에서 계엄군을 증가 배치하던 중 이미 배치됐던 초병과 오인 충돌이 있었다고 발표하고 수도권 경계 태세를 강화하기 위해 일부 계엄군이 서울 시내에 증가 배치됐다고 밝혔다. 노 장관은 군이 새로운 지휘체제를 확립, 추호의 동요 없이 임무수행에 만전을 기하고 있다고 말하고 점진적인 정치발전을 바라는 대다수 국민의 여망에 부응, 정부와 군은 최선의 노력을 경주하고 있다고 강조했다.

12일 밤 전군 비상 서울에 계엄군 추가 투입

육군은 12일 하오 8시 20분을 기해 전군에 비상경계령을 내렸다.

육군은 또 13일 자정께부터 서울 지역에 계엄군을 추가 투입, 방송국과 신문사 등 주요시설에 병력을 배치했다.

정승화 전 총장 내란 방조 혐의 구속

鄭昇和 前總長 內亂방조혐의 拘束

李建榮(前3軍司令官) 鄭柄宙(前特戰司令官) 張泰玩(前首警司令官) 文洪球(前合參本部長) 조사

12·12事態진상 國防部에서 발표
公館등 銃擊서 셋死亡 20명負傷

鄭昇和혐의의

機會주의적인 野心품고
金載圭범행 默示的同調
金에 수시로 돈받고 裁判때 美化發言 放任

◇拘束된 鄭昇和前陸參총장. 〔24日國防部제공〕

鄭전총장 內亂방조
金載圭와 別途심리

정승화 혐의,
기회주의적인 야심 품고
김재규 범행 묵시적 동조
김에 수시로 돈 받고 재판 때
미화(美化) 발언 방임

12·12사태 진상 국방부에서 발표
공관 등 총격서 셋 사망 20명 부상

정 전총장 내란 방조
김재규와 별도 심리

이건영(전 3군사령관) 정병주(전 특전사령관)
장태완(전 수경사령관) 문홍구(전 합참본부부장) 조사

정승화 전 총장 내란방조혐의 구속

『한국일보』 1979. 12. 25. 1면

006

국방부는 박정희 대통령 시해 사건과 관련, 그동안 연행 조사 중이던 전 육군참모총장 겸 계엄사령관 정승화 대장과 다른 군 수뇌급 장성 4명에 대한 수사 결과와 '12 · 12사건'의 경위를 24일 상오 9시 30분 발표했다. 국방부는 정 전 총장은 김재규의 내란 방조 혐의로 입건 · 구속하고 전 3군 사령관 이건영 중장, 전 합참본부장 문홍구 중장, 전 특전사령관 정병주 소장, 전 수도경비사령관 장태완 소장 등 추종 세력은 죄상에 따라 적의 처리할 방침이라고 밝혔다. 국방부 발표문에 따르면 정 전 총장은 "지난 10월 26일 궁정동 식당 별관에서 식사 중 위급 사실이 발생한 것을 감지하고 또 김재규가 범인이라는 심증을 굳히고도 기회주의적인 야심을 품고 김재규의 뜻대로 계엄병력을 출동 배치하는 등 김재규 범행에 묵시적으로 동조했으며 김재규로부터 다액의 금품을 수수한 사실이 밝혀졌다"는 것이며 이건영 전 3군 사령관 등 4명의 장성은 "김재규로부터 거액의 금품을 받았고 12 · 12사건 때는 병력을 동원하는 등 조직적인 저항을 기도했다"는 것이다. 국방부는 이날 발표를 통해 지난 12월 12일 정 전 총장을 연행하는 과정에서 육군참모총장 공관 및 국방부 청사에서 발생한 충돌사고로 특전사 소속 김 소령, 합동수사본부 배속 헌병 박 상병, 국방부 소속 정 병장 등 3명이 죽고 4명이 중상, 16명이 경상을 입는 등 모두 23명의 사상자가 났다고 밝혔다.

이날 국방부 박진수 대변인이 발표한 조사 결과에 의하면 정 전 총장은 이 밖에도 ▲ 10월 29일부터 11월 1일까지 합동수사본부 수사관에게 10 · 26사건 당시 자신의 처신과 경위에 대해 임의 진술을 했으나 계엄사령관의 위력

국방부는 박정희 대통령 시해 사건과 관련, 그동안 연행조사 중이던 전 육군참모총장 겸 계엄사령관 정승화 대장과 다른 군 수뇌급 장성 4명에 대한 수사 결과와 '12·12사건'의 경위를 24일 상오 9시 30분 발표했다.

을 과시, 진술조서의 변경을 강요하는 등 혐의 사실 규명을 불가능하게 했고 ▲ 10·26 당시 경호 책임자로서 직무를 유기한 사실이 명백히 드러나 구속된 경호실 차장 이재전(李在田) 장군을 석방시키고 최소한의 징계조차 않은 채 두둔했으며 ▲ 10·26사건 후 행동이 불투명하고 해외여행이 부적합한 인사의 출국을 도와주었고 ▲ 김재규 등에 대한 재판이 진행되는 도중 범행 미화 발언의 무절제한 방임 등으로 국민 여론을 오도, 이를 구실로 범행 관련자에 대한 관용 조치를 할 징후를 보이는 등 군사재판관으로서 부당한 권리행사를 할 가능성이 높았고 ▲ 추종세력인 이건영·정병주 장군 등과 회합, 연락하는 등 심상치 않은 동향이 포착되어 즉각 조사할 필요가 있었으며 ▲ 12월 12일 수사관들이 총장 공관에 출두, 수사에 협조해 줄 것을 요구했으나 동행을 거부하고 소리를 질러 경호병들과 수사관 사이에 총격전이 벌어지게 했다.

또한 이건영·정병주 장군 등도 김재규 범행에 관련 혐의가 있어 조사하려던 중 정 전 총장이 연행되자 병력을 출동시키고 전차 등을 동원, 무력으로 수사를 거부해 왔다는 것이다.

국방부는 이날 발표와 함께 구속된 정 전 총장의 인물사진을 공개했는데 정 전 총장은 계급장이 떼어진 군 작업복 차림의 초췌한 모습이었다.

情報부장 署理에 全斗煥中將

保安업무 效果的遂行위해

國軍保安司令官 겸임

정보부장 서리에 전두환 중장
보안업무 효과적 수행 위해
국군 보안사령관 겸임

陸士11期, 1師團長때 제3땅굴발견

中情部長서리
全斗煥 中將

육사 11기, 1사단장 때 제3땅굴 발견

중정부장 서리
전두환 중장

007

정보부장 서리에 전두환 중장

『한국일보』 1980. 4. 15. 1면

최규하 대통령은 14일 국군 보안사령관 전두환 육군 중장을 중앙정보부장 서리에 임명했다. 최 대통령은 이어 이날 하오 5시 신임 전두환 중앙정보부장서리에게 임명장을 수여했다. 전 부장서리는 국군 보안사령관직도 겸임하게 된다. 청와대 당국자는 이날 전 보안사령관 중앙정보부장 서리 임명과 관련, "정부는 10·26 사태 후 고(故) 박정희 대통령을 시해한 사람이 중앙정보부장이었다는 점 등이 도의적인 측면에서 중정에 반성과 책임이 없지 않았으며 또 비상계엄령 하에서 계엄군이 보안 수사 정보 기능을 발휘해 왔기 때문에 중정 책임자 임명을 상당 기간 유보해 왔다"고 밝히고 "그러나 최근 북괴의 대남 도발과 격동하는 국제정세 등 내외 정세의 어려움에 처해 국가 안보의 견지에서 중정의 기능을 정상화할 필요를 느껴 이날 중정 책임자를 임명하게 된 것"이라고 설명했다.

이 당국자는 "현역 군인인 보안사령관이 중앙정보부장직을 겸임케 한 것은 계엄령 하에서 군이 정보 업무를 조절하고 있기 때문에 중정의 기능에 비추어 겸무토록 하는 것이 업무의 조정과 효과를 기할 수 있다고 판단했기 때문"이라고 밝히고 "앞으로 중정은 중앙정보부법에 따라 국가 안보 면에서의 본연의 업무를 담당하게 될 것"이라고 말했다.

이 당국자는 또 "중정이 업무수행에 있어 과거에 일부 폐단이 있었다면 이것은 시정토록 할 것"이라고 덧붙였다.

전 보안사령관의 중앙정보부장 서리 겸직은 중앙정보부법 제7조에 따르면 부장은 다른 직을 겸할 수 없도록 되어 있으나 이번 경우는 서리 임명이기 때문에 겸직이 가능한 것으로 알려졌다.

중앙정보부장직은 지난 10·26사태 후인 10월 27일 김재규 전 부장이 해임된 뒤 10월 30일 당시 육군참모차장이었던 이희성 중장이 서리직을 맡았으며 12·12사건 다음 날인 12월 13일 이 서리가 육군참모총장으로 발령됨에 따라 지금까지 공석으로 있었으며 그간 윤일균 중정차장이 직무를 대리해 왔다.

◇ 신임 전 부장 서리 약력

▲ 경북 출신 49세 ▲ 55년 육사 11기 졸업 소위 임관 ▲ 58년 25사단 72연대 중대장 ▲ 64년 육군대학 졸업 ▲ 67년 수경사 30대대장 ▲ 69년 육군참모총장 수석 부관 ▲ 70년 주월(駐越) 백마 29연대장 ▲ 72년 1공수 특전여단장 ▲ 78년 보병 제1사단장 ▲ 79년 국군보안사령관

30개 대학생 도심서 대규모 시위

30개大學生 都心서 대규모示威

6萬여명 市廳향해 行進
사흘째 過激한 投石戰…警官1명 死亡

페퍼포그車1臺 전소…市內버스 빼앗기도
都心교통마비… 수십만市民 짜증의歸家길

각方面서 서울驛집결
5萬여명 連坐농성

◇서울驛에 모이는 스크럼 行列

경찰 歸家보장
9時부터 해산

示威뒤의 거리는 '激戰치른 폐허'
시민들 걸어서歸家…지하철로 몰려 큰 혼잡

경찰 2백58명 학생 34명負傷 治安本部 발표

일부大는 安國洞에

페퍼포그 차 1대 전소…시내버스 빼앗기도
도심 교통마비… 수십만 시민 짜증의 귀가길

서울역에 모이는 스크럼 행렬
스크럼을 짜고 서울역 앞으로 몰려들고 있는 학생들. 이들 학생들은 현장에서 각 대학 대표자회의를 열고 열띤 토론을 벌인 끝에 하오 5시 10분 남대문 방향으로 움직이기 시작했다(15일 하오 2시 30분).

6만여 명 시청 향해 행진
사흘째 과격한 투석전…경관 1명 사망

30개 대학생 도심서 대규모 시위

『한국일보』 1980. 5. 16. 7면

008

3일째 가두시위에 나선 대학생들은 15일 하오 학생시위 이래 과격한 시위 양상을 보여 저지 경찰관들과 시가전을 방불케 하는 격돌을 빚었다. 이날 하오 5시를 전후해 서울역 앞 광장에 모여든 서울 시내 30개 대학 학생 5만여 명과 종로 등 도처에 흩어져 있던 학생 1만여 명 등은 서울시청을 향해 전진, 경찰이 저지하자 돌과 콜라병 등을 던지면서 공방전을 벌였다. 이날 학생들 속에서 뛰어나온 20대 청년 2명은 페퍼포그차[최류탄 발사 차량] 1대를 불태웠고 시내버스를 빼앗아 경찰 앞으로 굴려 보내기까지 해 경찰 1명이 죽고 3명이 부상하는 사태도 발생했다. 또 하오 8시께 주위가 어두워진 후 흥분한 청년들은 골목길을 오가면서 보도블록을 부숴 던지는 등 거친 시위를 계속했다. 이날 하오 학생과 경찰이 시청을 중심으로 곳곳에서 대치하는 바람에 중앙역-남대문 간을 비롯한 광화문 네거리 반경 1km 도심의 교통이 차단되면서 도심이 마비돼 수십만 명의 시민과 차량들이 도심의 골목길을 통해 이리저리 밀려다니느라고 귀가가 늦어지는 등 큰 불편을 겪었다. 또 격돌 현장에 있는 빌딩이나 주택가도 큰 고통을 치렀다. 시위학생들은 이날 하오 7시께 주력이 일단 서울역 광장에 다시 모였으며 하오 7시 30분께 서울대생들이 학교로 돌아가는 것을 시작으로 하나씩 둘씩 흩어졌다. 이날 지방에서도 11개 대학이 가두시위를 벌였다. 한편 이날 상오 연세대 등 일부 대학은 '자제'하기로 결정, 이날 시위를 하지 않았으며 서울대, 숙명여대 등 일부 대학도 학생 시위에 대한 시민들의 냉담한 반응 때문에 한때 시위 계속 문제를 놓고 찬·반 양론을 벌이는 진통을 겪었다. 또 서울역 앞에 모인 대학들의 학생 대표들도 한때 시위 방법을 놓고 격론을 폈으나 학생들은 강경론에 쏠려 끝내 시위에 나섰다.

18일 0시 기해, 제주 추가
대통령, 계엄사 지휘·감독
어제 심야 임시 각의서 결정

정치 활동 중지
대학에 휴교령

政治활동 中止
大學에 休校令

宣布이유…北傀동태·전국적인 소요사태등 감안

非常戒嚴 全國에 확대

18일 0시期해, 濟州추가
大統領, 戒嚴司 지휘·감독
어제 深夜 임시閣議서 결정

新聞·放送등 事前검열

職場이탈·파업등 一切不許
전·현元首 모독·비방금지
令狀없이 체포·구금·수색
經濟활동·國內여행은 보장

布告令 第10號

선포 이유…북괴 동태·전국적인 소요사태 등 감안

비상계엄의 전국 확대를 의결한 임시 국무회의 결과를 발표하는 이규현 문공부장관

비상계엄 전국에 확대

직장 이탈·파업 등 일절 불허
전·현 원수 모독·비방 금지
영장 없이 체포·구금·수색
경제활동·국내 여행은 보장
포고령 제10호

009

정치활동 중지 대학에 휴교령

『한국일보』 1980. 5. 18. 1면

정부는 17일 밤 9시 반 임시 국무회의를 열고 18일 0시를 기해 비상계엄 지역을 전국 일원으로 확대하기로 의결했다. 이날 밤 정부 대변인 이규현 문공장관은 이같이 발표하고 비상계엄을 전국으로 확대한 이유에 대해 "79년 10월 27일 상오 4시를 기해 제주도를 제외한 전국 일원에 비상계엄을 선포하였는바 현재 북괴의 동태와 전국적으로 확대한 소요사태를 감안할 때 전국 일원이 비상사태 하에 있다고 판단되므로 80년 5월 17일 24시를 기해 전국 일원으로 변경하려는 것"이라고 발표했다.

이 장관은 이날 "계엄의 종류는 비상계엄으로 하고 실시 지역은 전국 일원이며 시행 일시는 80년 5월 17일 24시부터 평상 상태로 회복 때까지로 하고 계엄사령관은 이희성 육군 참모총장"이라고 발표했다.

계엄이 전국화함에 따라 계엄법을 통해 지금까지 국방부 장관의 지휘감독을 받아왔던 계엄사령관은 앞으로 대통령의 지휘감독을 받게 된다.

학생·시민 18일부터
대책 강구…군경·민간인 사망

계엄사 발표 광주에 소요

광주사태에 대한 계엄사령관 담화문

박 총리 서리, 광주에 급파

광주에 소요

『한국일보』 1980. 5. 22. 1면

010

계엄사령부는 지난 18일부터 전남 광주 일원에서 발생한 소요사태가 아직 수습되지 않고 있다고 밝히고 조속한 시일 내에 평온을 회복하도록 모든 대책을 강구하겠다고 발표했다.

발표문 전문은 다음과 같다.

계엄사령부에 의하면 이번 소요사태는 최초 전남대 학생 6백여 명이 거리에 나와 '비상계엄 해제' 등을 요구하며 시위에 들어갔으나 20일에는 지역감정을 자극하는 터무니없는 각종 유언비어가 유포되어 이에 격분한 시민들이 시위대열에 가세함으로써 사태를 더욱 악화시켰다고 한다.

21일 상오 7시 현재로 집계된 피해 상황을 보면 이 소요에서 군경 5명과 민간인 1명이 사망했고 군경 30명이 부상했으나 민간인 부상자 수는 공식 집계되지 않았다.

또한 이 소요에서 공공건물 13동이 파괴 또는 소실됐고 민간 차량 3대를 포함한 소방 차량 4대가 파괴됐다. 민간인 사망자의 신원은 확인되지 않았으며 군경 5명의 사망원인은 시위군중이 탈취한 차량이 군경대열에 뛰어들어 그 충격으로 인해 사망한 것이라고 밝혔다. 계엄사령부에서 확인한 바에 의하면 광주 지역 소요가 악화되어 극심한 난동 현상을 보이고 있는 원인은 전국비상계엄이 선포되자 서울을 이탈한 학원소요 주동학생 및 깡패 등 현실불만 세력이 대거 광주에 내려가 사실무근한 유언비어를 날조하여 퍼뜨린 데 기인됐다고 했다.

▲ 계엄군이 달아나는 시민들에게 대검을 던져 복부에 박혀 중상을 입었다.

그런데 광주 지역에 유포된 전혀 근거 없는 악성 유언비어의 유형을 보면 다음과 같다.

▲ 진압 군인들은 경상도출신만 골라 보냈다는 등 허무맹랑한 유언비어가 만연되고 있는 실정인바 시민들은 이러한 유언비어에 현혹되지 말기를 당부했다.

한편 서울지역에서도 계엄군이 성균관대에서 여대생을 능욕했다는 유언비어가 유포되어 있는바 이는 지난 5·18·05시 성대에 진주한 계엄군이 젊은 남녀를 발견, 옷을 입힌 후 신원을 확인, 귀가 시킨 사실이 와전된 것으로 밝혀졌다.

박 총리서리, 광주에 급파

최규하 대통령은 광주사태에 대한 수습 대책 관련, 박충훈 신임 국무총리 서리를 22일 현지로 급파, 필요한 대책을 속히 강구토록 지시했다고 서기원 대변인이 21일 하오 발표했다.

신임 박 국무총리 서리는 22일 상오 임명장을 받은 직후 관계 장관과 함께 광주로 떠날 예정이다.

광주사태에 대한 계엄사령관 담화문

친애하는 국민 여러분. 본인은 오늘의 국가적 위기에 처하여 국가 민족의 안전과 생존권을 보유하고 사회안녕질서를 유지해야 할 중대한 책무를 지고 있는 계엄사령관으로서 현 광주시 일원에서 벌어지고 있는 작금의 비극적인 사태를 냉철한 이성과 자제로써 슬기롭게 극복해 줄 것을 광주시민여러분의 전통적인 애국심에 호소하여 간곡히 당부코자 합니다.

지난 18일 수백 명의 대학생들에 의해 재개된 평화적 시위가 오늘의 엄청난 사태로 확산된 것은 상당수의 타 지역 불순인물 및 고첩들이 사태를 극한적인 상태로 유도하기 위하여 여러분의 고장에 잠입, 터무니없는 악성 유언비어의 유포와 공공시설파괴 방화 장비 및 재산약탈행위 등을 통하여 계획적으로 지역감정을 자극, 선동하고 난동행위를 선도한 데 기인된 것입니다.

이들은 대부분이 이번 사태를 악화시키기 위한 불순분

자 및 이에 동조하는 깡패 등 불량배들로서 급기야는 예비군 및 경찰의 무기와 폭약을 탈취하여 난동을 자행하기에 이르렀으며 이들의 극한적인 목표는 너무나도 자명하며 사태의 악화는 국가민족의 운명에 파국적인 결과를 초래할 것이 명약관화한 것이 사실입니다.

본인은 순수한 여러분의 애국충정과 애향심이 이들의 불순한 지역감정 유발 책동에 현혹되거나 본의 아니게 말려들어 돌이킬 수 없는 국가적 파탄을 자초하는 일이 없도록 조속히 이성을 회복하고 질서유지에 앞장서 주시기 바라며 가정과 지역의 평화적 번영을 위하여 각자 맡은 바 생업에 전념해 주시기를 충심으로 당부하는 바이며 다음과 같이 경고합니다.

1. 지난 18일에 발생한 광주지역 난동은 치안유지를 매우 어렵게 하고 있으며 계엄군은 폭력으로 국내치안을 어지럽히는 행위에 대하여는 부득이 자위를 위해 필요한 조치를 취할 수 있는 권한을 보유하고 있음을 경고합니다.

2. 지금 광주지역에서 야기되고 있는 상황을 볼 때 법을 어기고 난동을 부리는 폭도는 소수에 지나지 않고 대다수의 주민여러분은 애국심을 가진 선한 국민임을 잘 알고 있습니다. 선량한 시민 여러분께서는 가능한 한 난폭한 폭도들로 인해 불의의 피해를 입지 않도록 거리로 나오지 말고 집 안에 꼭 계실 것을 권고합니다.

3. 또한 여러분이 아끼는 고장이 황폐화되어 여러분의 생업과 가정이 파탄되지 않도록 자중자애하시고 과단성 있는 태도로 폭도와 분리될 수 있도록 함으로써 계엄군의 치안회복을 위한 노력에 최대의 협조 있기를 기대합니다.

1980년 5월 21일

계엄사령관 육군대장 이희성

광주에 계엄군 진입

光州에 戒嚴軍 進入

어제새벽에 17명死亡

市內 一圓장악 出入을제한

戒嚴軍도 2명이 殉職

戒嚴司발표, 2百95명은 보호중

긴급救護·復舊등支援

崔大統領지시 對策委와 實務委를 구성

公務員 자세確立 지시

쌀·부식비등支給키로

政府 全破주택 復舊費 3백만원

安前道警局長연행

警察指揮 포기혐의

檢察總長 金錫輝씨

治安本部長에 柳炳鉉씨 內定

全南道知事에 金宗鎬씨내정

"고통겪은 光州市民에 죄송

희생자遺族에 哀悼와 위로"

李文公 담화

市民피해없게 保護

李戒嚴사령관 寬大한處理등 지시

光州事態를…부탁합니다!

계엄군도 2명이 순직
계엄사 발표, 295명은 보호 중

어제 새벽에 17명 사망
시내 일원 장악 출입을 제한

011

광주에 계엄군 진입

『한국일보』 1980. 5. 28. 1면

5.18 광주 유혈사태는 발생 만 10일인 27일 새벽 계엄군이 광주 시내로 진입해 들어감에 따라 일단 진정됐다. 이날 새벽 3시 30분 계엄군은 시내에 투입되기 시작, 1시간 40분 만인 상오 5시 10분 전남도청을 비롯한 주요 건물과 전 시가지를 장악했으며 이어 경찰 등 관계 공무원과 함께 질서 찾기에 나섰다. 전 국민의 여망과 정부의 지원 속에 광주 시민들도 차차 복구 작업에 들어가고 있다.

계엄군도 2명이 순직

계엄사 발표, 2백 95명은 보호 중

이날 상오 계엄사는 "계엄군이 광주사태를 평화적으로 해결하기 위해 전력을 다해왔으나 극렬한 폭도들에 의해 호전되지 않고 오히려 악화되는 조짐을 보여 시민들을 구출하기 위해 군을 투입하게 됐다"고 밝혔다.

계엄사는 또 이날 하오 광주사태에 대한 2차 발표에서 계엄군 투입 과정에서 무장 폭도 17명이 사망했고 295명을 검거, 보호 중이며 계엄군도 2명이 순직, 12명이 부상을 입었다고 밝혔다.

계엄사의 2차 발표문 전문은 다음과 같다.

계엄군은 10일째 계속돼 온 광주사태를 종식시키기 위해 27일 상오 3시 30분 광주에 진주, 총기로 저항하는 폭도들을 진압하고 치안 및 행정 회복에 노력하고 있다.

계엄사는 이번 광주 지역 군 투입에 있어 사전에 폭도들의 동정을 탐지하는 등 주도면밀한 계획을 세움으로써 인명피해를 최소한 줄일 수 있었다.

27일 하오 3시 현재 확인된 바에 의하면 무장 폭도는 17명이 사망했으며 295명을 검거, 보호 중이다.

이 자들은 오늘 새벽 군 투입 시 총기를 버리지 않고 끝 이날 새벽 3시 30분 계엄군은 시내에 투입되기 시작, 1시간 40분 만인 상오 5시 10분 전남도청을 비롯한 주요 건물과 전 시가지를 장악했으며 이어 경찰 등 관계 공무원과 함께 질서 찾기에 나섰다. 전 국민의 여망과 정부의 지원 속에 광주 시민들도 차차 복구 작업에 들어가고 있다.

까지 계엄군에 사격을 가한 자이며 사망 장소는 전남도청 12명, 전일빌딩 3명, 광주공원 등이다.

한편 계엄군의 피해는 순직 2명 부상 12명으로 집계됐다.

계엄군은 전남도청 3거리를 비롯한 5개 지역 임시검문소를 설치 · 운영하고 있으며 외곽도로에 대한 합동 검문검색을 강화하고 있다.

계엄군은 치안 및 행정 회복을 계속하면서 군 장비를 동원 시가지 복구 작업에 나섰으며 장병들의 절미운동을 통해, 양곡 총 6천 가마를 광주 시민에게 보내기로 했다.

계엄군은 국민의 생명과 재산을 보호하는 국민의 군대로서 조속한 시일 내에 법과 질서를 위해 최선을 다할 것이며 극렬 난동분자를 제외하고는 관대하게 처리할 것이다.

광주 시민 및 국민 여러분은 질서회복 노력과 복구 작업에 적극 지원, 협조해 주기를 당부하는 바이다.

광주사태 사망자 170명 계엄사 발표
민간인 144·군인 22·경관 4명 부상 380명

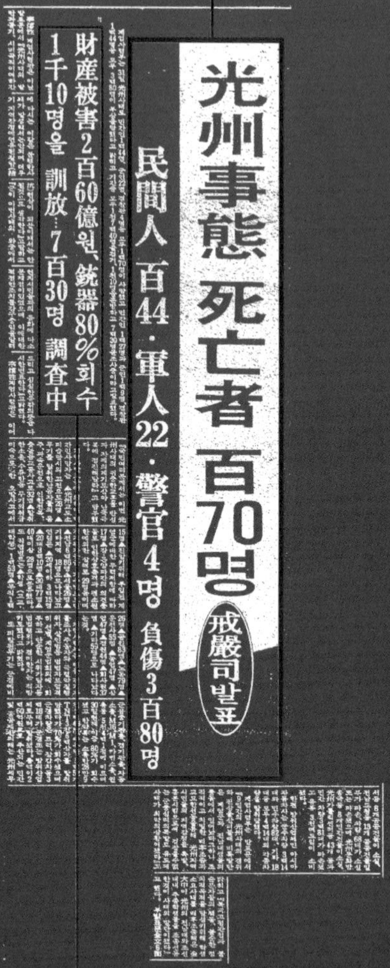
光州事態 死亡者 百70명
戒嚴司 발표
民間人 百44·軍人22·警官4명 負傷3百80명
財産被害2百60億원、銃器80%회수
1千10명을 訓放…7百30명 調査中

재산피해 260억 원, 총기 80% 회수
1,010명을 훈방…730명 조사 중

012

광주사태 사망자 170명

『한국일보』 1980. 6. 1. 1면

계엄사령부는 31일 광주사태로 민간인 144명, 군인 22명, 경찰관 4명 등 모두 170명이 사망했고 민간인 127명과 군인 109명, 경찰관 144명 등 모두 380명이 부상을 당했다고 밝히고 기간 중 모두 1,740명을 검거, 1,010명을 훈방하고 730명을 조사 중이라고 발표했다.

재산피해 260억 원, 총기 80% 회수

1,010명을 훈방…730명 조사 중

이희성 계엄사령관은 이날 발표문에서 "광주사태의 발단과 동기, 시비곡직이 여하 간에 다시는 이 같은 불행한 사태가 발생해서는 안 되며 더욱이 지역감정에 연유된 길항(拮抗) 현상이 되풀이 돼서는 안 될 것으로 생각한다"고 말하고 "군이 이번 사태의 와중에서 현지 시민들과의 융화에 다소 문제점이 있었으며 이에 대한 적절한 조치를 강구하고 있음을 알려드리고 심심한 유감의 뜻을 다시 한 번 표한다"고 밝혔다.

이희성 계엄사령관은 이어 "국민 여러분께서는 이번 광주사태의 귀중한 교훈을 반성과 자제의 계기로 삼아 난국 극복에 정진해 달라"고 당부했다.

계엄사 발표문에 의하면 민간인 사망자는 ▲ 광주 교도소 피습 당시의 교전으로 28명 ▲ 무기를 탈취한 난동자들의 음주, 과속운전으로 인한 전복, 충돌 등 교통사고로 32명 ▲ 탈취한 소총, 수류탄 등 무기의 취급 미숙으로 인한 오발 사고에서 15명 ▲ 진압키 위해 투입된 계엄군에 대한 무력저항에 따라 17명 ▲ 강·온 양파 간의 의견 충돌로 인한 상호 총격과 평소 원한에 의한 살해로 29명 등이며 검거된 자들을 거주별로 보면 ▲ 전남 686명 ▲ 서울 26명 ▲ 기타 지역 18명으로 나타났고 연령은 ▲ 20세 이하 315명 ▲ 20대 310명 ▲ 30대 77명 ▲ 40대 이상 28명으로 분류했다. 또 직업별로는 ▲ 학생(고교 · 대학생) 153명 ▲ 무직 126명 ▲ 공원 83명 ▲ 노동 79명 ▲ 운전사 55명 ▲ 농업 47명 ▲ 상업 47명 ▲ 점원 44명 ▲ 회사원 37명 ▲ 기타 59명으로 나타났다는 것.

계엄사령부는 이들 검거자를 조사, 주동자와 극렬 악질 행위자, 살인범 등 범법자로 엄격히 선별, 계엄군법회의에 회부하고 단순한 시위가담자 등 범법행위가 경미한 자는 석방키로 했다고 밝혔다.

또 피탈된 무기는 군경 예비군용 중기관총, 경기관총, 자동소총, M16, M1, 카빈소총, 권총 등 5,401정에 이르며 30일 현재 이중 80%가 회수됐고 탄약류는 소총탄 28만 9,543발, 수류탄 552개, TNT 3,600 상자를 탈취당했다가 70%가 회수됐으며 군경 차량은 트럭, 장갑차 등 318대가 군경 또는 방위산업체로부터 탈취됐다. 총액이 260억 원으로 추산되는 민간 및 공공재산 피해는 광주세무서 등 8개 공공건물이 소실, 전남도청 등 13개 공공건물 일부가 파손, 차량 68대가 소실 또는 파손됐으며 광주 문화방송국 등 8개 민간 건물이 소실, 광주 가톨릭센터 등 43개 동과 민간 차량 381대가 파손됐고 유류 3천여 드럼이 소비됐다.

한편 방위산업체인 아시아자동차사는 군수차량 314대와 민수차량 82대, 기타 18대 등 모두 414대의 각종 차량을 탈취당했다.

계엄사령부는 발표문에서 "9일간의 광주사태의 경위와 진상을 살펴볼 때 비록 발단은 계엄군과 전남대생들의 충돌에서 일어났다고 하나 조직적이고 치밀한 배후 조종과 교묘한 선동을 통해 광주 지역 시민들의 지역감정을 촉발, 흥분시킴으로써 걷잡을 수 없는 군중심리의 폭발로 유도돼 사태가 최악의 상황이 됐다"고 밝히고 "북괴고정간첩과 불순분자들의 책동, 불순한 정치적 목적을 달성시키기 위해 학생 소요사태를 배후 조종해 온 김대중이 광주의 전남대와 조선대 내 추종 학생들을 조종 선동한 것이 사태의 발단이 됐다"고 했다.

光州사태 民間人사망 4명늘어

계엄사發表 22명 身元 확인안돼

21명手配

軍警官民「사태수습협의위」發足키로

광주사태 민간인 사망 4명 늘어
계엄사 발표 22명 신원 확인 안 돼
21명 수배
군경관민 '사태수습협의위' 발족키로

계엄사發表 全文

유언비어申告당부

계엄사 발표 전문

광주사태 민간인 사망 4명 늘어

『한국일보』 1980. 6. 6. 7면

계엄사령부는 5일 광주사태에 관련된 민간인 사망자가 148명으로 4명이 늘어났다고 밝히고, 신원이 확인된 125명의 사망자 명단을 연령, 직업, 주소, 사인별로 발표했다.

계엄사령부는 또 "지난 5월 15일까지 서울에서 발생한 학생 소요사태와 광주사태의 배후 조종자 및 주동 극렬분자 중 수사망을 피해 달아난 21명을 지명수배했다"고 밝히고 사진과 명단을 발표했다.

계엄사령부는 이날 "광주사태가 수습된 후 사태의 전모와 진상을 발표했으나 광주시를 비롯한 각지에서 아직도 근거 없는 유언비어가 유포되어 민심을 현혹시키고 사태의 진상을 왜곡 과장하는 폐단이 남아 있다"고 밝히고 민심 수습을 위해 광주에 군, 관, 민, 경찰로 구성된 '사태수습위원회'를 발족시킬 방침이라고 밝혔다.

계엄사는 특히 "상당한 지위에 있는 인사들까지도 광주사태로 죽은 민간인이 1천여 명이나 된다는 등 직접 목격하거나 확인하지 않은 유언비어를 전파 유포시키고 있기도 하다"고 밝히고 "이 같은 유언비어와 관련 직접 목격했거나 피해를 당한 본인, 그 같은 사실을 사후에 확인한 분은 수습협의위원회에 신고해 줄 것"을 당부하는 한편 "신고에 따라 이를 확인, 사실로 밝혀지면 해당자를 가차 없이 처벌할 것을 엄숙히 약속한다"고 강조했다.

광주사태에 대한 계엄사의 추가 발표에 의하면 지문감식을 통해 신원을 밝혀낼 수 없는 남자 21명과 여자 1명에 대해서는 집중적인 신원 조사가 진행 중인데 신원이 확인된 사망자를 원인별로 보면, 총상이 118명으로 전체의

71%에 이르고 있으며, 타박상이 18명, 자상 9명, 차량 사고 3명으로 나타났다.

또 신원이 확인된 사망자 중 재수생을 포함, 학생은 26명으로 나타났고, 무직과 직업이 밝혀지지 않은 사람이 31명이며, 공원이 12명, 회사원과 상업이 각각 10명, 노동이 9명 등으로 나타났다. 소개업과 교직원·공무원 등도 각각 1명씩 포함되어 있다.

계엄사 발표 전문
유언비어 신고 당부

지난 5월 31일 계엄사령부는 광주사태가 진압 수습됨을 계기로 동사태의 전모와 진상을 총괄 발표하여 사태의 진상을 소상히 밝혔음에도 현지 광주시를 비롯한 각지에서는 아직도 근거 없는 악의적 유언비어가 유포되어 민심을 현혹시키고 사태의 진상을 왜곡 과장하는 폐단이 잔재하고 있다.

이에 계엄사령부는 사태 진압 이후 6월 5일까지의 사망자 처리상황을 국민 여러분에게 알려드리면서 현지 광주시의 군·관·민·경으로 구성할 사태 수습협의위원회의 활동과 당국의 지명수배자 수사에 아낌없는 협조 있으시기를 당부하고자 한다.

1. 사망자 처리 상황

광주사태로 발생한 사망자 총수는 148명이며 5월 31일 계엄사 발표시보다 4명이 늘어난 것은 광주시 이외의 지방 사망자를 추가집계한 데 따른 것이다.

온갖 근거 없는 낭설과 유언비어의 한 근인이 된 사망자 수는 최종 집계 단계에서 신원이 확실히 밝혀진 것이 126명, 신원을 밝혀낼 수 없는 것이 22명(남자 21, 여 1)이며 사망 시체 중에 지문감식을 통하여 신원을 밝혀낼 수 없는 것에 대하여는 집중적인 수사가 진행 중에 있다.

또한 사망원인별로 볼 때 총상이 110명으로서 전체의 71%를 차지하고 있으며 다음이 타박상 18명, 자상자 9명, 차량사고 3명의 순으로 밝혀졌는데, 사망자 명단은 별항과 같다.

2. 현지수습협의위원회 구성과 활동

▲ 광주사태의 진압과 질서의 회복을 계기로 현지 광주시에서는 피해복구를 비롯한 사망자 확인 및 보상처리, 부상자 치료, 민심의 수습과 각 분야의 정상 질서 회복 등을 원활히 추진하기 위하여 군·관·경과 민간인 다수로 수습협의위원회를 구성, 활동하게 할 예정인데, 특히 동 수습협의위원회는 민심 수습에 중점을 두어 선량한 광주시민들의 마음속에 응어리진 상처를 치유하는 데 주력할 계획이다.

▲ 광주시 현지를 비롯한 각지에 아직도 유포되고 있는 악성 유언비어들은 국민들로 하여금 광주사태 진상을 왜곡되게 인식시켜 그 어느 때보다도 시급하고 긴요한 과제는 근거 없는 악의적 유언비어의 근절과 이의 전파·유포의 방지이다.

▲ 상당한 사회적 지위에 있는 지도급

인사까지도 직접 목격하거나 확인하지도 않은 악성 유언비어를 무책임하게 전파·유포시키거나 무분별한 일반인사가 고의적으로 악성 유언비어를 날조·유포시키고 있는 내용 가운데에는

▲ 광주사태로 죽은 민간인은 1천여 명이나 되며 계엄군이 여대생의 유방을 칼로 도려내어 시청 앞에 걸어 놓았다.

▲ 무차별 학살을 자행한 군인들은 하루 굶긴 뒤 환각제를 탄 술을 먹여 투입했다.

▲ 계엄군이 전남대생 3명을 학살하여 도청 앞 광장에 전시한 것을 본 전남대 총장이 충격을 받아 실신하여 실려 갔는데 자살설이 유력하다.

▲ 광주에서 계엄군의 만행이 극도로 심했는데 심지어 임신부를 대검으로 찔러 태아를 꺼내어 길에 뿌렸다.

▲ 계엄군이 장갑차로 사람을 깔아 죽였다.

▲ 공수부대 군인들이 아들딸들을 대검으로 마구 찔러 죽이고 브래지어와 팬티만 입힌 채 장난질 쳤다.

▲ 광주사태로 죽은 민간인은 2천 명이 넘고 시체를 하수구에다 마구 쓸어 넣어 치워버렸다 등등 이루 열거할 수 없을 정도의 허황된 유언비어가 전파되고 있는 것이다.

▲ 이에 계엄사령부는 이와 같은 유언비어에 관하여 직접 목격하였거나 피해를 당한 본인이거나 또는 그러한 사실을 사후에라도 확인한 분들은 현지 수습협의위원회에 신고해 주실 것을 당부하는 바이다.

가족이나 친지를 통한 대리신고와 익명의 신고도 무방하다. 다만 어디까지나 진실이어야 하며 확인될 수 있는 사실이어야 한다.

현지 수습협의위원회는 동 신고에 따라 사실을 확인하고 만약 사실로 밝혀진다면 해당자를 가차 없이 처벌할 것임을 엄숙히 약속한다.

또한 무책임하고 무분별한 유언비어의 날조 및 유포행위는 분명히 사회안녕질서를 저해하는 포고령 위반 행위임을 아울러 경고해 둔다.

▲ 진실은 분명 하나뿐이며 날조된 허위는 언젠가는 밝혀지는 것이다. 계엄당국으로서는 사실을 사실대로 명백히 밝혀 잘못이 있다면 응분의 책임과 조치를 취할 것을 군의 존엄성과 명예를 걸고 천명한다.

국민 여러분께서는 군의 이러한 충정을 이해하시고 현지 수습협의위원회 활동에 전폭적인 협조를 바라마지 않는 바이다.

3. 지명수배자 수사

5월 15일까지 서울에서 전개했던 극한적 학생소요사태와 광주사태의 배후조종자 및 주동 극렬분자들은 그동안 당국수사망을 교묘히 피하여 변장과 잠행으로 계속 도피하고 있는데 이들 지명수배자들은 별항과 같다.

계엄당국은 이들 지명수배자들을 자수하게 하거나 소재를 신고하는 국민에게 일금 백만 원의 현상금을 걸고 있다. 이들 수배자들이 하루빨리 자수하여 관대

한 처벌과 개과천선의 기회를 갖도록 국민 여러분의 협조를 당부 드리면서 이들의 도피를 방조하거나 은닉하는 경우 부득이 형법 제151조에 의한 처벌이 따를 것임을 경고해 두는 바이다.

신원 확인자

▲ 김평용(18 • 고2년 • 영암 미암 두억) 자상 • 찰과상

▲ 기남용(22 • 점원 • 광주 두문174의 22) 타박상

▲ 박재영(26 • 회사원 • 해남황산부곡) 타박상

▲ 왕태경(26 • 운수업 • 광주 우남 420의 9) 두부손상

▲ 조규영(38 • 공원 • 광주 내방 841의 13) 총상

▲ 임정식(18 • 무직 • 광주 내방 829의 11) 총상

▲ 양해남(30 • 상업 • 광주 화정 755의 14) 총상

▲ 김경철(24 • 무직 • 농아 • 광주 박운 13-4) 두부손상

▲ 송정교(50 • 국교교감 • 나주 남평 오산) 자상

▲ 김재평(29 • 수협직원 • 완도읍 군내리) 총상

▲ 전재서(26 • 공원 • 나주 완곡 옥곡) 총상

▲ 정지영(30 • 미상 • 광주 동명 68) 자상

▲ 함광수(17 • 미장공 • 광주 내방 841-23) 두부손상

▲ 박종길(23 • 공원 • 광주 임동 100) 총상

▲ 임종인(21 • 미상 • 나주 송원 764) 총상

▲ 장하일(38 • 공원 • 광주 백운 375) 총상

▲ 박금희(여 • 18 • 여고생 • 광주 농성 397-3) 총상

▲ 임주춘(39 • 상업 • 광주 학운 27의 7) 타박상

▲ 김상구(21 • 자개공 • 나주 삼포산제) 총상

▲ 최이병(25 • 운전사 • 담양 창평 오감) 총상

▲ 박인배(17 • 자개공 • 광주 월산 4동) 총상

▲ 양인석(35 • 상업 • 광주 서이 43의 13) 타박상

▲ 김만두(44 • 노동 • 광주 중흥 689의 7) 총상

▲ 김명숙(여 • 14 • 여중3년 • 광주 중흥 331) 총상

▲ 이복일(27 • 상업 • 광주 학3동 921의 81) 총상

▲ 윤행근(23 • 운전사 • 광주 학2동 28의 7) 총상

▲ 임군수(22 • 원광대생 • 광주 동명 113의 2) 총상

▲ 선종철(45 • 무직 • 광주 지원229) 총상

▲ 김복만(39 • 운전사 • 광주 쌍촌 18-2) 총상

▲ 정찬용(29 • 상업 • 광주 북동 30-4) 총상

▲ 전영진(17 • 고교생 • 광주 풍향 592-5) 총상

▲ 김재수(25 • 운전사 • 광주 임동 92-4) 총상

▲ 전정호(56 • 회사원 • 광주 소래 702-2) 총상

▲ 조대훈(35 • 상업 • 광주 광천 91-2) 총상

▲ 김완봉(13 • 중교생 • 광주 금동 27-7) 총상

▲ 김형관(22 • 점원 • 광주 방림2동 443) 총상

▲ 나종기(19 • 노동 • 광주 융봉 130) 총상

▲ 김영석(23 • 농업 • 화순 도복 효산) 총상

▲ 박창권(14 • 중교생 • 광주 산수 2동 426의 3) 총상

▲ 김명철(65 • 노동 • 광주 월산 4동 606) 두부손상

▲ 이성진(14 • 여 • 무직 • 광주 동명 263의 3) 총상

▲ 김경환(19 • 재수생 • 서울 마포 영미 24의 6) 배부자상

▲ 손광석(20 • 방위 • 광주 방림1동 393) 총상

▲ 김성근(23 • 목공 • 광주 월산 2동 132의 41) 총상

▲ 김재학(25 • 상업 • 광주 사동 122의 1) 총상

▲ 민병대(20 • 종업원 • 화순 청풍 청용 49) 총상

▲ 안종필(19 • 고교생 • 불상) 총상

▲ 박성용(18 • 고교생 • 광주 학운 880) 총상

▲ 유동운(19 • 대학생 • 광주 구동 22) 총상

▲ 이강수(19 • 고교생 • 광주 계림1동 98의 54) 총상

▲ 김종연(19 • 재수생 • 장흥 항양 80) 총상

▲ 김동수(21 • 대학생 • 장성 상서 장산) 총상

▲ 장재철(23 • 무직 • 광주 동명 245의 22) 총상

▲ 이성귀(18 • 고교생 • 영암 시종 녹양) 총상

▲ 안병복(22 • 무직 • 광주 상각 115) 교통사고

▲ 임병철(26 • 노동 • 광주 송하 58의 2) 총상

▲ 민청진(20 • 무직 • 광주 백운 359의 1) 총상

▲ 김승후(19 • 노동 • 광주 송하 58의 2) 총상

▲ 권근립(25 • 노동 • 광주 송하 58의 2) 총상
▲ 유영선(27 • 회사원 • 광주 산수 1동 5~3) 총상
▲ 박용준(24 • 대학생 • 광주 학동 4-4) 총상
▲ 오세현(25 • 회사원 • 광주 불로 80-2) 총상
▲ 김현규(19 • 미장공 • 광주 광천) 총상
▲ 김정(22 • 선반공 • 광주 월산 1동 199~22) 총상
▲ 강정배(29 • 미장공 • 광주 광천) 총상
▲ 김영선(25 • 공원 • 광주 내방 835~9) 총상
▲ 박볍규(20 • 대학생 • 서울 수색 30~2) 총상
▲ 서호빈(19 • 대학생 • 여수 만흥 97~5) 총상
▲ 문용동(26 • 대학생 • 영암 덕진 용산) 총상
▲ 이정열(20 • 미상 • 광주 산수 111~13) 총상
▲ 홍형권(19 • 미상 • 광주 학 3동 637) 총상
▲ 박진흥(21 • 종업원 • 목표 유달 3) 총상
▲ 염행열(16 • 고교생 • 보성 문덕 죽산) 총상
▲ 이금재(28 • 미상 • 송정읍 도산) 총상
▲ 이인태(48 • 미상 • 해남 산이 부동) 타박상
▲ 박인천(26 • 미상 • 나주 봉황 손죽) 총상
▲ 정학근(29 • 노동 • 광주 동림 424) 총상
▲ 이경호(22 • 미상 • 해남 성동) 총상
▲ 김정선(22 • 미상 • 광산 신안) 타박상
▲ 유진관(21 • 미상 • 광주 산수) 총상
▲ 한영길(30 • 미상 • 서울 영등포 도림동 195) 총상
▲ 문민규(18 • 학생 • 미상) 총상
▲ 김화목(24 • 미상 • 미상) 총상
▲ 박민환(26 • 무직 • 광주 방림 21) 자상
▲ 양동헌(45 • 공무원 • 광주 산수 40-22) 총상
▲ 홍성기(33 • 무직 • 광주 불로 113) 타박상
▲ 박기연(14 • 중교생 • 광주 산수 425-19) 총상
▲ 안병섭(23 • 운전수 • 광주 임동 82-25) 총상
▲ 최승희(21 • 대학생 • 목표 동명 29-16) 총상
▲ 홍인표(21 • 전공 • 광주 월산 595) 타박상
▲ 김병연(19 • 재수생 • 담양 금성 의추) 총상
▲ 조사천(33 • 목공 • 광주 괴립66) 총상
▲ 나홍수(34 • 목공 • 광주 농성 57의 18) 총상
▲ 윤재식(31 • 회사원 • 광주 신안 261의 6) 총상
▲ 정민구(25 • 회사원 • 광주 신안 251의 11) 총상
▲ 김호중(26 • 공원 • 광주 학2동 31의 54) 총상
▲ 이재술(41 • 전공 • 광주 백운 408) 총상
▲ 김광석(26 • 대학생 • 광주 농성 366의 3) 총상
▲ 조일기(22 • 종업원 • 화순 이서 도산) 타박상
▲ 노경운(18 • 공원 • 영암 동무) 총상
▲ 이금영(18 • 조수 • 화순 동면 대포) 총상
▲ 김흥기(59 • 무직 • 광주 풍향 582-76) 교통사고
▲ 신동선(35 • 종업원 • 장성 삼서 유평) 총상
▲ 조남신(54 • 회사원 • 광주 주월 413-21) 총상
▲ 김안부(36 • 목공 • 광주 문화 132-22) 타박상
▲ 안병태(26 • 목공 • 광주 문화 15-16) 총상
▲ 서만호(23 • 무직 • 광주 운암 479-18) 총상
▲ 오정순(여 • 53 • 광주 운암 479-18) 총상
▲ 김영두(16 • 공원 • 영암 만효) 교통사고
▲ 김상태(30 • 상업 • 광주 운암 477의 1) 총상
▲ 임은택(36 • 소장수 • 담양 대덕 내산) 총상
▲ 오규석(32 • 농업 • 담양 대덕 선곡) 총상
▲ 서종덕(17 • 엿장수 • 화순 이서 모산) 총상
▲ 장방한(58 • 무직 • 순천 장천 128) 타박상
▲ 안두환(46 • 노동 • 광주 신안) 타박상
▲ 최득춘(52 • 소개업 • 광주 학운 734-1) 총상
▲ 김소례(38 • 여 • 무직 • 광주 학운 734-1) 타박상
▲ 최현(7 • 국교생 • 광주 학운 734-1) 총상
▲ 김출례(16 • 여 • 공원 • 광주 광산 임곡) 총상
▲ 김윤수(28 • 운전사 • 광주 용봉 31-1) 총상
▲ 고영자(22 • 여 • 공원 • 화순 광덕 24) 총상
▲ 왕호걸(19 • 무직 • 광주 지산 712~5) 총상
▲ 남승우(22 • 무직 • 광주 운암 214) 타박상
▲ 윤성호(28 • 공원 • 광주 동명) 총상

▲ 박영철(27 • 무직 • 서울 금호4동 232(총상

▲ 김규환(21 • 무직 • 나주 삼포 덕영) 총상

신원 미확인자

▲ 30세가량(키 171, 얼굴 둥근 편, 백색운동화, 회색작업복) 총상

▲ 35세가량(키 180, 대머리, 청회색 신, 사복, 녹색와이셔츠) 총상

▲ 20~30세가량(키 167, 장발, 백색 반소매, 검정농구화) 총상

▲ 29세가량(키 168, 초록색 잠바, 청색 추리닝, 등산화) 총상

▲ 25세가량(키 168, 검은 바둑판무늬 셔츠, 등산화) 총상

▲ 25세가량(키 168, 남색 티셔츠, 체크무늬 하의) 자상

▲ 20세가량(키 보통, 검은 체크무늬 잠바, 오리엔트시계) 총상

▲ 20~25세가량(밤색 자켓, 보라색 슬립, 여) 총상

▲ 20~25세가량(군복 하의, 감색 스웨터, 얼룩무늬 내의) 총상

▲ 20~25세가량(검은 바지, 테니스양말, 흰 농구화) 총상

▲ 23세가량(외신기자명암 소지) 자상

▲ 17세가량(고교생 교련복) 총상

▲ 23~25세가량(오리엔트 손목시계 착용) 자상

▲ 22세가량(예비군복하의) 총상

▲ 40세가량(빨간 잠바, 군복하의) 총상

▲ 19세가량(확인불가) 총상

▲ 17세가량(확인불가) 자상

▲ 23~25세가량(확인불가) 타박상

▲ 20~23세가량(확인불가) 총상

▲ 20~23세가량(확인불가) 총상

수배자 명단

▲ 장기표(35 • 서울대 • 경남 김해 • 서울 영등포구 개봉동 259~9)

▲ 심재권(34 • 서울대 • 전북 전주 • 서울 은평구 진관외동 175~92)

▲ 심재철(22 • 서울대 • 전남 광주 • 서울 구로구 개봉동 원풍아파트 9동 505호)

▲ 이철(32 • 서울대 • 부산 서면 • 서울 강남구 반포2동 주공 2단지 261~505)

▲ 김부겸(22 • 서울대 • 경북 대구 • 서울 관악구 봉천동 649~108)

▲ 이해찬(28 • 서울대 • 충남 단양 • 서울 관악구 봉천동 649~33)

▲ 박계동(28 • 고려대 • 경남 산청 • 서울 도봉구 월계동 376~6)

▲ 신계륜(26 • 고려대 • 전남 함평 • 서울 강남구 반포동 주공아파트 205동 408)

▲ 설훈(27 • 고려대 • 경남 마산 • 서울 구로구 시흥3동 329~17)

▲ 조성우(30 • 고려대 • 경북 상주 • 서울 은평구 갈현동 285의 100)

▲ 장신규(22 • 성균관대 • 서울 종로구 • 경기 안양시 석수동 산 43)

▲ 김규복(28 • 연세대 • 전남 승주 • 서울 관악구 방배2동 178의 60)

▲ 박광호(22 • 연세대 • 경남 남해 • 서울 서대문구 대현동 4)

▲ 박성혁(22 • 서강대 • 경남 진해 • 서울 영등포구 당산동 6가 318)

▲ 김광훈(26 • 한신대 • 전북 옥구 • 전북 전주시 월명동 101 한신대기숙사내)

▲ 배기선(30 • 국민대 • 전남 무안 • 서울 성북구 정릉동 382)

▲ 이현배(36 • 전 대원관광 • 충남 홍성 • 부산시 남구 대연동 937의 21)

▲ 박정훈(39 • 무직 • 전북 임실 • 서울 용산구 효창동 5의 171)

▲ 송창달(38 • 무직 • 충북 제천 • 서울 은평구 증산동 162의 14)

▲ 김병곤(27 • 무직 • 경남 진해 • 서울 강서구 신정동 359의 67)

▲ 김태홍(38 • 기자협회장 • 전남 광주 • 서울 강남구 신사동 296의 1 양우아파트 다의 102호)

정부、光州사태에「유감」표명

「民主化노력」規定… "해결늦어 罪悚"

성실한 補償위해 政府·民間기구 구성
死傷者재신고 접수、遺族·부상자 支援
望月洞묘역 공원화·慰靈塔건립 추진

—鄭文公발표 治癒策내용

정부는 1일 光州사태의 성격을「민주화운동의 일환」으로 재규정하고 이같은 사태가 발생하게된데 대해「遺憾」과 이사태의만족할만한 해결이이뤄지지못한데대해「罪悚하다」고 사과의뜻을 표하는한편 피해자에대한 신속하고 성실한 보상을위해 국무총리를 위원장으로하는 중앙협의 기구와 피해자대표로 구성된 민간기구의 설치등을 주요내용으로 한 光州사태치유대책을 발표했다。 ★관련기사3·11면

정부대변인 鄭漢模문공장관은 이날 국무회의협의를 거친 정부발표문을 통해『光州사태에서 일반시민과 軍·警 모두 2백명 가까운 사망자와 많은 수의 부상자가 발생했을뿐 아니라 많은 국민이 고통과 아픔을 겪게된데 대해 정부는 참으로 유감스럽게 생각한다』고 밝히고『光州사태는 당시의 구체적 사태진전과는 별개로 나라의 정치발전이라는 큰 흐름에서 볼때 光州학생과 시민의 민주화를 위한 노력의일환으로 볼수있다』고 光州사태에 대한 성격을 재규정했다。

鄭장관은『盧泰愚대통령취임전부터 光州사태의 원만한 해결이 국민화합의 선결과제라는 인식아래 民主和合추진위원회설치、국민각계각층의 여론을 폭넓게 수렴、치유방안을 마련하는데 노력을 기울였다』면서 民和委의 건의를 전폭적으로 수용、▲사상자재신고접수▲유가족및부상자에대한 성의있는지원▲望月洞묘지의 공원화및 위령탑건립▲부상자치유및 유자녀취업알선▲光州어린이 대공원조성자금(52억원)의 국고부담을 통한 치유재원轉用등의 치유대책을 신속하고 성실하게 추진하겠다고 밝혔다。

鄭장관은『이같은대책을 효율적으로 추진하기 위해 국무총리를 위원장으로 하고 부총리、내무、법무、보사、 문공장관을 위원으로 하는 중앙협의기구와 光州에 光州시장을 위원장으로 하는 현지협의기구를 설치하며 피해자대표를 포함한 光州지역의 각계인사로 구성된 민간기구의 설치가 바람직하다고 본다』고 말했다。

정부, 광주사태에 '유감' 표명

'민주화 노력' 규정… "해결 늦어 죄송"

성실한 보상 위해 정부·민간 기구 구성
사상자 재신고 접수, 유족·부상자 지원
망월동 묘역 공원화·위령탑 건립 추진
정 문공 발표 치유책 내용

정부, 광주사태에 '유감' 표명

『한국일보』 1988. 4. 2. 1면

정부는 1일 광주사태의 성격을 '민주화운동의 일환'으로 재규정하고 이 같은 사태가 발생하게 된 데 대해 '유감'과 이 사태의 만족할 만한 해결이 이뤄지지 못한 데 대해 "죄송하다"고 사과의 뜻을 표하는 한편, 피해자에 대한 신속하고 성실한 보상을 위해 국무총리를 위원장으로 하는 중앙협의기구와 피해자 대표로 구성된 민간기구의 설치 등을 주요내용으로 한 광주사태 치유대책을 발표했다.

정부 대변인 정한모(鄭漢模) 문공장관은 이날 국무회의 협의를 거친 정부 발표문을 통해 "광주사태에서 일반시민과 군·경 모두 2백 명 가까운 사망자와 많은 수의 부상자가 발생했을 뿐 아니라 많은 국민이 고통과 아픔을 겪게 된 데 대해 정부는 참으로 유감스럽게 생각한다"고 밝히고 "광주사태는 당시의 구체적 사태 진전과는 별개로 나라의 정치 발전이라는 큰 흐름에서 볼 때 광주 학생과 시민의 민주화를 위한 노력의 일환으로 볼 수 있다"고 광주사태에 대한 성격을 재규정했다.

정 장관은 "노태우 대통령 취임 전부터 광주사태의 원만한 해결이 국민화합의 선결과제라는 인식 아래 민주화합추진위를 설치, 국민 각계 각층의 여론을 폭넓게 수렴, 치유방안을 마련하는 데 노력을 기울였다"면서 민화위(民和委)의 건의를 전폭적으로 수용, ▲ 사상자 재신고 접수 ▲ 유가족 및 부상자에 대한 성의 있는 지원 ▲ 망월동 묘지의 공원화 및 위령탑 건립 ▲ 부상자 치유 및 유자녀 취업 알선 ▲ 광주 어린이 대공원 조성 자금(52억 원)의 국고 부담을 통한 치유 재원 전용 등의 치유대책을 신속하고 성실하게 추진하겠다고 밝혔다.

정 장관은 "이 같은 대책을 효율적으로 추진하기 위해 국무총리를 위원장으로 하고 부총리, 내무, 법무, 보사, 문공장관을 위원으로 하는 중앙협의기구와 광주에 광주시장을 위원장으로 하는 현지 협의기구를 설치하며 피해자 대표를 포함한 광주 지역의 각계 인사로 구성된 민간기구의 설치가 바람직하다고 본다"고 말했다.

국가보위비상대책위 설치

國家保衛 非常對策委설치

大統領이 의장·委員26명
閣僚8·將星14·靑瓦臺2명

◇국가보위 비상대책위 설치를 발표하는 李光杓 문공장관.

常委長에 全斗煥 中情部長서리
16명 當然職 10명은任命 內閣·戒嚴軍간의 協調목적

◇국가보위비상대책위원회 제1차회의. 의장인 崔圭夏 대통령이 회의를 주재하고있다.

"社會安定돼야 政治도 발전"
崔대통령 첫會議주재 生存權수호에合心合力을"

◇國家保衛非常對策委

崔圭夏	議長 대통령
◇當然職위원 (16명, 2명은중복)	
朴忠勳	국무총리
金元基	부총리겸기획원
朴東鎭	외무부장관
金鍾煥	내무부장관
吳鐸根	법무부장관
周永福	국방부장관
李奎浩	문교부장관
李光杓	문공부장관
全斗煥	중정부장서리 (육군중장)
崔侊洙	대통령비서실장
李熺性	계엄사령관 (육군대장)
柳炳賢	합참의장 (육군대장)
李熺性	육군참모총장 (육군대장)
金鍾坤	해군참모총장 (해군대장)
尹子重	공군참모총장 (공군중장)
全斗煥	국군보안사령관 (육군중장)
◇任命職위원 (10명)	
白石柱	육군대장
金璟元	대통령特補
陳鍾埰	육군중장
兪學聖	육군중장
尹誠敏	육군중장
黃永時	육군중장
車圭憲	육군중장
金正浩	해군중장
盧泰愚	육군소장
鄭鎬溶	육군소장

상위장에 전두환
중정부장 서리
16명 당연직
10명은 임명
내각·계엄군 간의
협조 목적

대통령이 의장·위원 26명
각료 8·장성 14·청와대 2명

국가보위비상대책위 설치

『한국일보』 1980. 6. 1. 1면

국가보위비상대책위 설치

대통령이 의장·위원 26명

각료 8·장성 14·청와대 2명

정부는 전국 비상계엄 하에서 대통령이 계엄 업무를 지휘·감독하고 내각과 계엄군 당국 간의 협조 체제를 긴밀하게 하기 위해 대통령의 자문·보좌기관인 국가보위비상대책위원회를 설치했다고 정부대변인 이광표(李光杓) 문화공보부장관이 31일 상오 발표했다. 이 장관은 이날 "이 비상대책위의 설치는 계엄법 제9조, 제11조, 제12조 및 동법 시행령 제7조, 정부조직법 제5조에 근거를 둔 것"이라고 밝히고 "국가보위비상대책위 설치령은 지난 27일 국무회의에서 의결, 대통령의 재가 등 절차를 거쳐 시행케 됐다"고 설명했다. 대통령을 의장으로 하는 비상대책위는 국무총리, 부총리 겸 경제기획원장과, 외무, 내무, 법무, 국방, 문교, 문공장관, 중앙정보부장, 대통령비서실장, 계엄사령관, 합동참모회의의장, 각군 참모총장 및 국군보안사령관과 대통령이 임명하는 10인 이내의 위원으로 구성케 되어 있다.

상위장에 전두환 중정부장 서리

16명 당연직 10명은 임명

내각·계엄군 간의 협조 목적

이 장관은 이어 "비상대책위의 위임을 받은 사항의 심의 조정을 위해 비상대책위에 상임위원회를 설치한다"고 밝혔다.

한편 비상대책위 설치령에 따르면 대통령은 비상대책위의 의장이 되며 의제를 정해 회의를 소집하고 이를 주재하며 국가보위 비상대책상임위는 위원장과 30인 이내의 위원으로 구성케 되어 있다.

또 상임위의 위원장은 비상대책위원회 위원 중에서 대통령이 지명하며 상임위원은 대통령이 임명 또는 위촉케 되어 있다.

이날 임명된 비상대책위원 24명은 각료 8명, 청와대에서 2명, 군 장성 14명으로 되어 있다.

한편 상임위의 사무를 분장 처리하기 위해 상임위에 분과위원회를 둘 수 있도록 되어 있다.

이날 구성된 비상대책위의 당연직 위원 16명(2개 직책의 중복으로 14명)과 최규하 대통령이 임명한 위원 10명의 명단은 별표와 같다.

위원에 임명장 수여

최규하 대통령은 31일 상오 청와대에서 국가보위비상대책위원들에게 임명장을 수여한 뒤 곧이어 첫 비상대책위를 주재했다.

최 대통령은 국가보위비상대책위원을 임명하면서 전두환 중앙정보부장서리를 대책위 상임위원장에 겸임 위촉했다.

비상대책위 1차 회의는 1시간 20분 동안 관계부처로부터 국내외 정세에 관한 보고를 들은 뒤 시국 전반에 관한 의견 교환을 가졌다.

이날 임명장을 받은 대책위원들은 선서를 통해 "본인은 국가비상사태 하에서 국민 전체에 대한 봉사자로서의 책임과 조국의 번영을 이룩하는 영광스러운 길잡이임을 깊이 자각하고 법령 및 직무상의 명령을 준수, 복종하며 창의와 성실로써 맡은 바 책무를 다할 것을 엄숙히 선서한다"고 밝혔다.

대통령을 의장으로 하는
비상대책위는 국무총리,
부총리 겸 경제기획원장관,
외무, 내무, 법무, 국방, 문교,
문공장관, 중앙정보부장,
대통령비서실장, 계엄사령관,
합동참모회의의장, 각군
참모총장 및 국군보안사령관과
대통령이 임명하는 10인 이내의
위원으로 구성케 되어 있다.

「국보위」서 사회 개혁 운동
정치 일정 영향 없이 안보·경제·기강 확립에 주력
기업 비윤리적 행위·불법시위 등 근절
학원자율화는 보장, 언론은 국익 우선

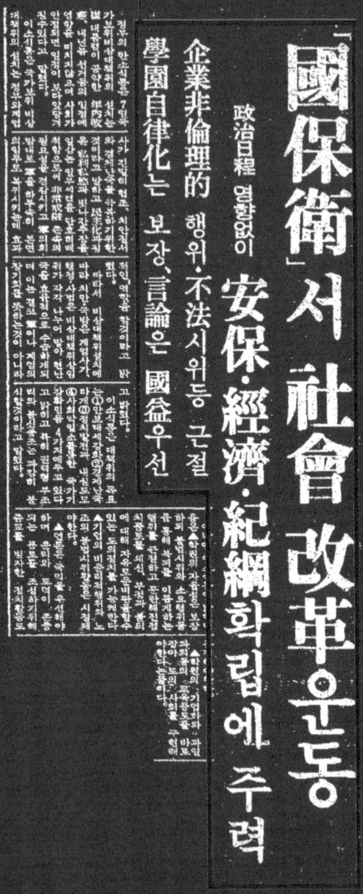

'국보위'서 사회 개혁 운동

『한국일보』 1980. 6. 8. 1면

정부의 한 소식통은 7일 국가보위비상대책위의 설치는 최 대통령이 공약한 연내 개헌, 내년 봄 선거 등의 일정에 영향을 미치지 않으며 사회가 안정되면 일정이 보다 앞당겨질 수 있다고 말했다.

이 소식통은 국가보위비상대책위의 설치는 정부와 계엄사가 긴밀히 협조, 치안질서와 경제 난국을 극복하기 위한 것이라고 말하고 민주화 과정은 사리사욕과 빗나간 주장을 일삼는 일부 세력을 단호히 배척함으로써 비상계엄 존속의 필요성을 경감시키고 군의 희망대로 군을 하루 속히 본연의 임무로 복귀시키는 데 효과적인 역할을 할 것이라고 밝혔다.

따라서 비상대책위 설치에 따라 치안·국방은 계엄사가, 행정·사법은 비상대책위상임위가 각각 나누어 맡아 현 난국을 효율적으로 수습하게 되며 이는 결코 군이나 계엄의 장기화를 뜻하는 것이 아니라고 밝혔다.

이 소식통은 대책위의 목표는 ① 안보태세 강화 ② 경제 난국 타개 ③ 정치 발전과 내실 도모 ④ 사회악 일소를 통한 국가 기강 확립 등 4가지에 두고 있다고 밝히고 특히 권력형 부조리와 불신 풍조는 과감히 불식할 것이라고 말했다.

이 밖에 이 소식통이 밝힌 내용은 ▲ 학원의 자율성은 보장하되 불법시위와 소요행위 등을 통해 북괴를 이롭게 하는 행위를 근절하고 문란해진 정치 풍토를 쇄신, 부정과 불의에 대해 자유로운 비판을 할 수 있는 도의정치를 가능케 한다 ▲ 기업의 비윤리적 행위와 노조의 불법시위 활동은 시정해야 한다. ▲ 언론은 국익을 우선해야 하며 윤리와 도덕이 존중되는 풍토를 조성하기 위해 종교를 빙자한 정치 활동도 통제해야 한다. ▲학원의 기업화와 과열 과외 등의 교육 풍토를 바로잡아 도의적 사회를 구현해야 한다는 등이다.

김대중 등 37명 내란 음모 송치

金大中등37명 內亂陰謀 送致

流血革命 政府전복기도
反國家 단체「韓民統」등 조직

戒嚴司발표

선동→大衆규합→民衆봉기획책

北傀노선지지·朝總聯자금 불법반입

政治·實業人등으로부터 12億 거둬

學園·光州사태 선동자금 3億뿌려

지지자에게 나눠준 각종 신표와 선전유인물, 활동자금으로 쓰인 달러화등이 포함돼있다.

李韶熙·張乙炳·宋彰達·金敷璋·李賢培
金勝勳·咸世雄·金東吉·李泳禧씨 訓放

政治日程 계획대로

戒嚴司 金大中검거로 沮害要因해소

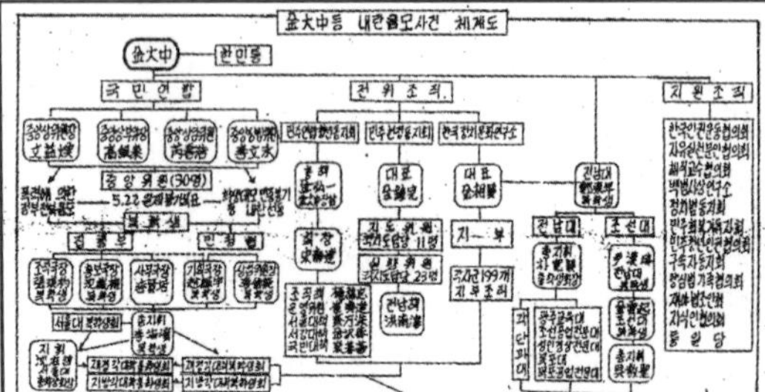

선동 → 대중규합 → 민중봉기 획책
북괴노선 지지·조총련 자금 불법반입
정치·실업인 등으로부터 12억 거둬
학원·광주사태 선동자금 3억 뿌려

유혈혁명 정부 전복기도
반국가 단체 '한민통' 등 조직
계엄사 발표

017

김대중 등 37명 내란 음모 송치

『한국일보』 1980. 7. 5. 1면

계엄사령부는 4일 '김대중 등 일당의 내란음모사건'에 대한 수사를 매듭짓고 김대중(55) 등 37명을 내란음모, 국가보안법, 반공법, 외국환관리법, 계엄포고령 위반 등 혐의로 계엄보통군법회의 검찰부에 구속 송치할 방침이라고 발표했다. 계엄사는 이 사건 관련 수사 대상자 중 "자수를 하거나 잘못을 뉘우치고 수사에 적극 협조한 자와 죄질이 가벼운 이용희(49·신민당 소속 국회의원), 장을병(성대 교수), 송창달(민주연·청년동지회 소속 총책), 김재위, 이현배, 김승훈(신부), 함세웅(신부), 김동길(연세대 부총장), 리영희(한양대 교수) 등에 대해서는 개과천선의 기회를 주어 국민적 화합에 기여토록 경고 훈방 등 조치를 취했다"고 밝혔다.

김대중 사형 선고
보통군재(普通軍裁)
문익환·이문영 20년
고은태·조성우 15, 다른 피고인 2~12년

金大中 死刑선고

普通軍裁

文益煥·李文永 20年

高銀泰·趙誠宇15、다른被告人2~12년

◇피고인별 선고형량

이름	나이	선고량	구형량
金大中	55	사형	사형
文益煥	62	20년	20년
李文永	53	〃	〃
[illegible]	52	12년	15년
高銀泰	47	15년	20년
[illegible]	43	10년	15년
[illegible]	30	12년	〃
趙誠宇	30	15년	20년
[illegible]	27	10년	15년
[illegible]	27	7년	10년
[illegible]	32	10년	15년
[illegible]	27	10년	〃
[illegible]	22	5년	7년
[illegible]	62	2년6월	3년
[illegible]	47	4년	4년6월
[illegible]	45	〃	〃
[illegible]	45	〃	〃
[illegible]	65	2년6월	3년
[illegible]	44	〃	〃
[illegible]	54	3년6월	4년
[illegible]	52	〃	〃
[illegible]	54	〃	〃
[illegible]	44	2년	3년
[illegible]	55	4년	4년6월

김대중 사형 선고

『한국일보』 1980. 9. 18. 1면

육군본부 계엄보통군법회의(재판장 문응식 소장, 심판관 박명철·이재흥·여운건 준장, 법무사 양신기 중령)는 17일 상오 10시 육본대법정에서 김대중 등 내란음모사건에 대한 선고 공판을 열고 김대중 피고인에게 내란음모, 국가보안법, 반공법, 계엄법, 외국환관리법 위반죄를 적용, 구형대로 사형을 선고했다.

재판부는 또 문익환, 이문영 등 12명의 피고인에는 내란음모, 계엄법위반죄 등을 적용, 징역 5년에서 20년까지를 선고하고 한승헌 등 11명에게는 계엄위반죄를 적용, 징역 2년에서 징역 4년까지를 각각 선고했다.

재판부는 또 김대중 피고인에게서 압수한 일화 20만 엔과 미화 7,300달러를 몰수하고 한화 157만 1,400원을 추징했다.

이날 재판부는 김대중, 문익환, 이문영 피고인들 3명에게는 구형대로 선고했고 고은태 피고인 등 21명은 구형보다 5월~5년까지를 감형했다. 법무사 양신기 중령은 양형 이유에서 "나라가 망하고 난 다음에는 국민의 기본적 자유뿐만 아니라 민족의 생존권조차 유지될 수 없다는 진실을 인도지나[인도차이나] 사태의 교훈이 아니더라도 잘 알고 있는 우리는 이 나라의 야당 대통령 후보였던 김대중이 반공이란 대한민국의 국시를 외면한 채 북괴의 주장과 노선에 적극 동조하는 반국가적 행위를 자행했을 뿐만 아니라 선량한 학생들을 선동 오도하여 개인의 정치적 욕망 달성의 도구로 이용, 국가와 사회를 혼란에 빠지게 했다는 것은 용납할 수 없다"고 밝혔다.

법무사 양중령은 또 판결 이유에 덧붙여 "김대중 피고인에 대한 반국가단체 관련 부분에 관해서는 우방국과의 외교관계 상의 고려와 국제 판례를 충분히 검토했는 바 피고인이 한민통 의장 신분을 계속 유지하면서 국내에서 범한 범죄 사실만을 검찰이 소추하고 있으므로 국내법상의 증거에 의해 본 건을 판단했음을 밝힌다"고 설명했다.

이날 공판은 상오 10시 정각 재판장 문소장의 개정 선언에 이어 양 중령이 판결 이유 요지와 양형 이유를 설명한 후 재판장의 피고인들에 대한 선고 형량 낭독을 끝으로 6분 만에 폐정됐다.

재판장이 침착한 어조로 "김대중 사형, 문익환 징역 20년" 등 형량을 선고하는 순간 정면만을 보고 있던 김대중 피고인의 창백해진 얼굴에는 경련이 스치는 듯했고 다른 피고인들은 굳은 표정을 지었다.

공판장에는 40여 명의 피고인 가족과 주한 미·일 대사관 직원, 워싱턴 포스트, NHK 등 외신기자를 포함, 모두 79여 명의 국내외 보도진이 방청했다.

김대중 등은 지난 5월 17일 수사 당국에 연행된 뒤 7월 31일 기소됐는데 지난 8월 14일 첫 공판 후 34일 만에 1심 선고를 가진 것이다.

피고인 24명에 대한 형량은 7일 이내에 관할관의 확인을 거치면 1심 최종형량으로 확정되는데 관할관은 확인 과정에서 형이 부당하게 정해졌다고 인정할 사유가 있을 경우 직권으로 감형 또는 형 집행을 면제할 수 있다.

사형이 선고된 피고인은 형사소송법과 군법회의법 등의 규정에 따라 상소를 포기할 수 없으므로 3심까지 모두 거쳐야 한다.

피고인들은 관할관 확인 조치 후 5일 이내에 그 내용을 송달받고 그로부터 7일 이내에 항소할 수 있다.

피고인들 선고 형량은 별표와 같다.

이름	나이	선고량	구형량
김대중	55	사형	사형
문익환	62	20년	20년
이문영	53	20년	20년
예춘호	52	12년	15년
고은태	47	15년	20년
김상현	45	10년	15년
이신범	30	12년	15년
조성우	30	15년	20년
이해찬	27	10년	15년
이석표	27	7년	10년
송기원	32	10년	15년
설훈	27	10년	15년
심재철	22	5년	7년
서남동	62	2년 6월	3년
김종완	47	4년	4년 6월
한승헌	44	4년	4년 6월
이해동	45	4년	4년 6월
김윤식	65	2년 6월	3년
한완상	44	2년 6월	3년
유인호	54	3년 6월	4년
송건호	52	3년 6월	4년
이호철	54	3년 6월	4년
이택돈	44	2년	3년
김녹영	55	4년	4년 6월

김대중 사형 선고
항소심 문익환 등 7명엔 감형

金大中 死刑선고

抗訴審 文益煥등 7명엔 減刑

019

김대중 사형 선고

『한국일보』 1980. 11. 4. 1면

육군계엄고등군법회의 재판부(재판장 유근환 소장, 심판관 백영기 준장, 법무사 장동완·김진흥·김익하 중령)는 3일 상오 11시 육군본부대법정에서 김대중 등 내란음모사건 관련 피고인 24명을 출정시킨 가운데 항소심 선고 공판을 열고 김대중 피고인의 항소를 기각하고 원심대로 사형을 선고하는 등 피고인 17명의 항소를 기각, 원심 형량을 유지했다.

그러나 재판부는 문익환 피고인 등 7명에 대해서는 감형했다.

재판부는 문 피고인에게 1심보다 5년이 감형된 징역 15년을, 한승헌 피고인에겐 1년을 감형해 징역 3년, 유인호, 송건호 피고인에겐 1년 6개월씩을 줄여 징역 2년을 각각 선고하고 김윤식 피고인에겐 징역 2년에 집행유예 3년, 김녹영 피고인에겐 징역 3년에 집행유예 5년, 이택돈 피고인은 징역 2년에 집행유예 3년을 각각 선고했다. 이에 따라 집행유예를 선고 받은 김윤식, 이택돈, 김녹영 피고인은 이날 하오 석방됐다.

이날 선고된 형량은 10일 이내 관할관인 계엄사령관의 확인을 거쳐 항소심 형량으로 확정된다. 관할관은 확인 과정에서 형이 부당하다고 인정될 사유가 있을 경우 직권으로 감형 또는 형집행을 면제할 수 있다.

피고인은 관할관의 형량 확인이 있은 후 5일 이내에 그 내용을 송달받도록 되어 있고 송달받은 날로부터 7일 이내에 대법원에 상고할 수 있다.

이날 공판장에는 피고인 가족과 아사히 TV 기자 등 내외신 기자와 미국·일본 대사관 직원 등 모두 60여 명이 나와 방청했다.

김대중 석방 도미 허용

金大中석방 渡美허용

政府、身病치료위해 人道的 배려

어제아침 서울大병원移送

빠르면 來週중에 出國

光州사태 關聯者등 포함

和合同參 기회부여 검토

李文公발표

出國절차 협의중

高位소식통、이번措置 外部영향없어

◇金大中 病勢

◇정부代辯人 발표全文

入國 신청땐 美、즉각검討

정부, 신병 치료 위해 인도적 배려

김대중 병세

광주사태 관련자 등 포함
화합 동참 기회부여 검토
이 문공 발표

어제 아침 서울대 병원 이송
빠르면 내주 중에 출국

정부대변인 발표 전문

020

김대중 석방 도미 허용

『한국일보』 1982. 12. 17. 1면

정부는 16일 상오 국가보안법, 계엄법 등을 위반, 대법원에서 형이 확정돼 청주교도소에서 복역 중이던 김대중을 서울대학병원으로 이송해 지병을 치료토록 하는 한편, 그의 희망을 참작, 미국에서의 신병 치료를 포함한 가능한 관대한 조치를 취할 방침이라고 정부 대변인 이진희 문공부장관이 발표했다. 김대중과 그 가족들은 미국에서 김의 신병 치료를 희망하고 있으며, 정부도 김의 출국을 위해 현재 형집행정지 등 필요한 법적 절차를 밟고 있기 때문에 김은 빠르면 내주 중에 미국으로 떠날 것으로 보인다.

광주사태 관련자 등 포함
화합 동참 기회부여 검토
이 문공 발표

이 문공장관은 "정부의 이 같은 방침은 구시대의 잔재를 청산하고 국민 화합을 이룩하려는 제5공화국의 의지와 전두환 대통령의 각별한 인도주의적 배려에서 결정된 것"이라고 설명하고 "정부는 김대중의 서울대병원 이송 조치와 아울러 김대중 내란음모사건 연루자 및 광주사태 관련자들을 포함한 구시대 및 혼란기의 유사한 법 위반자들에 대해 우리 사회 발전에 동참할 수 있는 기회를 주는 방안도 신중히 검토 중"이라고 말했다.

김은 대법원에서 형이 확정되어 81년 1월 23일부터 청주교도소에서 복역해 왔으며 16일 상오 10시께 서울대병원으로 이송됐다.

형집행 정지로도 도미 치료 등 가능

정부가 취한 김대중의 서울대병원 이송 조치는 행형법

29조의 "소내(所內)에서 수형자에게 적당한 치료를 하는 것이 불가능하다고 인정되는 때에는 당해 소장은 소외(所外)의 다른 병원에 이송할 수 있다"는 규정에 의한 것이다.

따라서 김은 현재 병원 수용 상태로서 앞으로 도미 치료를 받기 위해서는 형집행정지 등 후속조치가 따라야 한다. 그의 출국을 위해서는 특별 방면 등의 방법도 있으나 현재로서는 형집행정지가 내려질 것이 유력하다. 출국정지는 범법자이기 때문에 내려지는 게 아니고 행정 목적 상 개개인에 대해 내려지는 것이므로 정부 결정으로 언제라도 출국정지는 해제할 수 있기 때문이다. 형집행정지 결정 기간 내에는 '보호관찰' 대상이 되지만 출국은 가능하다.

김대중 병세

▲ 70년도 교통사고로 발병한 고관절염 ▲ 지병인 하지 부종증 및 이명증 ▲ 견갑관절부 동결견증세 ▲ 이들 지병으로 교도소 수용 전부터 계속 치료해 왔으며 교도소 수용 중에도 약물투여 물리치료 등 계속 치료

12층 1병동 입원

김대중은 16일 상오 청주교도소에서 서울대병원 12층 1병동으로 옮겨져 입원했다.

김모 간호원(25)에 의하면 이날 낮까지는 담당의사가 결정되지 않았다. 이날 상오 10시께 전화로 서울대병원으로 옮겨졌다는 연락을 받은 부인 이희호씨(60)는 상오 11시께 남편을 만났다.

정부대변인 발표 전문

정부는 국가보안법 계엄법 등을 위반 1981년 1월 23일 대법원에서 형이 확정되어 청주교도소에서 복역 중이던 김대중을 서울대학병원으로 이송, 지병을 치료하도록 조치하였다. 김대중은 12월 16일 상오 서울대병원에 이송되어 치료에 필요한 절차를 밟았다.

정부는 앞으로 김대중 본인과 그 가족의 희망을 참작,

미국에서의 신병치료를 포함하여 될 수 있는 한 관대한 조치를 취할 방침이다. 이 같은 정부방침은 구시대의 잔재를 청산하고 국민화합을 이루려는 제5공화국의 의지와 전두환 대통령 각하의 각별한 인도주의적 배려에서 결정된 것이다. 정부는 김대중의 서울대병원 이송조치와 아울러 김대중 내란음모사건 연계자 및 광주사태 관련자들을 포함한 구시대 및 혼란기의 유사한 법위반자들에 대하여 우리 사회발전에 동참할 수 있는 기회를 주는 방안도 신중히 검토하고 있다.

신문·방송·통신 통폐합

新聞·방송·通信 統廢合

時代상황 適應위해 改編

어제 臨時總會서 新聞·放送協 決議

시대 상황 적응 위해 개편
어제 임시총회서 신문·방송협 결의

내년1월부터 新聞增面

國內外뉴스供給 새通信社 곧 설립

취재方式 개선…地方駐在기자 撤收

商業 탈피…公共방송體制로

倫理委 심의機能을 活性化

건전言論 育成과 暢達위한 決議

건전 언론 육성과
창달 위한 결의

全대통령會見 30분간 TV放映

日NHK、外國元首론 史上처음

021

신문·방송·통신 통폐합

『한국일보』 1980. 11. 15. 1면

한국신문협회와 방송협회는 14일 하오 각각 임시총회를 열고 그간 거론되어 온 언론기관 통폐합 문제를 협의 후에 신문지면의 개편, 현 상업방송의 구조를 탈피한 공공방송 체제로의 전환, 각 지방 주재 기자의 철수, 신문·방송협회 전원이 참여 국내외 뉴스를 송출하는 새로운 통신사의 설립 등을 내용으로 하는 「건전언론 육성과 창달을 위한 결의문」을 채택했다. 한편 한국통신협회도 명일 임시총회를 열고 같은 내용의 결의문을 채택할 예정이며 신문·방송·통신협회의 결의에 따른 언론계 구조개선은 해당 사(社) 간에 협의가 활발할 것으로 알려졌다. 신문협회는 이날 하오 3시 반 신문회관에서, 방송협회는 하오 5시 코리아나 호텔에서 각각 임시총회를 열었으며 신문협회 27개사 발행인들은 한국신문협회 문태갑(서울신문사장)의 인사에 이어 결의문을 채택, 회의를 끝냈다. 7개항으로 된 결의문은 "우리 언론은 한말 개화기 이래 80여 년의 근대 언론사를 통하여 숱한 역사적 격동 속에서도 민족의 자주독립과 민족문화의 향상, 민주주의 발전에 크게 기여하여 왔음을 자부한다"고 강조하고 "이제 새 시대의 문턱에서 구조적 전환이 진행되고 있는 시대 상황에 적응하기 위해 우리 언론은 자기 혁신의 결단을 내려야 할 때를 맞고 있다"고 말했다.

건전 언론 육성과 창달 위한 결의

우리 언론은 한말개화기 이래 80여 년 근대언론사를 통하여 숱한 역사적 격동 속에서도 민족의 자주독립과 민족문화의 향상, 민주주의의 발전에 크게 기여하여 왔음을 자부한다.

이제 새 시대의 문턱에서 산업사회에로의 구조적 전환이 진행되고 있는 시대상황에 창조적으로 적응하기 위해 우리 언론은 자랑스러운 전통을 바탕으로 스스로 언론의 구조와 문제점을 정면에서 투시하고 자기혁신의 결단을 과감히 내려야 할 때를 맞고 있다.

우리는 겸허한 자성을 통하여 오늘의 언론이 해야 할 바를 실천함으로써 빛나는 우리 언론의 전통을 내일에 이어가고자 한다.

우리 사회 각계에서 과거의 잘못을 바로잡아 정의가 지배하는 제5공화국의 출범을 예비하는 이 역사적 시점에서 우리 언론은 남을 비판하기에 앞서 스스로를 바로잡고 실천하는 양식을 실증하고자 한다.

우리는 이 같은 자세를 가다듬는 결단이 민주주의를 이 땅에 뿌리내리게 하고 복지의 터전을 이룩하는 역사적 과제 앞에서 선도의 역을 다하게 될 것이라고 믿기 때문이다.

우리는 시대적 요청과 국민의 여망이 무엇인가를 통찰하여 스스로를 개혁할 수 있는 용기 있는 언론의 길을 택함으로써 국민의 신뢰를 얻으려고 한다.

한국신문협회와 한국방송협회회원 일동은 우리 언론이 지난날의 잔재와 불합리한 요소를 제거하고 공익을 우선시키는 근대적 공론기관으로서의 체제와 태세를 갖추도록 자기혁신을 스스로 단행하고자 다음과 같은 결의를 국민 앞에 천명한다.

1. 우리나라에는 구미 각국과 비교해도 많은 신문 방송 통신사가 난립하여 왔으며 이 때문에 언론이 각계국민에게 본의 아닌 누를 끼쳐왔고 사회적 적폐 또한 적지 않았음을 자성하며 근대적 공론기관으로서의 언론기업의 발전과 체질강화를 기한다.

1. 언론의 막중한 사회적 영향력과 책임에 비추어 언론기관의 과점화는 공익에 배치되므로 어느 개인이나 영리를 추구하는 특정법인이 신문과 방송을 함께 소유함으로써 민주적 여론조성을 저해하는 언론구조는 개선되어야

한다.

1. 신문 방송 통신 등 각사가 서울과 지방에 저마다 주재기자를 두고 있는 전근대적 취재방식을 개선, 언론 비위와 품위손상의 소지를 과감히 일소한다. 중앙지, 방송과 지방지가 각각 지방과 서울에 두고 있는 주재기자를 철수하여 구미각국의 예와 같이 통상적인 역외 뉴스는 통신으로부터 공급받도록 한다.

1. 기존 통신사와 우리 신문방송협회회원 전원이 참여하여 국내외 취재와 뉴스 공급기능을 대폭 강화할 영향력 있는 새로운 통신을 조속한 시일 안에 설립한다.

1. 1981년 1월부터 신문지면을 증면하여 산업사회의 정보수요에 대응하고 언론인의 처우를 동시에 개선한다. 언론인의 직업전문 교육을 제도화하여 언론인의 자질과 전문성을 높인다.

1. 민족독립, 민족자주의 길잡이로서의 사명을 자임해온 한국언론의 윤리성을 재확인하고 민족성원의 권리와 명예를 존중보호하기 위해 윤리심의기능을 활성화한다.

1980년 11월
한국신문협회
한국일보사

해직 때 '자체 추가' 없었다

解職때「自體추가」없었다

言論청문회 4大紙 社主들 證言서 밝혀

"통폐합등强壓의한것"

張康在회장 통보40명중 10여명救濟

◇13일밤 국회文公委청문회에서 증언하고있는 張康在한국일보회장·金相万東亞日報명예회장·方又榮朝鮮日報사장·李鍾基中央日報사장 (右로부터)。 【張啓文기자】

국회문공위는 13일 張康在(한국일보회장) 金相万(東亞日報명예회장) 方又榮(朝鮮日報사장) 李鍾基(中央日報 사장)등 4大일간지 社主들을 출석시켜 ▲언론인해직에 통고된 명단외에 추가자가 있었는지 ▲언론통폐합의 기준이 고르게 적용되었는지 ▲5공화국아래서 언론이 제사명을 다했는지 여부▲75년 동아·조선사태의 발생배경과 해직기자 복직문제▲서울경제의 폐간이 합당했는지 여부를 집중 신문했다. ★증언내용 3·4면

張康在회장은 『80년 통폐합당시 서울경제 폐간으로 2백50억원의 재산상의 손실을 보았고 80년에서 87년사이의 연간 외형성장률이 70년대의 반밖에 되지않는 11%에 머물게 됐다』며 서울經濟폐간이 한국일보사 경영에 미친 타격을 증언했다.

張씨는 보도지침이 한국일보에 기록으로 보관되게된 경위와 관련, 『85년초 문공부장관이 李廷增홍조실장을 대동하고 미니차트 설명을 통해 한국일보가 4대일간지중 보도지침을 가장 많이 위반했다는 경고를 해오기에 매일매일의보도지침을기록으로 남기라는 지시를한바있다』고말했다.

張회장은 『80년 문공부로부터 40여명에 달하는 해직기자 명단을 통보받아 나를 비롯한 회사전간부가 기자구제를위해 백방으로 노력한결과 10여명은 구제했지만 30명이 불가피하게 해직됐다』면서 『해직된 30명중 12명이 복직을 희망해와 11명이 복직됐고 1명이 복직절차를 밟고있는중』이라고 증언했다.

方又榮사장은 『80년7월 당시 俞學聖 중정부장의 초청으로 발행인들이 신라호텔에서 모임을가진 사실이 없다』고 증언해 지난 언론청문회에서 張基鳳씨가 『어느 조간신문사 사장이 신라호텔의 발행인 모임에서 한두간지의 폐간을 들어가며 언론통폐합의 당위성을 주장한바있다』고 말한 증언내용을 정면으로 부인했다.

金相万 명예회장은『75년 동아일보가 광고탄압을 받아오던중 편집국사원들이 3월12일부터 4일동안 공장을 점거해 신문을 발행할수없는 상태가 돼 판매국직원들을 동원, 공장을 탈환했었다』면서 『3월17일 1백34명을 해직했지만 6개월동안 복직을 추구했으나 반응이 없었다』고 東亞사태를 설명했다.

方사장은 『4대지중 유독조선일보만 언론통폐합에서 무슨이유로 아무런 피해가 없었느냐』는 李炳熙의원(民正)의 신문에 대해 『조선일보는 자매지가 없었고 TV나 라디오도 없었기 때문에 피해가 없었다』고 말하고 『80년 10월 국보위 입법의원이 된 이유가 조선일보출신의 許文道씨의 추천에 의해서 였느냐』는 질문에 대해 『사실과 다르다』면서 『지역대표로 권유를 해와 마지못해 응했다』고 답변했다.

李鍾基씨는 『80년 언론통폐합은 강압에 의한것으로 잘못된것』이라고 주장했다.

이날 4大紙 社主들은 당시 관계기관에서 통보된 해직대상기자명단이외에 자체적으로 추가해서 해직한 기자는 없다고 밝혔다.

이에앞서 문공위는 이날 李耕一(전京鄕新聞외신부장) 金東鉄(記協편집국장) 金楹(東亞放送해직기자) 盧成大(전MBC보도부국장) 李揆行(전京鄕新聞편집국장·현한국경제신문사장) 金素桂(전MBC총무국장) 金鍾圭(전서울신문사장·현[illegible]) 文昭甲(전서울신문사장) 李振鎬(전京鄕·MBC사장) 李元洪(전KBS사장) 崔世卿씨(〃)등 모두 11명을 증인으로 출석시켜 ▲언론인 강제해직의 배경 ▲경향신문기자 7명의 수난경위 ▲언론인해직에 언론계내부협조가 있었는지 여부를 집중적으로 물었다.

언론 청문회
4대지 사주들
증언서 밝혀

'통폐합 등 강압 의한 것'
장강재 회장 통보 40명 중 10여 명 구제

해직 때 '자체 추가' 없었다

『한국일보』 1988. 12. 14. 1면

국회문공위는 13일 장강재(한국일보 회장), 김상만(동아일보 명예회장), 방우영(조선일보 사장), 이종기(중앙일보 사장) 등 4대 일간지 사주들을 출석시켜 ▲ 언론인 해직에 통고된 명단 외에 추가자가 있었는지 ▲ 언론 통폐합의 기준이 고르게 적용되었는지 ▲ 5공화국 아래서 언론이 제 사명을 다했는지 여부 ▲ 75년 동아·조선 사태의 발생 배경과 해직 기자 복직 문제 ▲ 서울경제의 폐간이 합당했는지 여부를 집중 신문했다.

장강재 회장은 "80년 통폐합 당시 서울경제 폐간으로 2,450여억 원의 재산상의 손실을 보았고 80년에서 87년 사이의 연간 외형성장률이 70년대의 반밖에 되지 않는 11%에 머물게 됐다"며 서울경제 폐간이 한국일보사 경영에 미친 타격을 증언했다.

장씨는 보도지침이 한국일보에 기록으로 보관되게 된 경위와 관련, "85년 초 문공부장관이 이정배 홍조실장을 대동하고 미니차트 설명을 통해 한국일보가 4대 일간지 중 보도지침을 가장 많이 위반했다는 경고를 해 오기에 날마다 보도지침을 기록으로 남기라는 지시를 한 바 있다"고 말했다.

장 회장은 "80년 문공부로부터 40여 명에 달하는 해직 기자 명단을 통보받아 나를 비롯한 회사 전 간부가 기자 구제를 위해 백방으로 노력한 결과 10여 명은 구제했지만 30명이 불가피하게 해직됐다"면서 "해직된 30명 중 12명이 복직을 희망해 와 11명이 복직됐고 1명이 복직 절차를 밟고 있는 중"이라고 증언했다.

방우영 사장은 "80년 7월 당시 유학성 중정부장의 초청

국회문공위는 13일 장강재(한국일보 회장), 김상만(동아일보 명예회장), 방우영(조선일보 사장), 이종기(중앙일보 사장) 등 4대 일간지 사주들을 출석시켜 ▲ 언론인 해직에 통고된 명단 외에 추가자가 있었는지 ▲ 언론 통폐합의 기준이 고르게 적용되었는지 ▲ 5공화국 아래서 언론이 제 사명을 다했는지 여부 ▲ 75년 동아·조선 사태의 발생 배경과 해직 기자 복직 문제 ▲ 서울경제의 폐간이 합당했는지 여부를 집중 신문했다.

으로 발행인들이 신라호텔에서 모임을 가진 사실이 없다"고 증언해 지난 언론청문회에서 장기봉씨가 "어느 조간신문사 사장이 신라호텔의 발행인 모임에서 한 주간지의 폐단을 들어가며 언론통폐합의 당위성을 주장한 바 있다"고 말한 증언 내용을 정면으로 부인했다.

김상만 명예회장은 "75년 동아일보가 광고 탄압을 받아오던 중 편집국 사원들이 3월 12일부터 4일 동안 공장을 점거해 신문을 발행할 수 없는 상태가 돼 판매국 직원들을 동원, 공장을 탈환했었다"면서 "3월 17일 134명을 해직했지만 6개월 동안 복직을 촉구했으나 반응이 없었다"고 동아 사태를 설명했다.

방 사장은 "4대지 중 유독 조선일보만 언론 통폐합에서 무슨 이유로 아무런 피해가 없었느냐"는 이병용의원(민정)의 신문에 대해 "조선일보는 자매지가 없었고 TV나 라디오도 없었기 때문에 피해가 없었다"고 말하고 "80년 10월 국보위 입법의원이 된 이유가 조선일보 출신의 허문도씨의 추천에 의해서였느냐"는 질문에 대해 "사실과 다르다"면서 "직능대표로 권유를 해와 마지못해 응했다"고 답변했다. 이종기씨는 "80년 언론 통폐합은 강압에 의한 것으로 잘못된 것"이라고 주장했다.

이날 4대지 사주들은 당시 관계기관에서 통보된 해직 대상 기자 명단 이외에 자체적으로 추가해 해직한 기자는 없다고 밝혔다.

미, 전두환 장군 지지

美 全斗煥장군 支持

美高位당국자 紐帶강화도 바라

"肅正으로 國民의 지지얻어 한국이끌 指導力·意志보유"

◇全斗煥國保委常委長

미 고위 당국자 유대 강화도 바라

◇ 전두환 국보상위장

"숙정으로 국민의 지지 얻어
한국 이끌 지도력·의지 보유"

미, 전두환 장군 지지

『한국일보』 1980. 8. 9. 1면

023

미국은 전두환 국보위상임위원장이 한국의 새로운 지도자가 될 경우 그를 지지할 것이라고 주한미군의 한 고위 당국자가 말했다. 자신의 이름을 밝히기를 거부한 이 미군 고위 당국자는 "전 위원장이 한국의 안보를 위태롭게 하지만 않는다면 우리는 그를 지지할 것"이라면서 "이것이 바로 한국민이 바라고 있는 것으로 우리는 믿기 때문"이라고 그 이유를 밝혔다. 이 관리는 "전 장군은 강한 의지의 소유자이며 한국을 이끌 능력을 보유하고 있다"고 전했다.

서울에 있는 다른 미 관리들의 견해도 반영하고 있는 이 미 고위관리는 한때 긴장되기도 했던 한미 관계가 최근에 와서 호전됐다고 전제하고 "그는 미국을 이해하고 미국에 대해 호감을 느끼고 있으며 미국과의 강한 유대를 굳히기를 희망하고 있다. 그렇다고 그나 다른 군 장성들이 독립심이 강하지 않다는 것은 아니다. 그들은 무엇보다도 민족주의자들로서 자립 의지의 실현을 열망하고 있다"고 말했다.

그는 전 장군을 비롯, 한국 군부 지도자들이 미국의 과거 대(對) 월남 및 이란 정책에 대해 불만을 갖고 있고 최근의 아프간 사태와 관련, 미국의 능력을 개탄하고 있으며 미국의 지나친 도덕 인권 정책이 반미감정을 유발할 것으로 생각하고 있다고 말했다.

이 당국자는 전 상임위원장이 그동안 국보위가 단행한 공무원 숙정, 언론 자율 정화, 폭력배 일소 등을 통해 이미 국민의 상당한 지지를 얻었다는 다른 분석자들과 의견을 같이했다.

각종 불량배 일제 검거

강도·절도·치기배·공갈·사기
밀수·마약·상습도박 등 대상

◇ 전두환 위원장

사회악 일소 특별 조치 단행
"밝고 명랑 생활 위해 지속적 운동"

각종 불량배 일제 검거

『한국일보』 1980. 8. 5. 1면

024

국가보위비상대책상임위원회(위원장 전두환)는 4일 우리 사회 저변에서 선량한 국민을 괴롭혀 온 폭력 사기 밀수 및 마약사범 등 각종 사회적 독소를 뿌리 뽑기 위해 이들 사범에 대한 일제 소탕을 시작했다고 발표하고 사회정화를 위한 정부의 이 같은 조치가 범국민운동으로 승화될 수 있도록 시민 모두가 협조해 줄 것을 당부했다. 오자복 국보위문공분과위원장은 이날 회견에서 이번의 사회악 일소 특별조치는 사회악의 씨를 뿌리 뽑아 밝고 명랑하고 정의로운 새 시대, 새 사회를 건설하자는 데 그 뜻이 있다고 지적하고, 사회 기강 문란범을 사회로부터 단순히 격리시키는 데 그치지 않고 계몽·선도하는 시책을 써 선량한 시민으로 재생할 수 있도록 함으로써 다시는 그 같은 사회악이 영원히 발붙이지 못하도록 할 방침임을 강조했다.

'삼청' 관련자 필요 땐 처벌

「三淸」관련자 필요땐 處罰

黨政방침 가혹행위 眞相 철저히 糾明

정부와民正黨은 4일상오서울시내 P호텔에서 고위당정회의를 갖고 최근 문제가되고있는 三淸교육대 50명 사망사건의처리 대책을 논의, 진상을 철저히 규명하는한편 필요한 경우 관련자들을 문책·처벌키로했다。 ★관련기사 14·15면

民正黨측에서 朴俊炳 사무총장·兪學聖국회국방위원장·金重權국회5共 특위간사·孫柱煥 정세분석실장·安秉珪5共특위 소위원장과 국방부측에서 吳滋福장관·申致求차관등이 참석한 이날회의는 또사건의진상을 철저히 조사하기위해 자체진상조사반을 구성하고 5일부터시작되는 국정감사때 국회국방위에서 관련부대지휘관의 증인소환등으로 적극 조사키로했다。

이와관련, 民正黨의 한관계자는『사건의 철저한 진상규명이 우선적으로 행해져야 하며 특히 사망자들의 사망원인이 밝혀져야한다』고 말하고『국방부자료에서 사망자의대다수가 노약자인 것으로 밝혀졌으나 가혹행위가 있었는지 여부가 가려져야할것』이라고 밝혔다。

이관계자는『진상조사를 위해 국회국방위국정감사에서三淸교육중 사고가발생한 부대의 지휘관과 관련자들을 증인으로 소환하는것이 필요하다』고 지적,『당시 사고와 관련된 지휘관들이 부분적으로 처벌을받았지만 그것이 사안의 중대성에 비추어 적정한 범위의 문책이었는지도 조사하게되며 적정한 처벌이 이루어지지 않았다고 판단될 경우 추가문책과 처벌방안도 강구될것』이라고 밝혔다。

관계자는『국방부도 사건진상의 철저한 규명에 의견을같이하고있다』고 전하고『곧黨5共특위위원과 국방부관계자들로 조사반을 구성, 자체진상조사에 착수할 방침』이라고 덧붙였다。

한편 국방부가 국회에 제출한 자료에의하면 수용생들의 항의시위에 대해 경비병이 발포, 감호생을 죽게했던 사건에대해 5사단 36연대의 경우 사고책임과 관련, 당시 소속부대장 尹창중중령은 불구속입건, 高수원소령과 金동철대위·韓동철중위등3명은 구속된뒤 기소유예처분을 받았으며 27사단77연대의경우 사고직후 李명호중령·池창국중위등은 직무유기·폭력등의혐의로 군사재판에 회부됐으나 부죄를 선고받았고 金도식상사는 공소기각됐다。

당정 방침
가혹행위 진상
철저히 규명

'삼청' 관련자 필요 땐 처벌

『한국일보』 1988. 10. 5. 1면

025

정부와 민정당은 4일 상오 서울 시내 P호텔에서 고위 당정회의를 갖고 최근 문제가 되고 있는 삼청교육대 50명 사망자 건의 처리대책을 논의, 진상을 철저히 규명하는 한편 필요한 경우 관련자들을 문책·처벌키로 했다.

민정당 측에서 박준병 사무총장·유학성 국회국방위원장·김중권 국회 5공 특위간사·손주환 정세분석실장·안병규 5공특위 소위원장과 국방부 측에서 오자복 장관·신치구 차관 등이 참석한 이날 회의는 또 사건의 진상을 철저히 조사하기 위해 자체 진상조사반을 구성하고 5일부터 시작되는 국정감사 때 국회국방위에서 관련 부대 지휘관의 증인 소환 등으로 적극 조사키로 했다.

이와 관련, 민정당의 한 관계자는 "사건의 철저한 진상 규명이 우선적으로 행해져야 하며 특히 사망자들의 사망 원인이 밝혀져야 한다"고 말하고 "국방부 자료에서 사망자의 대다수가 노약자인 것으로 밝혀졌으나 가혹행위가 있었는지 여부가 가려져야 할 것"이라고 밝혔다.

이 관계자는 "진상조사를 위해 국회국방위 국정감사에서 삼청교육 중 사고가 발생한 부대의 지휘관과 관련자들을 증인으로 소환하는 것이 필요하다"고 지적, "당시 사고와 관련된 지휘관들이 부분적으로 처벌을 받았지만 그것이 적정한 범위의 문책이었는지도 조사하게 되며 적정한 처벌이 이루어지지 않았다고 판단될 경우 추가 문책과 처벌 방안도 강구될 것"이라고 밝혔다.

관계자는 "국방부도 사건 진상의 철저한 규명에 의견을 같이하고 있다"고 전하고 "곧 당 5공 특위위원과 국방부 관계자들로 조사반을 구성, 자체 진상조사에 착수할 방침"이라고 덧붙였다.

한편 국방부가 국회에 제출한 자료에 의하면 수용생들의 항의시위에 대해 경비병이 발포, 감호생을 죽게 했던 사건에 대해 5사단 36연대의 경우 사고 책임과 관련, 당시 소속 부대장 윤창중 중령은 불구속 입건, 고수원 소령과 김동철 대위·한동철 중위 등 3명은 구속된 뒤 기소유예 처분을 받았으며 27사단 77연대의 경우 사고 직후 이명훈 중령·지창국 중위 등은 직무유기·폭력 등의 혐의로 군사재판에 회부됐으나 무죄를 선고받았고 김도식 상사는 공소기각됐다.

◦ '사회악 일소' 구실 인권 침해 극심
3만 9천여 명 군부대서 '순화교육'

「社會惡일소」구실 人權침해 극심

3만9천여명 軍부대서「순화교육」

三淸교육대 <1>

마구잡이 檢擧·反論權도 없어

5공화국 태동기 국보위가 실시했던 三淸교육대훈련과정에서 50명이 사망했다는 국방부자료가 공개되면서 그동안 묻혀져있던 사망자의사인·입소과정등 교육전반에 대한 명확한 조사가 이뤄져야 한다는 여론이 비등하고 있다.

정부 여당측도 적극적인 진상규명방침을 세우고 있으나 사망자유족들과 당시 입소자들은 교육자체의 위법성을 주장、책임자처벌을 요구하고 있어 사태추이가 주목되고있다.

「각종 사회악을 단시일내에 효과적으로 정화、사회개혁을 이룬다」는 三淸교육의 명분은 집중홍보와 당시 사회분위기때문에 이의를 제기하는 사람들이 없었지만 입소과정의 위법성·교육과정상의 가혹행위등으로 언젠가 규명돼야 할 역사적과오로 인식돼 왔다.

◇入所者 교육현장 三淸교육 입소자들의 봉체조훈련 모습。입소자들은 진상규명 투쟁위를구성, 명예회복과 책임규명을 위한 움직임을 보이고있다.

三淸교육입소자들은 분류과정에서 검거자들에게 일체의 반론권이 부여되지 않은 점、정치적이유로 검거돼 고초를 당했던 점、등급완화를 위해 금품이 거래됐다는 점、교육후 사회환원시 불이익을 주지 않겠다던 약속을 어기고 8년여동안 「삼청조회」란 특별전과기록으로 불이익 조치를 한 점등을 문제점으로 지적하고있다.

이중 가장문제되는점은 교육훈련과정에서의 인권침해。

정부등 각계에제시된 피해사례를 종합해보면 당시의 훈련은 불법적가혹행위가 극심했음을 말해주고있다.

▲경기坡州 모부대에서 지프뒤에 입소생을 매달아 연병장 4바퀴를돌려 사망시켰고 ▲강원原州 모부대는 입소자를 밀폐된 쌀통속에넣고 3일동안 물한모금도 주지않고 자물쇠를 채웠으며 ▲소변으로얼굴을 씻게하고 혓바닥으로 화장실청소를시켰다는등 철저한 진상규명이 요청되는사례가수두룩하다.

지프에 매달려죽었다는 입소자의 훈련부대에 대한 국방부자료는 「조광선、일단심이 훈련도중사망했다」로 설명하고 있을뿐 자세한 인적사항과 사망원인의 기록은 폐기됐다고 밝히고있다.

그러나 이런 피해사례는 이미발간된 李[illegible]씨(31·전직기자)의「淨化작전—삼청교육대 수기」、鄭[illegible]씨(40·전직교사)의「삼청교육대 악몽의 365일」柳英根목사(34)의「황무지가 장미꽃같이」등의 수기책자를 통해 일부폭로됐다. 지난 6월 5일 창립한 三淸교육대 진상규명전국투쟁위원회에 접수된 사례들에 의해서도 비슷한 사례가 고발되고있다.

위원회 공동의장 鄭仁壽씨(42·[illegible]신용협동조합이사장·당시B급판정)、柳英根목사와 무고하게 끌려가 고초를 당했다는 입소자들은 『이 피해사례들은 사실이며 이를 국회등에서 공식적으로 확인、당시책임자들에게 응분의 책임을 지우야할 것』이라고 주장하고있다.

이들은또 국방부가 밝힌 50명사망자사인중 급성심부전증이 8명으로 가장 많은데 급성심부전증이 구타의경우발생하는 급성심부전증의 誤記일 가능성도 높아 기록검토의 필요성도 지적하고있다.

피해자들,가혹행위 잇단폭로
眞相규명·책임자처벌등 요구

三淸교육은 지난80년 국보위가 공무원숙정、[illegible]정치인재산환수등 일련의 개혁조치와 함께 사회정화 차원에서 실시한 것이다.

당시 국보위는 80년8월4일「사회악일소 특별조치」를 발표、폭력·사기·마약·밀수사범에 대한 일제검거령을 내렸고 계엄사는 포고령 제13호로 이를 시행했다.

당시 포고령은 ▲강·절도、채기배등 폭력사범▲공갈·사기서민착취사범▲상습도박·밀수마약등 사회풍토문화사범등을 일정기준에따라 분류、수용·순화시키고 이에 불응한 이탈자나 난동자、소요행위자는 영장없이 체포·구금·수색하고 엄중처단한다고 밝혔다.

포고령에 따라 81년1월까지 5개월동안 4차례에 걸쳐 검거된사람은 6만7백55명。

검거된 사람들은 경찰서유치장에 갇혀있다가 검사 경찰서장 보안사요원 중앙정보부요원 헌병대요원 지역정화위원등으로 구성된 심사위원회에 의해 ABCD 4등급으로 분류됐다。

A급은 군법회의에 회부됐는데 3천2백52명이 해당됐고 B급은 4주교육후 6개월노역、C급은 2주교육후 훈방으로 3만9천7백86명이 해당됐다。D급은 경찰서에서 훈방、1만7천7백17명 이었다。

【李榮[illegible]기자】

피해자들, 가혹행위 잇단 폭로
◦ 진상 규명 · 책임자 처벌 등 요구

마구잡이
◦ 검거 · 반론권도 없어

◇ 입소자 교육 현장
삼청교육 입소자들의 봉체조 훈련 모습.
입소자들은 진상규명투쟁위를 구성, 명예회복과
◦ 책임규명을 위한 움직임을 보이고 있다.

'사회악 일소' 구실 인권 침해 극심

「한국일보」 1988. 10. 5. 15면

026

5공화국 태동기 국보위가 실시했던 삼청교육대 훈련 과정에서 50명이 사망했다는 국방부 자료가 공개되면서 그동안 묻혀 있던 사망자의 사인·입소 과정 등 교육 전반에 대한 명확한 조사가 이뤄져야 한다는 여론이 비등하고 있다.

정부 여당 측도 적극적인 진상규명 방침을 세우고 있으나 사망자 유족들과 당시 입소자들은 교육 자체의 위법성을 주장, 책임자 처벌을 요구하고 있어 사태추이가 주목되고 있다.

'각종 사회악을 단시일 내에 효과적으로 정화, 사회개혁을 이룬다'는 삼청교육의 명분은 집중 홍보와 당시 사회분위기 때문에 이의를 제기하는 사람들이 없었지만 입소 과정의 위법성·교육과정 상의 가혹행위 등으로 언젠가 규명돼야 할 역사적 과오로 인식돼 왔다.

삼청교육 입소자들은 분류 과정에서 검거자들에게 일체의 반론권이 부여되지 않은 점, 정치적 이유로 검거돼 고초를 당했던 점, 등급 완화를 위해 금품이 거래됐다는 점, 교육 후 사회 환원 시 불이익을 주지 않겠다던 약속을 어기고 8년여 동안 '삼청조회'라는 특별전과 기록으로 불이익 조치를 한 점 등을 문제점으로 지적하고 있다.

이 중 가장 문제 되는 점은 교육 훈련 과정에서의 인권 침해.

정당 등 각계에 제시된 피해 사례를 종합해 보면 당시의 훈련은 불법적 가혹행위가 극심했음을 말해 주고 있다.

▲ 경기 파주 모 부대에서 지프 뒤에 입소생을 매달아 연병장 4바퀴를 돌려 사망시켰고 ▲ 강원 원주 모 부대는 입소자를 밀폐된 쌀통 속에 넣고 3일 동안 물 한 모금도

주지 않고 자물쇠를 채웠으며 ▲ 소변으로 얼굴을 씻게 하고 혓바닥으로 화장실 청소를 시켰다는 등 철저한 진상규명이 요청되는 사례가 수두룩하다.

지프에 매달려 죽었다는 입소자의 훈련부대에 대한 국방부 자료는 "조광선, 임근실이 훈련 도중 사망했다"로 설명하고 있을 뿐 자세한 인적 사항과 사망 원인의 기록은 폐기됐다고 밝히고 있다.

그러나 이런 피해사례는 이미 발간된 이적씨(31·전직 기자)의 「정화 작전-삼청교육대 수기」, 정충제씨(40·전직교사)의 「삼청교육대 악몽의 365일」, 류영근목사(34)의 「황무지가 장미꽃 같이」 등의 수기 책자를 통해 일부 폭로됐다. 지난 6월 5일 창립한 삼청교육대 진상규명전국투쟁위원회에 접수된 사례들에 의해서도 비슷한 사례가 고발되고 있다.

위원회 공동의장 정인수씨(42·주문진 신용협동조합이사장·당시 B급 판정), 유영근 목사와 무고하게 끌려가 고초를 당했다는 입소자들은 "이 피해 사례들은 사실이며 이를 국회 등에서 공식적으로 확인, 당시 책임자들에게 응분의 책임을 지워야 할 것"이라고 주장하고 있다.

이들은 또 국방부가 밝힌 50명 사망자 사인 중 급성심부전증이 8명으로 가장 많은데 급성심부전증이 구타의 경우 발생하는 급성신부전증의 오기일 가능성도 높아 기록 검토의 필요성도 지적하고 있다.

삼청교육은 지난 80년 국보위가 공무원 숙정, 구 정치인 재산 환수 등 일련의 개혁 조치와 함께 사회정화 차원에서 실시한 것이다.

당시 국보위는 80년 8월 4일 「사회악 일소 특별조치」를 발표, 폭력·사기·마약·밀수사범에 대한 일제 검거령을 내렸고 계엄사는 포고령 제13호로 이를 시행했다.

당시 포고령은 ▲ 강·절도, 치기배 등 폭력사범 ▲ 공갈·사기, 서민 착취 사범 ▲ 상습도박·밀수마약 등 사회풍토 문란 사범 등을 일정 기준에 따라 분류, 수용·순화시키고 이에 불응한 이탈자나 난동자, 소요행위자는 영장 없이 체포·구금·수색하고 엄중 처단한다고 밝혔다.

포고령에 따라 81년 1월까지 5개월 동안 4차례에 걸쳐 검거된 사람은 60,755명.

검거된 사람들은 경찰서 유치장에 갇혀 있다가 검사, 경찰서장, 보안사 요원, 중앙정보부 요원, 헌병대 요원, 지역 정화위원 등으로 구성된 심사위원회에 의해 ABCD 4등급으로 분류됐다.

A급은 군법회의에 회부됐는데 3,252명이 해당됐고 B급은 4주 교육 후 6개월 노역, C급은 2주 교육 후 훈방으로 39,786명이 해당됐다. D급은 경찰서에서 훈방, 17,017명이었다.

최규하 대통령 하야

새 시대 지도자 단시일 내 통대서 선출

◇ 10대 대통령직 사임 성명을 발표하고 있는 최규하 대통령

최규하 대통령 성명(전문)

"학생시위·광주사태에 책임을 통감 평화적 정권 이양 선례로 정치 발전"

최 대통령 재임 9개월 21일

박 총리 대통령대행

최규하 대통령 하야

『한국일보』 1980. 8. 17. 1면

최규하 대통령은 16일 특별 성명을 통해 "나는 오늘 대통령의 직에서 물러나 헌법의 규정에 의거한 대통령 권한 대행권자에게 정부를 이양하기로 결정했다"고 10대 대통령직 사임을 발표했다. 9개월 21일 동안 대통령직(권한 대행 한 달 반 포함)에 재임했던 최 대통령은 이날 상오 10시 청와대 영빈관에서 하야 성명을 직접 발표 "나는 책임 정치의 구현으로 불신 풍조를 없애고 불행했던 우리 헌정사에 평화적인 정권 이양의 선례를 남기며, 또한 국민 모두가 심기일전하여 화합과 단결을 다짐으로써 시대적 요청에 따른 안정과 도의와 번영의 밝고 새로운 사회를 건설하는 역사적 전기를 마련하기 위해 애국충정과 대국적인 견지에서 나 자신의 거취에 관한 중대한 결심을 하기에 이르렀다"고 발표했다.

최규하 대통령은 이날 박충훈 총리서리, 민관식 국회의장직무대리, 이영섭 대법원장관 등이 배석한 가운데 전국에 중계방송된 라디오·텔레비전을 통해 "민주국가의 평화적인 정권 이양에 있어서는 국정의 최고책임자가 국익우선의 국가적인 견지에서 임기 전에라도 스스로의 판단과 결심으로 합법적인 절차에 따라 정부를 승계권자에게 이양하는 것도 확실히 정치발전의 하나라고 생각한다"고 밝히고 "오늘 대통령직을 떠나면서 다시 한 번 국민 여러분에게 대립과 분열이 아닌 이해와 화합으로 대동단결하고 불퇴전의 의지와 용기로 부강한 민주국가를 건설하여 대한민국의 민족사적 정통성에 입각한 평화통일의 기반을 착실히 구축해 나가도록 간곡히 당부드린다"고 말했다.

최 대통령은 "10·26사태 이후 야기된 학생들의 교외집단시위와 광주사태 등에 대해 국정의 최고책임자로서 정치도의상의 책임을 통감했다"고 밝히면서 "우리가 계속 국가의 안전을 수호하면서 사회적·경제적 안정과 성장을 기하고 이에 상응하는 정치발전을 추구해 나가자면 다시는 국민적 단결의 균열과 국법질서의 혼란 등의 현상이 있어서는 안 되겠다"고 당부했다.

최 대통령은 10·26사태로 박정희 대통령이 서거함에 따라 지난해 10월 27일 총리로서 대통령권한을 대행, 이어 통일주체국민회의에서 대통령으로 선출되어 그해 12월 21일 제10대 대통령으로 취임했었다.

홍기여사와 함께 서울 서교동 사저로 이사할 예정이다.

최 전 대통령의 서교동 사저는 지금까지 경찰에서 관리해 왔다.

최규하 대통령 성명 (전문)

친애하는 국민 여러분!

작년 10월 26일 국가원수의 돌연한 서거로 나는 헌법이 정하는 바에 따라 대통령 권한대행의 중책을 맡게 되었으며, 이어 국가의 보위와 정치적 사회적 안정을 염원하는 대다수 국민의 여망과 합의의 바탕 위에서 제10대 대통령에 선출되어 국정의 최고책임자로서의 대임을 수행하여 왔습니다.

'10·26사태' 뒤의 황망한 중에서도 국민 여러분께서 애국심과 단합으로 어려운 고비를 넘기고 국가의 안전보장과 국민의 생존권 수호를 위해 적극적으로 협조하여 주신 데 대해 나는 항상 깊은 감사의 염을 간직하여 왔습니다.

이와 아울러 나는 국군통수권자로서 국가적 난국에 대처하여 철통같은 방위태세로 북한공산집단의 무력도발을 억지하여 온 우리 국군장병 여러분의 노고를 다시 한 번 높이 치하하는 바입니다.

나는 작년 11월 10일자「국가비상시국에 관한 특별담화」,「12월 21일의 대통령 취임사」, 그리고 지난 6월 12일자「국가기강확립에 관한 담화」등 일련의 성명을 통하여 시국에 대처하는 나의 소신을 천명한 바 있습니다.

즉 우리가 비상시국에 처하여 국가의 보위와 국민의 생존권 수호를 제1의 과제로 삼아 공공의 안녕질서와 사회안정을 유지하여 국민생활의 안정과 경제의 안정적 성장을 기하고, 이 바탕 위에서 헌법의 개정과 선거를 포함, 시대적 요청에 따른 정치발전을 착실하게 추진함으로써 평화적인 정권이양의 전통을 확립할 결의임을 밝혔던 것입니다.

그리하여 나는 특히 작년 11월 이후 북한공산집단의 심상치 않은 일련의 움직임에 비추어 국방태세를 더욱 공고히 하여 한반도에서의 전쟁재발을 억지하는 한편 헌정중단의 사태를 방지하고 국가의 계속성을 유지하면서 당면과제를 해결하는 등 국가의 위기를 관리, 극복하는 데 혼신의 노력을 경주하여 온 것은 국민 여러분께서 잘 아시는 일이라 생각합니다.

이와 같은 과업을 수행하기 위해서는 무엇보다도 국민 모두의 자제와 화합을 통한 대동단결이 요청되기 때문에 나는 국민 여러분에게 기회 있을 때마다 이를 되풀이 강조하고 호소하는 한편, 국민적 단합의 기반을 다지기 위해 대통령 긴급 조치 제9호의 해제 등을 비롯한 일련의 조치를 취하였던 것입니다.

국민 여러분!

그러나 불행하게도 정치발전을 추구하는 과정에서 우리나라의 특수한 안보적 상황과 시국의 중대성을 외면한 일부의 정치과열 작태, 폭력화한 노사분규와 학생들의 불법적인 교외집단시위 등이 일어나고 또 이를 이용하려는 일부 정치인들의 무분별한 언동 등으로써 서울을 위시한 주요 도시에서 집단시위와 소요가 유발된 데 이어, 마침내 광주사태라는 가슴 아픈 국가적 불상사마저 야기되었던 것입니다.

이 사태는 우리 계엄군의 적절한 치안 회복 노력과 대다수 광주시민 여러분의 슬기와 협조, 그리고 성숙된 문화국민으로서의 국민 여러분의 냉철한 이성으로 법과 질서를 되찾을 수 있었습니다.

이 사태의 뒷수습과 상처를 아물게 하기 위해 군관민의 긴밀한 협조가 이루어져 많은 성과를 올릴 수 있었던 것은 다행한 일이라 생각합니다.

우리는 국법질서의 교란과 사회안정의 파괴가 국가의 안위와 직결될 뿐만 아니라 질서의 안정 없이는 국민생활의 안정이나 경제성장 또는 정치발전도 이를 기대할 수 없다는 것을 값비싼 대가를 치르고 다시 한번 뼈아프게 깨달았던 것입니다.

나는 국정의 최고책임자인 대통령으로서 그 같은 사태로 국민 여러분에게 많은 우려를 끼치게 된 데 대한 정치도의상의 책임을 통감하면서도 먼저 국가를 보위해야 하겠다는 일념으로 '5 · 17조치'를 취하고 이어서 발족된 국가보위비상대책위원회는 내각 및 계엄군당국과의 긴밀한 협조로 그 기능을 효율적으로 발휘하여 정치적 사회적 풍토의 정화와 서정의 개혁과 쇄신 등 국가기강의 확립을 위한 노력을 경주하고 있습니다.

또한 정부 각 기관과 계엄군 당국도 소관분야에 관한 임무와 제반 시책을 착실하게 집행하고 있습니다.

한편 세계경제의 침체, 특히 원유가의 앙등으로 불황을 면치 못했던 우리 경제는 설상가상으로 사회혼란의 영향을 받아 큰 타격을 입게 되었던 것은 국민 여러분께서 잘 아실 줄 믿습니다.

그동안 나의 중동 산유국 방문을 비롯한 다각적인 외교적 노력으로 우리 경제가 필요로 하는 원유의 물량확보가 가능하게 되고, 또 국내치안과 사회질서의 회복에 따라 경제활동이 차츰 호전되기 시작함으로써, 물가는 비교적 안정되고 수출도 오름세를 보이고 있으며 실업률도 점점 낮아지고 있습니다.

헌법개정작업에 있어서는 정부의 헌법개정심의위원회의 '요강작성소위원회'에서 진지한 토론을 통하여 개헌안의 골격이 잘 잡혀가고 있는 단계이며, 따라서 개헌작업과 이에 따른 정치발전계획도 앞으로 순조롭게 진행될 것으로 전망됩니다.

친애하는 국민 여러분!

이제 우리가 '10 · 26사태' 뒤의 국가적 위기를 일단 극복하고 질서와 안정을 되찾아 국기가 다시 다져지기 시작한 이 시점이야말로 나 자신을 포함하여 국민 각자가 차분히 지난날을 반성하고 국가발전을 위한 재도약을 설계해야 할 일대전환기라 하지 않을 수 없습니다.

여전히 어려운 대외정세 아래 우리의 앞길에는 해결해야 할 많은 과제들이 가로놓여 있습니다.

우리가 계속 국가의 안전을 수호하면서 사회적·경제적 안정과 성장을 기하는 한편 이에 상응하는 정치발전을 추구해 나가자면 다시는 국민적 단결의 균열과 국법질서의 혼란 등의 현상이 있어서는 안 되겠습니다.

나는 이 같은 인식 하에서 우리나라에 있어서의 책임정치의 구현으로 불신풍조를 없애고 불행했던 우리 헌정사에 평화적인 정권이양의 선례를 남기며 또한 국민 모두가 심기일전하여 화합과 단결을 다짐으로써 시대적 요청에 따른 안정과 도의와 번영의 밝고 새로운 사회를 건설하는 역사적 전기를 마련하기 위하여 애국충정과 대국적인 견지에서 나 자신의 거취에 관한 중대한 결심을 하기에 이르렀습니다.

즉 나는 오늘 대통령의 직에서 물러나 헌법의 규정에 의거한 대통령 권한 대행자에게 정부를 이양하기로 결정한 것입니다.

민주국가의 평화적인 정권이양에 있어서는 국정의 최고책임자가 국익우선의 국가적인 견지에서 임기 전에라도 스스로의 판단과 결심으로 합헌적인 절차에 따라 정부를 승계권자에게 이양하는 것도 확실히 정치발전의 하나라고 생각합니다.

그동안 우리 국민이 땀 흘려 이룩한 국가발전의 성과와 되찾은 사회 안정의 토대 위에서 비록 내가 대통령의 직을 사임하더라도 국가적 안정이 흔들리거나 국정의 운영에 차질을 초래하는 일은 없을 것입니다.

또한 우리의 맹방인 미국과의 상호방위체제가 굳건히 유지될 것임은 물론 일본을 포함한 그 밖의 우방 각국과의 우호협력관계도 아무런 변동 없이 계속 발전되어 나갈 것으로 확신합니다.

국민 여러분께서는 나의 충정과 결심을 충분히 이해하여 주실 것으로 기대하며 앞으로 나는 야에 있더라도 국민의 한 사람으로서 국가와 국민을 위한 충성심에는 추호의 변함도 없을 것임을 굳게 다짐하는 바입니다.

국민 여러분!

이제 우리 국민 모두가 합심협력하여 질서와 안정을 유지하면서 헌법에 규정된 절차에 의거하여 선출될 대통령을 중심으로 굳게 뭉쳐 당면한 제반 시책을 추진해 나갈 때 지속적인 국가의 발전은 물론 민주국가로서의 우리나라의 장래는 매우 밝고 희망찬 것이라 확신합니다.

또한 나는 1980년대를 내다보면서 깨끗하고 명랑한 정치적 여건의 조성을 위한 이 중요한 전환기에, 특히 정치인들과 사회지도층 인사들이 지난날의 적폐를 일소하여 참신하고 건전한 정치적 사회적 풍토를 이룩하는 데 솔선하여 협력하실 것을 바라마지 않습니다.

오늘 대통령직을 떠나면서 나는 다시 한 번 국민 여러분에게 대립과 분열이 아닌 이해와 화합으로 대동단결하고 불퇴전의 의지와 용기로 부강한 민주국가를 건설하여 대한민국의 민족사적 정통성에 입각한 평화통일의 기반을 착실히 구축해 나가도록 간곡히 당부 드리고자 합니다.

그리하여 우리 후손들에게 번영되고 자랑스러운 조국을 물려줄 수 있도록 국민 각자가 최선의 노력을 다해나가야 하겠습니다.

끝으로 그간 나에게 보내주신 국민 여러분의 깊은 이해와 아낌없는 협조에 심심한 사의를 표하며 우리 대한민국과 국민의 앞날에 평화와 안정, 그리고 열광과 융성이 함께 있기를 기원하는 바입니다.

1980년 8월 16일

대통령 최규하

박 총리 대통령대행

이 문공 발표

정부대변인 이광표 문공장관은 16일 상오 최규하 대통령의 사임설명이 있은 뒤 "최 대통령이 16일 사임함에 따라 헌법 제48조 규정에 의거하여 박충훈 국무총리 서리가 대통령의 권한을 대행하게 되었다" 공식 발표했다.

이 장관은 이어 "최 대통령의 사임성명에서 언급되었듯이 대통령의 권한은 16일 상오 10시부터 헌법 제48조에 따라 박 총리서리가 대행하게 된 것"이라고 덧붙였다.

〈박 대통령권한대행 약력〉

▲ 1919년 1월 19일 제주도 제주시에서 출생 ▲ 36년 경성제일고보 졸 ▲ 39년 일본경도 동치사고등상업학교 졸 ▲ 49년 상공부상역국장 ▲ 55년 공군본부경리국장 ▲ 58년 국방부경리국장 ▲ 58년 공군준장 ▲ 61년 공군소장승진예편·상공부 사무차관 ▲ 63년 상공부장관 ▲ 64년 한국수출산업공단이사장·상공부장관 ▲ 57년 부총리겸 경제기획원장관 ▲ 70년 산업개발연구회회장·경제과학심의위상임위원 ▲ 71년 행정개혁위원장 ▲ 73년 무역협회회장 ▲ 80년 국무총리 서리 ▲ 청조근정훈장 금탑산업훈장 1등수교훈장 국민훈장 무궁화장 ▲ 부인 정경숙 여사 2남 4녀 취미는 낚시와 골프

전두환 장군 대통령 후보 등록

全斗煥장군 大統領후보 登錄

統代議員 7백37명 추천받아 압도적支持로 當選확실시

"福祉국가建設 새領導者" 추천이유

○全斗煥 대통령후보

全장군추대決議 自由中國교민회

僑民會서도

"복지국가 건설 새 영도자" 추천 이유

통대의원 737명 추천 받아
압도적 지지로 당선 확실시

028

전두환 장군 대통령후보 등록

『한국일보』 1980. 8. 26. 1면

전두환 국가보위비상대책상임위원장이 25일 제11대 대통령 후보로 등록했다. 통일주체국민회의의 이춘기(李春基) 운영위원장 등 대의원 737명은 27일 통일주체국민회의 7차 회의에서 선출되는 제11대 대통령 후보로 전(全) 위원장을 추천, 이날 하오 3시 국민회의사무처에 등록했다. 제11대 대통령 후보 등록 마감은 26일 하오 5시까지로 돼 있으나 전 위원장 이외의 후보가 추대될 가능성이 없는 것으로 보여 전 위원장이 단일 출마, 압도적인 지지로 당선될 것이 틀림없다.

폐습 물든 정치인 배격 정계 개편

弊習물든 政治人배격 政界개편

10월중 憲法확정…戒嚴해제후 選擧

政治活動 憲法확정후 곧再開

福祉국가 意志를 평화統一로

民間主導 開放的인 자유經濟활동 보장

不正腐敗척결…大學人의 秩序파괴不容

全斗煥 제11代大統領 就任

새內閣 빠르면 오늘중 出帆

安定추구 經濟중점둘듯

"全대통령중심 단결 민주福祉國家 건설"

朴忠勳 3府要人등 9千명 참석

全대통령에의 카터親書 글라이스틴大使 곧傳達

社會漫評

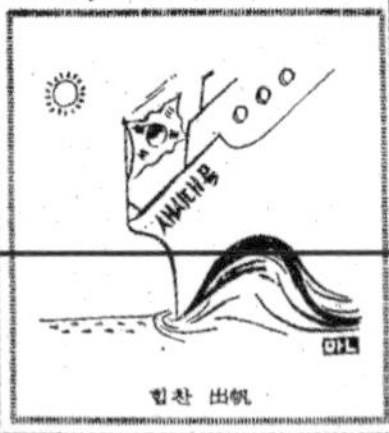

힘찬 出帆

폐습 물든 정치인 배격 정계 개편

『한국일보』 1980. 9. 2. 1면

029

- 10월 중 헌법 확정…계엄 해제 후 선거
정치활동 헌법 확정 후 곧 재개
복지국가 의지를 평화 통일로
- 민간 주도 개방적인
자유 경제활동 보장
부정부패 척결…대학인의
질서 파괴 불용
- 전두환 제11대 대통령
취임
- 4대 국가지표
민주의 토착화
복지국가 이룩
정의사회 구현
국민정신 개조

제11대 전두환 대통령의 취임식이 1일 상오 11시 서울 잠실체육관에서 거행됐다. 전 대통령은 이날 취임사를 통해 "내년 상반기 중 새 헌법에 의한 선거를 실시하여 신정부를 출범시킬 예정"이라고 말하고 "정치활동은 새 헌법이 확정된 후 빠른 시일 내에 재개토록 하겠다"고 밝혔다. 전 대통령은 또 정치 풍토 개선 문제에 언급, "과거처럼 선동·비리·파쟁·권모·사술·부정부패 등이 판을 치던 풍토 속에서는 민주주의가 제대로 성장할 수 없다"고 지적하고 "이런 폐습에 물든 정치인들에게 앞으로의 정치를 맡길 수 없다는 것이 본인의 소신"이라고 밝혔다. 전 대통령은 "따라서 정계 개편과 정치인의 세대교체는 불가피하다고 본다"면서 "이러한 개편과 교체를 통해 지난날 노출되어 온 정치적 이견의 극단화는 앞으로 점차 중화되고 조정되리라고 기대한다"고 전망했다.

제5공화국 헌법 발효

第5共和國憲法 발효

國會·기존政黨·統代는 自動的으로 解散 폐지

"새歷史隊列 누구든지"

全대통령, 公布式담화 갈등의 維新시대 終章

全대통령, 서명

"새 역사 대열 누구든지"
전 대통령, 공포식 담화
"갈등의 유신시대 종장"

국회·기존 정당·통대는
자동적으로 해산 폐지

030

제5공화국 헌법 발효

『한국일보』 1980. 10. 28. 1면

제5공화국 헌법이 27일 공포·발효됐다. 정부는 이날 상오 11시 서울 세종문화회관에서 전두환 대통령을 비롯한 3부 요인, 각계각층 대표 및 주한 외교사절 등 4천여 명이 참석한 가운데 새 헌법 공포식을 가졌다. 새 헌법이 공포·시행됨에 따라 10대 국회를 비롯 공화, 신민, 통일당 등 기존 정당과 통일주체국민회의가 자동 해산 또는 해체됐다. 이로써 유신으로 통칭되던 한 시대는 종장을 고한 채 민주복지와 정의사회 구현을 목표로 하는 새로운 시대의 막이 올랐다. 국회의 해산에 따라 입법 기능은 국회가 성립될 때까지 국가보위입법회의가 대행케 됐다.

전 대통령 90.23% 득표 당선

全대통령 90.23% 득표 當選

◇大統領 選擧狀況
(후보는 記號順, 괄호안은 정당별 선거인數)

	選擧人定數	投票者數	후보자 得票數 金鍾哲(국민)	金義澤(民權)	柳致松(民韓)	全斗煥(民正)	投票率
서울	856	855	11 (4)	8 (7)	133 (138)	703 (553)	99·8
釜山	323	321	3 (2)	0 (0)	33 (33)	285 (234)	99·4
京畿	670	670	4 (2)	3 (3)	43 (42)	620 (554)	100
江原	299	299	3 (3)	0 (0)	4 (4)	292 (240)	100
忠北	256	256	4 (3)	0 (0)	4 (13)	238 (207)	100
忠南	465	465	18 (10)	0 (0)	41 (42)	406 (339)	100
全北	407	405	3 (0)	7 (6)	25 (27)	369 (292)	99·5
全南	606	606	28 (20)	6 (2)	51 (51)	521 (348)	100
慶北	755	754	2 (0)	0 (0)	29 (26)	723 (449)	99·9
慶南	587	587	9 (4)	2 (2)	30 (34)	546 (419)	100
濟州	53	53	0 (0)	0 (0)	1 (1)	52 (41)	100
計	5,277	5,271	85 (48)	26 (20)	404 (411)	4,755 (3,675)	99·9

◇全대통령

제5共和國 出帆

12대大統領 任期 어제 시작

中央選管委서 당선確定公表

全斗煥후보 4천7백55·柳致松 4백4 金鍾哲 85·金義澤 26표, 投票率 99.88%

제12대 대통령에 民正黨의 全斗煥후보가 당선됐다. 25일상오8시부터 전국77개 선거구에서 일제히 실시된 대통령선거는 5천2백71명의 선거인이 투표에 참가, 全斗煥후보가 有效투표수의 90·23%인 4천7백55표를 얻어 당선권인 선거인在籍過半數 2천6백39표를 훨씬 넘는 압도적 득표로 당선됐다. 중앙선관위는 이에 따라 이날밤9시 各市·道선관위에서 集計, 보고해온 選擧錄작성을마친후 중앙위원회(전체회의)를 열고 全斗煥후보의 당선을 확정공표했다. 선거법에 의하면 당선인이 결정되면 중앙선관위는 지체없이 당선인에게 당선통지를 하고 당선인의 성명을 공고해야 하나 이날 밤늦게 공식적인 최종집계가 나왔기때문에 중앙선관위는 26일상오 全대통령에게 당선通知를 할 예정이다.

★관련기사2·3면

◇當選선포 朱宰璜중앙선관위원장이 25일밤 선관위회의실에서열린 전체회의에서 民正黨 全斗煥후보가 제12代 大統領에 당선됐음을 선포하고있다。

당선선포
주재황 중앙선관위원장이 25일 밤
선관위회의실에서 열린 전체회의에서 민정당
전두환 후보가 제12대 대통령에 당선되었음을
선포하고 있다.

제5공화국 출범
12대 대통령 임기 어제 시작
중앙선관위서 당선 확정 공표

전두환 후보 4,755·유치송 404
김종철 85·김의택 26표, 투표율 99.88%

031

전 대통령 90.23% 득표 당선

『한국일보』 1981. 2. 26. 1면

제12대 대통령에 민정당의 전두환 후보가 당선됐다. 25일 상오 8시부터 전국 77개 선거구에서 일제히 실시된 대통령선거는 5,271명의 선거인이 투표에 참가, 전두환 후보가 유효 투표수의 90.23%인 4,755표를 얻어 당선권인 선거인 재적과반수 2,539표를 훨씬 넘는 압도적 득표로 당선됐다. 중앙선관위는 이에 따라 이날 밤 9시 각 시·도 선관위에서 집계, 보고해 온 선거록 작성을 마친 후 중앙위원회(전체 회의)를 열고 전두환 후보의 당선을 확정 공표했다. 선거법에 의하면 당선인이 결정되면 중앙선관위는 지체 없이 당선인에게 당선 통지를 하고 당선인의 성명을 공고해야 하나 이날 밤 늦게 공식적인 최종 집계가 나왔기 때문에 중앙선관위는 26일 상오 전 대통령에게 당선 통지를 할 예정이다.

또 「대통령 선거법」 부칙 2조는 이 법에 의해 최초로 선출된 대통령의 임기는 당선일로부터 개시한다고 규정하고 있어 제5공화국의 첫 대통령인 전 대통령의 임기는 25일부터 시작됐다. 그런데 이번 대통령 선거 결과 4명의 후보 중 민한당의 유치송 후보가 404표를 얻어 2위를 차지했으며 국민당의 김종철 후보가 85표로 3위, 민권당의 김의택 후보가 26표로 4위를 각각 차지했다.

이날 투표는 상오 9시 35분 경남 남해·하동 지구가 제일 먼저 완료된 것을 비롯, 상오 중 대부분의 지역에서 투표가 끝났으며 투표가 끝난 지역은 정오부터 개표에 착수, 하오 2시 20분께 개표를 완료했다.

헌정사상 처음으로 선거인단에 의한 간선제 방식으로 대통령을 선출한 이날 선거에는 지난 11일 실시된 선거인

선거에서 당선된 5,278명 중 당선이 취소된 1명과 선거법 위반으로 구속된 4명을 제외한 5,273명 중 5,271명이 투표에 참가, 99.9%의 투표율을 보였다.

11개 시·도별 투표율을 보면 경기, 강원, 충북, 충남, 경남, 청주 등 7개도가 1백%의 투표율을 보였고 서울 99.8%, 부산 99.4%, 전북 99.5%, 경북 99.9%의 투표율을 나타냈다.

또 전두환 후보에 대한 시·도별 지지율을 보면 제주가 98%로 가장 높은 지지율을 표시했고 다음이 강원(97.7%), 경북(95.9%), 충북·경남(93%), 경기(92.6%), 전북(91.4%)의 순이며, 전남(86%), 충남(87.3%), 부산(88.8%)이 90% 이하의 지지율을 보였다.

또 민한당의 유치송 후보는 각 시·도에서 국민당의 김종철 후보는 제주를 제외한 10개 시·도에서 득표했으나 민권당의 김의택 후보는 부산, 강원, 충북, 충남, 경북, 제주에서 1표도 얻지 못했다.

이날 투표를 끝낸 선거인들은 "대통령의 임기 개시일까지 그 신분을 가진다"는 대통령선거법 조항에 따라 이날 하오 9시 전두환 대통령의 당선이 제정되는 즉시 그 자격이 소멸되었다.

한편 2·11선거인 선거결과에 따라 나타난 각 정당별 선거인수를 보면, 민정당 소속이 3,675명으로 가장 많고 민한당 411명, 국민당 48명, 민권당 20명, 무소속 1,128명이었다.

◇ **대통령 선거상황**

(후보는 기정당, 괄호 안은 정당별 선거인 수)

	선거인 정수	투표자 수	후보자 득표수				투표율
			김종철 (국민)	김의택 (민권)	유치송 (민한)	전두환 (민정)	
서울	856	855	11(4)	8(7)	133(138)	703(553)	99.8
부산	323	321	3(2)	0(0)	33(33)	285(234)	99.4
경기	670	670	4(2)	3(3)	42(42)	620(554)	100
강원	299	299	3(3)	0(0)	4(4)	292(240)	100
충북	256	256	4(3)	0(0)	14(13)	238(207)	100
충남	465	465	18(10)	0(0)	41(42)	406(339)	100
전북	407	405	3(0)	7(6)	25(27)	369(292)	99.5
전남	606	606	28(20)	6(2)	51(51)	521(348)	100
경북	755	754	2(0)	0(0)	29(26)	723(449)	99.9
경남	587	587	9(4)	2(0)	30(34)	546(419)	100
제주	53	53	0(0)	0(0)	1(1)	52(41)	100
계	5,277	5,271	85(48)	26(20)	404(411)	4,755(3,675)	99.9

서 부총리 등 16명 순직

徐副總理등 16명 殉職

버마國立墓地 爆發慘死 13일 합동國民葬 거행

버마 국립묘지 폭발참사
13일 합동 국민장 거행

◇새벽 國務會議서의 默念 10일새벽 全斗煥 대통령 주재로 열린 청와대 국무회의에서 국무위원들이 희생자들을 위한 묵념을 하고있다.

◇ 새벽 국무회의서의 묵념
10일 새벽 전두환 대통령
주재로 열린 청와대
국무회의에서 국무위원들이
희생자들을 위한 묵념을
하고 있다.

全대통령 歸國성명
"北傀의 殺人·폭력…결국은 自滅뿐"

새벽 靑瓦臺서 非常국무회의

遺骸 오늘歸國

「爆發」용의자 10명체포

버마警察 한국閣僚참여 공동査問委도 구성

레이건, 全대통령에 위로親書

殉職者敍勳키로

北傀, 신속반응

★관련기사 2·3·4·5·10·11면

◇殉職者

徐錫俊	부총리
李範錫	외무부장관
金東輝	상공부장관
徐相喆	동자부장관
咸秉春	대통령비서실장
沈相宇	민정당총재비서실장
金在益	청와대경제수석비서관
李啓哲	駐버마대사
河東善	대외협력위원회기획단장
閔炳奭	대통령주치의
姜仁熙	농수산부차관
金容瀚	과기처차관
李載寬	청와대공보비서관
李重鉉	동아일보기자
한경희	경호원
정태진	경호원

◇부상자명단
▲李基百 합참의장
▲李基旭 재무차관
▲崔在旭 공보비서관
▲崔尙德 외무부외전과장
▲尹國炳 한국일보기자
▲宋鎭赫 중앙일보기자
▲崔圭徹 동아일보기자
▲金基成 연합통신기자
▲金基石 KH기자
▲崔琴燦 연합사진부장
▲金相榮 문공부공보과
▲林三澤 문공부공보과
▲김상태 경호원

謹弔

전 대통령 귀국 성명
"북괴의 살인·폭력…결국은
자멸뿐"

서 부총리 등 16명 순직

『한국일보』 1983. 10. 11. 1면

전두환 대통령은 랭군 시내 아웅산 묘소의 폭발사고 참사로 남은 서남아 및 대양주 순방 일정을 모두 취소하고 10일 새벽 3시 40분 특별기편으로 김포 공항에 도착, 급거 귀국했다.

전 대통령은 도착 즉시 귀국 성명을 통해 "이번 사건은 전 인류의 양심이 용서할 수 없는 야만적 범죄이며 저주받아 마땅한 극악한 죄악이 아닐 수 없으며 천인공노할 이 살인 만행은 치밀하게 계획되어 조직적으로 바로 국가원수인 본인의 생명을 노린 전대미문의 악랄한 음모의 소산"이라고 말하고 "이와 같이 대한민국의 국가원수인 본인의 위해를 획책하여 잔혹 무도한 죄악을 저지른 이번 범죄의 원흉으로 전 지구상에서 가장 비인간적인 북한 공산집단을 지목하는 것은 비단 우리 국민만은 아닐 것"이라고 강조했다.

전 대통령은 또 "이번 사건의 진상이 백일하에 드러날 것임을 믿어 의심치 않으면서 전 국민과 전 세계 평화 애호 국민 모두의 이름으로 이 범죄가 단죄되고 응징되어야 할 것"이라고 말하고 "본인은 이러한 잔인무도한 살인 폭력 집단의 궁극적인 종말은 자멸 이외에 아무것도 없다는 것을 엄숙하게 경고하면서 국민 여러분과 더불어 불의와 폭력을 응징하고 반인류의 죄악을 징벌하는 모든 대응책을 강구해 나갈 것임을 굳게 다짐한다"고 재차 강조했다.

전 대통령은 "우리는 비상한 각오와 결의로 오늘의 이 도전을 훌륭히 이겨나가야 하겠으며 본인은 신명을 바쳐 여러분과 함께 불의를 응징하고 평화와 번영을 구현하는데 앞장서 나갈 것"이라고 말하고 "우리 모두 총 단합하여 나라를 수호하고 나라의 힘을 키워 통일된 나라를 완성하는 것이야말로 고인들의 숭고한 희생에 보답하는 길"이라고 촉구했다.

오늘 南北經濟회담

板門店서 物資교류·經協방안 논의

南北赤 20일 예비접촉

韓赤대표 3명을 발표

首席에 趙哲濬씨

오늘 남북 경제회담
판문점서 물자 교류·경협 방안 논의

033

오늘 남북 경제회담

『한국일보』 1984. 11. 15. 1면

남북한 간의 물자교류와 경제협력 방안을 논의할 남북 경제회담이 15일 상오 10시 판문점 중립국 감독위원회 회의실에서 열린다. 지난 10월 10일 신병현 부총리가 남북 경제회담 개최를 제의, 북한 측이 이에 응해 옴으로써 열리게 되는 이번 회담에는 우리 측에서 김기환 해외협력위 기획단장을 수석대표로 하는 7명의 대표들이 참석하며 북한도 13일 7명의 대표 명단을 우리 측에 통보해 왔다.

우리 측은 특히 이번 회담을 평화통일을 위한 남북한 교류 확대 방안의 하나로 적극 추진할 방침으로 있어 북한 측이 성의만 보인다면 상당한 진전도 예상되고 있다.

"21세기는 한민족의 시대"

1인당 GNP 5000불 · 세계 10대 교역국으로 도약

"21世紀는 韓民族의 시대"

1人當GNP 5000弗 · 세계10大 交易國으로 도약

南北최고責任者회담 促求
서울·平壤에 代表部설치도

全대통령, 國會서 國政연설

공명선거·單任정신 반드시 실천
敎育문제 획기적인 改善策 추진
地自制 우리實情 맞는 模型마련

◇ 全斗煥 대통령이 9일하오 제1백24회 임시국회에 참석, 새해 국정연설을 통해 2천년대를 향한 구상과다짐, 平和統一의지및 정치 경제 사회 문화등 국정전반에걸친 청사진을 펼쳐보이고있다. 【權周勳기자】

전 대통령, 국회서 국정 연설

공명선거 · 단임정신 반드시 실천
교육문제 획기적인 개선책 추진
지자제 우리 실정 맞는 모형 마련

◇ 전두환 대통령이 9일 하오 제124회 임시국회에 참석, 새해 국정 연설을 통해 2천년대를 향한 구상과 다짐, 평화통일 의지 및 정치 · 경제 · 사회 · 문화 등 국정 전반에 걸친 청사진을 펼쳐 보이고 있다.

남북 최고 책임자 회담 촉구
서울 · 평양에 대표부 설치도

“21세기는 한민족의 시대”

『한국일보』 1985. 1. 10. 1면

034

전두환 대통령은 9일, 다가오는 21세기는 우리가 고도 선진국가로서 지구촌 시대를 선도하는 한민족의 세기가 될 것으로 전망, 우리 모두가 이에 대비한 확실한 설계를 갖고 총전진해 나갈 것과 평화와 통일의 민족적 염원을 성취하기 위해 남북은 대결의 시대로부터 민족 화합의 새 시대로 일대 전환을 결행할 것을 제창했다.

전 대통령은 이날 하오 국회 본회의에서 국정연설을 통해 이같이 제창하고 남북한 당국 최고 책임자 회담의 조속한 실현과 서울·평양의 남북한 연락 대표부 설치를 거듭 촉구했다.

전 대통령은 이날 연설을 통해 다가오는 21세기의 청사진을 밝히면서 “우리는 그때까지 국민총생산 2,500억 달러와 1인당 국민소득 5,000달러 수준을 기록해 세계 15위 이내의 주요 경제국, 10대 교역국으로 발전할 수 있을 것”이라고 말했다.

전 대통령은 또 “우리의 이러한 미래상은 예정된 필연이 아니라 우리의 의지와 노력으로 도전해야 할 창조의 목표”라고 지적하고 “이제 우리는 ‘하면 된다’는 과거의 경험을 토대로 ‘함께 하면 더욱 더 잘 된다’는 철리(哲理)를 새로운 세기를 예비하는 우리 모두의 정신적 지주로 삼아나가야 할 것”이라고 강조했다.

전 대통령은 통일문제에 언급, 남북대결의 시대로부터 민족화합의 새 시대로의 일대전환을 제창하면서 “한반도의 긴장을 완화하고 평화와 통일의 결정적 계기를 조성하기 위해 김일성 주석과의 회담이 가급적 빨리 실현되기를 북한 측에 다시 한 번 촉구한다”고 밝히고 “남북한 간의 긴장을 완화하고 상호관계를 개선하며 다각적인 대화와 교류·협력을 촉진하기 위해 서울과 평양에 연락대표부를 상설적으로 설치할 것을 제의한다"고 말했다.

전 대통령은 또 "남북한이 서로 상대방의 체제와 제도를 인정하고 화해와 신뢰의 기초 위에서 민족일체감을 가꾸어 나간다면 평화와 통일의 민족적 염원을 반드시 성취할 수 있다"고 말하고 "평화와 통일의 장을 80년대 안에 기필코 열어야 한다는 신념 아래 인내를 갖고 북한을 대화로 포용해 나갈 것"이라고 다짐했다.

전 대통령은 이어 정치문제에 언급, "자의와 당리에 따라 현행 헌법을 바꾸는 것은 안정된 법체계를 통해 평화적 정권교체의 새로운 전통을 수립하고 나라발전을 이룩하려는 우리에게 결코 소망스러운 일이 될 수 없다"고 말하고 "본인에게 주어진 헌법수호와 국가보위의 소임에 따라 나라의 안정을 파괴하고 극도의 혼란을 조성하는 폭력과 불법행위에 대해서는 단호히 대처해 나갈 것"이라고 강조했다.

전 대통령은 또 "제5공화국 헌법은 평화적인 정권 교체를 제도화해 진정한 민주주의를 꽃피워 보자는 국민적 여망을 담고 있다"고 전제, "이 헌법에 명시된 대통령 단임 규정의 최초 실천자로서 그 영광된 소명을 다 하겠다는 신념 아래 누차에 걸쳐 본인의 결심을 밝혀 왔다"고 말했다.

전 대통령은 오는 12대 총선과 관련 이번 선거가 공정한 선거가 되도록 최선을 다하는 한편 공명선거를 해치는 관권 개입과 선동, 그리고 타락과 모든 불법행위는 법에 의해 엄격하게 대처해 나가겠다고 밝혔다.

전 대통령은 지방자치제 실시에 대해 "과거의 경험을 통해 드러났던 바람직하지 못한 부분이 재연되지 않고 본래의 취지가 살 수 있도록 사전 검토를 해 나가야 할 것"이라고 강조하고 "연초에 구성될 지자제 실시연구위는 각계각층의 덕망과 지식을 갖춘 인사들에 의해 앞으로 우리의 실정에 합당한 제도의 모형을 마련해 낼 것으로 기대하고 있다"고 말했다.

전 대통령은 학원문제에 관해 "어떠한 경우에도 폭력행위나 교권 유린행위는 용납되지 않는 대학이 돼야 하며 면학이 학생의 권리이자 사명으로 정착되도록 학원질서가 재정립돼야 한다"고 강조했다.

전 대통령은 이 밖에 ▲ 국민총력 외교의 전개 ▲ 21세기를 내다보는 새 인재의 양성 ▲ 부동산 투기에 대한 제도적 봉쇄 ▲ 불로소득의 사회 환원 장치 완결 ▲ 87년까지 수출 규모 1천만 달러가 넘는 중소기업 1천 개 이상 육성 ▲ 교육문제의 획기적인 개선책 마련을 위해 올해 안에 대통령 직속 하에 교육 개혁 심의 기구 설치 ▲ 국민복지연금 제도 실시를 위한 최선의 노력 경주 등을 새해의 시정 방향으로 제시했다.

치밀한 사전 계획…'정오의 기습'

진입 신호
보내자 2분 만에
"우르르"

치밀한 事前계획…「正午의 기습」

進入신호 보내자 2분만에 "우르르"

"美와 오늘아침 대화再開" 새벽2시 筆談

농성學生들 저녁 굶은채 徹夜

H아워맞춰 17개大生 시위

○농성학생 대표가 문화원 도서관 유리창문에 걸터앉아바깥의기자들을향해자신들의주장을 밝히고있다.

"경찰오면 自害" 위협도

오늘 대규모示威예고 學生總聯 서울集合서

市民들 충격 "왜 이런일까지"

美文化院농성

"國內문제에 外勢개입 自請은 자가당착"

"國會열렸으니 일단 政治人들에 맡겨야"

美 현안論議거부 농성大學生 밝혀

"미와 오늘아침 대화 재개"
새벽 2시 필담

"경찰 오면 자해" 위협도

농성 학생 대표가 문화원 도서관 유리 창문에
걸터앉아 바깥의 기자들을 향해 자신들의
주장을 밝히고 있다.

치밀한 사전 계획…
'정오의 기습'

『한국일보』 1985. 5. 24. 11면

난입

미 문화원 난입은 학생들의 치밀한 사전계획에 의해 순간적으로 이루어졌다.

지난해 민정당 당사 난입과 비슷한 기습작전이었다. 문화원 관계자들에 의하면 이날 상오 10시께부터 '도서열람'을 가장한 대학생들이 1~2명씩 입장했으며, 상오 11시 30분께부터는 문화원 앞길 양쪽 보도에 5~6명씩 모여 배회하는 모습이 목격돼 한국 경찰에 통보했다는 것.

이때 문화원 바로 옆 삼성빌딩 지하 다방에도 8명의 학생이 대기 중이었고 맞은편 롯데호텔 앞에도 30여 명의 학생들이 서성거리며 'H아워'를 기다렸다.

낮 12시 2분께 문화원 앞 도로가 신호대기로 차량통행이 뜸해진 순간 문화원 오른쪽 골목 입구에 서 있던 점퍼 차림의 학생이 오른손을 번쩍 들어 신호하자 한순간에 행동이 개시됐다.

길에서 서성대던 학생들이 책가방에서 주먹만 한 돌멩이와 음료 병을 꺼내 던지며 출입구로 몰려가 입구 양쪽에 2명씩 배치된 전경들이 멈칫거리는 사이 건물 안으로 밀려들어 갔다. 맞은편 롯데호텔 앞에서 대기하던 30여 명의 학생들이 "와" 하는 함성을 지르며 몰려든 것도 거의 동시였다. 학생들은 현관 입구를 지키던 수위 1명을 밀치고 2층으로 뛰어 올라가면서 출입구 셔터를 내려 버렸다. 행동개시 신호에서 셔터를 내리기까지 소요된 시간은 불과 2분.

문화원 주위에 배치됐던 정사복 전경 10여 명은 돌팔매에 쫓겨 속수무책이었는데, 2층 도서관 입구에 배치됐던 송영각 상경(21)은 학생 4명에게 붙잡혀 뭇매를 맞고 코피를 흘리며 급히 피신했다.

경찰은 22일 학생들이 미 문화원을 점거한다는 정보를 입수하고 경비를 강화했으나 기습난입은 막지 못했다.

농성

학생들은 2층 도서관을 점거한 뒤 의자와 책상 등 집기로 출입문에 바리케이드를 친 뒤 준비해 간 종이와 광목에 "국정조사권 발동하라", "광주사태 책임자 물러나라", "미국은 공개 사과하라"는 등 요구사항을 써 창문에 내걸었다. 학생들은 또 미 대사와 공식 면담과 내외신 기자회견 등을 요구하는 쪽지를 내건 뒤 "강제로 끌어내려 하면 청산가리를 뿌리겠다", "창에서 뛰어 내리겠다"고 소리치기도 했다.

난입 직후 문화원 직원 50여 명(미국인 10명 포함)은 급히 밖으로 빠져 나왔고, 도서관 직원 10여 명도 대피했다.

학생들은 난입 직후 곧바로 "의문 사항이 있으면 종이에 적어 높이 쳐 드셔요"라고 써 창문에 붙이고 내외신 기자들과 필담을 시작했으며, 간간이 창밖으로 상체를 내밀고 요구사항을 낭독하기도 했다.

길에서 서성대던 학생들이 책가방에서 주먹만 한 돌멩이와 음료 병을 꺼내 던지며 출입구로 몰려가 입구 양쪽에 2명씩 배치된 전경들이 멈칫거리는 사이 건물 안으로 밀려들어 갔다. 맞은편 롯데호텔 앞에서 대기하던 30여 명의 학생들이 "와" 하는 함성을 지르며 몰려든 것도 거의 동시였다. 학생들은 현관 입구를 지키던 수위 1명을 밀치고 2층으로 뛰어 올라가면서 출입구 셔터를 내려 버렸다. 행동개시 신호에서 셔터를 내리기까지 소요된 시간은 불과 2분.

김근태 민청련 전 의장 보안법 적용 구속

『한국일보』 1985. 9. 11. 11면

치안본부는 10일 민청련(민주화운동청년연합) 전 의장 김근태(39)를 국가보안법과 집회 및 시위에 관한 법률위반 혐의로 구속했다.

김씨는 지난달까지 민청련의장으로 있으면서 폭력혁명을 통한 현 체제 전복과 민중민주주의를 주장하면서 학원시위 등을 배후에서 조종한 혐의로 경찰의 조사를 받아왔다.

김근태 민청련 전의장 보안법적용 구속

金槿泰 民靑聯 전의장

保安法적용 拘束

치안본부는 10일 民靑聯(민주화운동청년연합) 전의장 金槿泰씨(39)를 국가보안법과 집회및 시위에 관한 법률위반 혐의로 구속했다。

金씨는 지난달까지 民靑聯 의장으로 있으면서 폭력혁명에 의한 현체제전복과 민중민주주의를 주장하면서 학원시위등을 배후에서 조종한 혐의로 경찰의 조사를 받아왔다。

재야인사 등 30명 민청련에서 농성

『한국일보』 1985. 10. 16. 11면

037

민청련 문익환 의장, 계훈제 부의장, 시인 김규동·신경림 씨 등 민통련 회원 20여 명과 민청련의 구속간부가족 10여 명 등 30여 명은 15일 낮 12시부터 서울 중구 삼각동 합동빌딩 6층 민청련 사무실에서 민청련 의장 김근태씨 등 민청련 간부들이 고문수사를 당했다고 항의, 농성에 들어갔다.

이들은 성명서를 통해 "김씨 등을 고문한 수사관 및 책임자를 파면하고 치안본부장 및 내무부장관은 인책, 사퇴하며 구속된 민청련 간부 전원의 석방과 민청련에 대한 일체의 탄압을 중지할 것"을 촉구했다.

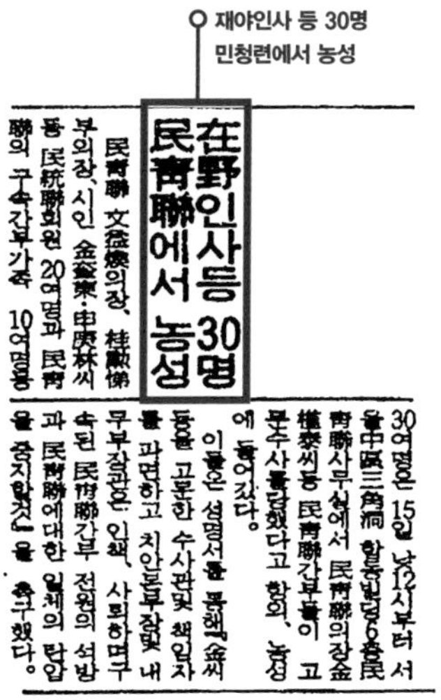

재야인사 등 30명 민청련에서 농성

在野인사등30명 民靑聯에서 농성

民靑聯 文益煥의장、桂勳悌부의장、시인 金奎東·申庚林씨등 民統聯회원 20여명과 民靑聯의 구속간부가족 10여명등 30여명은 15일 낮12시부터 서울中區三角洞 합동빌딩6층民靑聯사무실에서 民靑聯의장金槿泰씨등 民靑聯간부들이 고문수사를당했다고 항의、농성에 들어갔다。

이들은 성명서를 통해「金씨등을 고문한 수사관및 책임자를 파면하고 치안본부장및 내무부장관은 인책、사퇴하며구속된 民靑聯간부 전원의 석방과 民靑聯에대한 일체의 탄압을 중지할것」을 촉구했다。

國監 焦點

5共의 明과 暗… 새삼스런 歷史의 아이러니

"물고문 2번·전기고문 8번…3~5시간씩" 金權泰씨

"항간의 얘기 너무 뜻밖…누명벗으러 왔다" 全基煥씨

◇19일 국회내무위에 증인으로 출석한 金權泰씨. 【權周勳기자】

5공의 '명과 암'…새삼스러운 역사의 아이러니

"물고문 2번 · 전기고문 8번…3~5시간씩" 김근태씨

19일 국회 내무위에 증인으로 출석한 김근태씨

5공의 '명과 암'… 새삼스러운 역사의 아이러니

『한국일보』 1988. 10. 20. 3면

038

— 언제 고문을 당했는가.

"지난 85년 9월 4일부터 26일까지 23일 동안 치안본부 대공수사단에 의해 남영동으로 연행돼 물고문 2번, 전기고문 8번 등 모두 10차례 당했다. 당시 민청련의장직에서 물러난 뒤였는데 서울대 민추위사건의 배후조종혐의로 연행됐었다."

— 어떻게, 언제 연행됐나.

"9월 4일 새벽 5시 서부경찰서 유치장에서 김영두 경위, 최상남 경장에 의해 연행됐다."

— 고문당한 날짜를 정확히 기억할 수 있는가.

"9월 4일 물고문 2번, 5일 전기고문 1번, 6일 전기고문 2번, 8일 전기고문 2번, 10일 전기고문 1번, 13일 전기고문과 전기봉고문 각 1번, 20일 전기고문 1번씩 당했다."

— 고문한 사람들의 이름을 알고 있는가.

"당시 대공수사단 공작1과장 윤재호 총경, 김수현·백남온 경감, 김영두 경위, 정현규·박병선·최상남 경장과 경감으로 추정되는 1명 및 경장으로 추정되는 1명 등 모두 10명이다. 이 중 경감으로 추정되는 사람은 전문적인 고문기술자 같았으며 경장 추정 1명은 청송이 고향으로 40대 중반이었다."

— 이들의 인상착의를 정확히 기억할 수 있는가.

"윤 총경은 한 번 얼굴을 볼 수 없는 상태에서 고문현장에 들어왔기 때문에 알 수 없으나 다른 8명은 사진만 갖다주면 즉각 식별해 낼 수 있다."

— 고문했다는 경찰관 이름을 어떻게 아는가.

"나에 대한 피의자 조서 작성 때 맨 마지막에 그들 경찰관의 이름을 적었기 때문에 기억해 두었다."

— 청송이 고향이라는 것은 어떻게 아는가.

"그 사람이 고문하면서 자기 고향 사람도 민주화운동을 한다며 이름을 말했는데 그 사람은 내가 잘 아는 사람으로 고향이 청송이기 때문이다."

— 현재 건강은 어떠한가.

"비오는 날이면 통증을 느끼며 특히 등과 머리가 괴롭다."

— 고문을 당한 구체적인 장소는 어디였는가.

"치안본부 대공 분실 515호였다."

— 무엇 때문에 고문을 당했는가.

"처음에는 헌법과 형사소송법을 근거로 불법연행이라고 진술을 거부했기 때문이며 그 뒤에는 일선 학생 및 노동운동과의 연계성, 민추위 배후 조종 여부 그리고 맨 마지막에는 민족민주주의 주장이 반국가단체를 이롭게 했다고 자백하라는 이유 때문이었다."

— 한 차례 고문 때 몇 시간씩 걸렸나.

"3~5시간 걸렸다."

— 물고문 당할 당시 상황은.

"물고문과 전기고문은 다소 다르며 전기고문이 한층 가혹하다. 물고문은 몸을 담요로 돌돌 덮은 뒤 밧줄로 발목·

무릎 · 허벅지 · 가슴 · 배 등을 각각 묶어 놓고 시작한다. 고문을 위해 만든 '칠성대'라는 이름의 탁자 위에 몸을 눕힌 뒤 밴드로 눈을 가리고 코와 입 위에는 두꺼운 수건을 올려놓고서 수도에 연결된 샤워꼭지와 대형 물주전자를 통해 수건 위로 물을 붓는다. 이때 머리 양옆은 고문경관들이 꽉 붙들어 피하지 못하게 해 수건으로 스며든 물을 코와 입으로 억지로 들여 마시게 된다. 전기고문은 몸을 물고문 때와 같이 묶은 뒤 새끼발가락 등에 도선을 연결해 시작한다."

— 변호인과 가족면회는 언제부터 허용됐는가.

"1차 공판이 끝난 85년 12월 19일께 가족면회를 했으며, 변호인 면회는 12월 10일께부터 허용됐다. 통상적인 경우보다 늦게 허용된 것은 경찰이 고문한 사실을 은폐하려 했기 때문이다."

— 고문에 대한 소견은.

"문명국가에서 고문이 있어서는 절대 안 된다. 우리의 경우 고문이 행해진 이유는 국민에게 두려움을 주어 독재를 가능하게 하도록 하기 위해서였다고 본다."

故鄕방문단 오늘 교환

서울·平壤서 家族상봉

百51명씩 3泊4日… 藝術공연도

南北 분단40년만에 민간인으로는 처음으로 20일 板門店에서 「南北이산가족고향방문단 및 예술공연단」 151명이 동시교환방문한다。

우리측은 金相浹대한적십자사총재를 단장으로▲고향방문단50명▲예술공연단50명 ▲취재기자30명▲지원인원 20명이며 孫成弼북한적십자회 중앙위원회위원장이 인솔하는 北韓측도 우리측 방문단과 같은 규모다。

쌍방대표단은 지난달 22일 南北적십자 제3차 실무대표접촉에서 합의에 따라 20일부터 23일까지 3박4일간 서울과 平壤을 동시방문, 헤어진 가족·친척들과 상봉할 예정이며 우리측은 平壤대극장에서 北韓측은서울 국립극장에서각각 2회예술공연을실시할예정이다。양측 방문단및예술공연단은서울과 平壤에체류하는 동안 가족상봉 또는 공연과 그중비용을 제외한 시간에는 시내 또는 근교도 관광하게 되며 오는23일상오 각각 서울과 平壤을 출발, 板門店을 거쳐 23일 각기 자기측 지역으로 귀환한다。

대한적십자사에따르면 쌍방 방문단은 이날상오9시 板門店을통과 正午에 우리측은 平壤고려호텔, 北측은 서울워커힐호텔에도착하게되며 하오에는 金相浹대한적십자총재가 北韓적십자위원회를 방문하며 孫成弼북한적십자회 중앙위원회 위원장이 대한적십자사를 각각 방문하게된다。

고향방문단 오늘 교환

151명씩 3박 4일…예술 공연도

서울·평양서 가족 상봉

고향방문단 오늘 교환

『한국일보』 1985. 9. 20. 1면

039

국토분단 40년 만에 민간인으로는 처음으로 20일 판문점에서 '남북 이산가족 고향방문 및 예술공연단' 151명이 동시 교환 방문한다.

우리 측은 김상협 대한적십자사 총재를 단장으로 ▲ 고향방문단 50명 ▲ 예술공연단 50명 ▲ 취재기자 30명 ▲ 지원인원 20명이며 손성필 북한적십자회 중앙위원회 위원장이 인솔하는 북한 측도 우리 측 방문단과 같은 규모다.

쌍방 대표단은 지난 달 22일 남북적십자 제3차 실무대표 접촉에서 합의에 따라 20일부터 23일까지 3박 4일간 서울과 평양을 동시 방문, 헤어진 가족·친척들을 상봉할 예정이며 우리 측은 평양대극장에서, 북한 측은 서울 국립극장에서 각각 2회에 걸쳐 공연을 실시할 예정이다. 양측 방문단 및 예술공연단은 서울과 평양에 체류하는 동안 가족상봉 또는 공연과 그 준비 등을 제외한 시간에는 시내 또는 근교도 관광하게 되며 오는 23일 상오 각각 서울과 평양을 출발, 판문점을 거쳐 23일 각기 자기 측 지역으로 귀환한다.

대한적십자사에 따르면 쌍방 방문단은 이날 상오 9시 판문점을 통과 정오에 우리 측은 평양 고려호텔, 북측은 서울 쉐라톤 워커힐에 도착하게 되며 하오에는 김상협 대한적십자 총재가 북한적십자 위원회를 방문하며 손성필 북한적십자회 중앙위원회 위원장이 대한적십자사를 각각 방문하게 된다.

도서 잡지 윤리위

暴力조장 理念서적 배제

"청소년층 無批判 受容" 지적

도서잡지 倫理委

한국도서잡지주간신문 윤리위원회(위원장 [illegible])는 20일 확정화된 폭력혁명이 [illegible] 담은 이념도서가 비판능력이 부족한 청소년층에 구미관계으로 받아들여지고있다고 지적하고 위원회는 앞으로 이같은 도서의 [illegible] 배제해나가겠다고 밝혔다。

이 윤리위원회는 최근 일부 아동도서가 폭력과 [illegible]성을 조장하고 사회계층간의 갈등을 조장하고있다고 우려하고 아동도서의 [illegible] 요소를 대항하는 작업도 강력히 추진해 나가겠다고 밝혔다。

[illegible]위원장은 이날기자회견을 통해 이같이밝히고 이위원회의 주요한 관심은 어린이와 청소년의 정서순화와 품성개발이라고 말했다。 [illegible]위원장은 또 회피적이거나 타인의명예를 훼손하는등 반윤리적인 내용을 위원회의 심의과정을 통해 여재해 나가겠다고 밝히고, 출판인들은 청소년들을 유해한 도서로부터 보호하는데 힘을 모아줄것을 당부했다。

한국도서잡지 주간신문윤리위원회는 지난달 기구를 확대개편, 출판물에 대한 「판매중지」 조치를 내릴수 있도록 회칙을 개정하고 심의대상도 정치·경제·사회·노동·철학·종교·문화예술·도덕·만화등 9개분야로 확대시킨바있다。

폭력 조장 이념서적 배제
"청소년층 무비판 수용" 지적

040

폭력 조장 이념서적 배제

『한국일보』 1985. 12. 21. 1면

한국도서잡지 주간신문 윤리위원회(위원장 정원식)는 20일 좌경화된 폭력혁명 이론을 담은 이념도서가 비판 능력이 부족한 청소년층에 무비판적으로 받아들여지고 있다고 지적하고 위원회는 앞으로 이 같은 도서의 영향을 배제해 나가겠다고 밝혔다.

이 윤리위원회는 최근 일부 아동도서가 폭력과 호전성을 조장하고 사회계층 간의 갈등을 조장하고 있다고 우려하고, 아동도서의 역기능적 요소를 예방하는 작업도 강력히 추진해 나가겠다고 밝혔다.

정원식위원장은 이날 기자회견을 통해 이같이 밝히고 이 위원회의 주요한 관심을 어린이와 청소년의 정서순화와 품성개발이라고 밝혔다. 정위원장은 또 퇴폐적이거나 타인의 명예를 훼손하는 등 반윤리적인 내용을 위원회의 심의과정을 통해 억제해 나가겠다고 밝히고, 출판인들은 청소년들을 유해한 도서로부터 보호하는 데 힘을 모아 줄 것을 당부했다.

한국도서잡지 주간신문 윤리위원회는 지난 달 기구를 확대 개편, 출판물에 대한 '판매 중지' 조치를 내릴 수 있도록 회칙을 개정하고 심의 대상도 정치 · 경제 · 사회 · 노동 · 철학 · 종교 · 문학예술 · 도덕 · 만화 등 9개 분야로 확대시킨 바 있다.

개헌논의 89년에 가서

직선제도 논리와 근거 있지만
한 번도 정권교체 이룬 적 없어

"改憲논의 89년에 가서"

直選制도 論理와 근거 있지만
한번도 政權교체 이룬적 없어

全대통령 새해 國政연설

法질서 파괴행위 단호하게 規制

법질서 파괴행위 단호하게 규제

전 대통령 새해 국정연설

041

"개헌논의 89년에 가서"

『한국일보』 1986. 1. 17. 1면

전두환 대통령은 16일 "지금은 내외의 비상한 난국을 극복하고 초미의 국가적 과제를 성취하는 데 국력을 총집중할 시기"라고 전제한 후, "대통령선거방법의 변경에 관한 문제는 평화적 정권 교체의 선례와 서울올림픽 개최라는 긴급한 국가적 과제가 성취되고 난 연후인 오는 89년에 가서 논의하는 것이 순서"라고 강조했다. 전 대통령은 이날 상오 청와대 접견실에서 TV와 라디오를 통해 전국에 중계된 86년도 국정연설을 통해 이같이 밝히고 "물론 법이나 제도는 시대의 변천에 따라 바꿀 수 있는 것이 사실이지만 헌법에 따른 평화적 정권교체를 단 한 차례도 실현치 못한 현 단계에서 헌정제도의 변경을 위한 논의에 골몰하는 것은 국민 여러분을 분열시키고 국력을 분산시켜 난국을 자초하는 어리석은 일이 될 것"이라고 말했다.

법질서 파괴행위 단호하게 규제

전 대통령은 특히 "오는 88년까지 2년 남짓한 기간은 국정을 맡은 본인의 소명을 마무리하는 시기일 뿐만 아니라 그 이상으로 우리 세대의 공과와 우리 민족의 운명을 판가름하는 참으로 중대한 갈림길"이라고 말하고 ▲ 오는 88년까지 헌정사상 처음으로 국가원수가 소정의 임기를 마치고 후임자에게 정부를 이양하는 새로운 전통을 수립해야 할 과제와 ▲ 같은 해 가을에는 서울에서 우리 민족사상 처음으로 열리는 올림픽을 성공적으로 치러냄으로써 우리 겨레의 무궁한 저력을 세계에 유감없이 과시해야 하며 ▲ 그때까지 남북한 관계가 더 이상 전쟁의 공포와 분단의 세기로 이어지는 것을 막는 확고한 기틀을 마련해야 할 것이라고 강조했다.

전 대통령은 평화적 정권교체와 관련, "우리가 지향하는 '큰 정치'가 기필코 성취해야 할 과제로 가장 중추적인 것은 평화적 정권교체의 전통을 확립하는 일"이라면서 "대통령인 본인으로서는 시작도 중요하지만 과정과 끝맺음이 더 중요하다는 확신에서 앞으로 남은 임기 동안 혼신의 힘을 바쳐 평화적 정권교체를 위한 소임을 다할 결심"이라고 말했다.

전 대통령은 이어 "대통령 선거방법의 변경이 일의 전부인 듯이 그것이 안 되면 폭력혁명이나 무력정변이 일어날 것이라고 말하는 사람이 있다"고 지적, "폭력혁명이나 무력정변이 일어날 경우 그 희생자는 결국 국민이 될 것"이라고 강조했다.

전 대통령은 대통령직선제 개헌 주장에 언급, "대통령직선제 개헌에 대해 국민 여러분 중에도 공감을 가지는 분들이 있다는 사실을 알고 있으며 그런 생각이 무슨 당파적 생각에서 나온 것이 아니라 각자의 순수한 주견과 이론적 근거를 가지고 있음을 충분히 이해하고 있다"면서 "대통령직선제는 결코 나쁜 제도가 아니며 현행제도와 마찬가지로 그 나름대로 논리와 근거를 가진 제도"라고 역설했다.

전 대통령은 그러나 "과거 직선제선거를 통해 우리가 좋은 성과와 소망스러운 결과를 과연 단 한 번이라도 이룩했는가를 자문해 보지 않을 수 없다"면서 "우리의 경험과 세계 각국의 실례들은 직선제가 논리상으로는 평화적 정권교체를 봉쇄하지는 않고 있다 하더라도 실제적으로 그것을 봉쇄한 결과를 거의 1백% 빚었다는 사실을 보여 주고 있다"고 설명했다.

전 대통령은 최근의 정치상황과 관련, "정치인이 스스로 법을 어기고 의회를 외면하면서 비합법적인 수단을 동원한다면 그것은 먼저 한 사람의 국민으로서 스스로 직분을 포기하는 부끄러운 일이 아닐 수 없다"고 지적하고 "그러한 행태는 국민의 대표라는 위치에서 볼 때 민주주의의 기본을 부인하고 국민이 준 임무를 저버린 것으로서 국민들이 결코 용납할 수 없을 것"이라고 말했다.

전 대통령은 이어 "그러한 정치인들이 이러한 사리를 인식하지 못하고 계속 본분을 외면할 때는 어떤 형태로든 국민적 심판은 준엄해질 것이라는 것을 스스로 각오하지 않으면 안 될 것"이라고 강조했다.

전 대통령은 또 "오늘날 우리 사회 일각에서 기존의 법질서와 공동체 의식을 무시하고 자기본위의 변화를 요구하거나 선동하는 사람들의 목소리가 점차 높아지고 그 행위가 과격해지고 있는 현상은 매우 우려할 만한 사태"라면서 "겉으로는 민주주의를 내세우면서 실상은 반민주적인 혼돈과 변혁을 도모하려는 태도가 있다면 그것은 어떤 이유로도 용납될 수 없다"고 말했다.

전 대통령은 남북관계에 대해 "우리 세대에 분단이 이루어진 만큼 통일도 우리 세대에서 이룩되어야 할 것"이라고 전제, "본인은 그러한 책임의식을 갖고 기본의 남북대화를 지속해 나감은 물론, 북한 측의 진실한 자세가 보장되는 한 어떠한 분야를 막론하고 대화의 장을 기꺼이 열어나갈 것"이라고 말했다.

취조 때 성적 폭행 없다. 해고 근로자를 고소

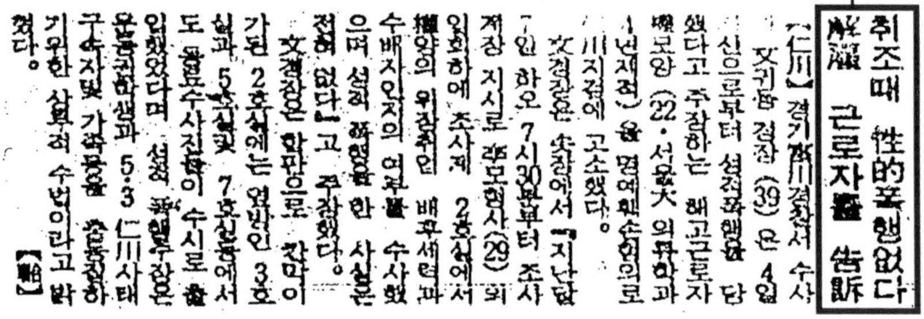

취조때 性的폭행없다

文警長 근로자를 告訴

【仁川】경기 仁川경찰서 수사과 文귀남 경장(39)은 4일 자신으로부터 성적폭행을 당했다고 주장하는 해고근로자 權모양(22·서울大 의류학과 4년제적)을 명예훼손혐의로 仁川지검에 고소했다。

文경장은 소장에서 「지난달 7일 하오 7시30분부터 조사계장 지시로 權모형사(29)와 입회하에 조사계 2호실에서 權양의 위장취업 배후세력과 수배자인지의 여부를 수사했으며 성적 폭행을 한 사실은 전혀 없다」고 주장했다。

文경장은 한편으로 칸막이가 된 2호실에는 연방인 3호실과 5호실 및 7호실에서도 불온유인물 수사진이 수시로 출입했었다며 성적 폭행주장은 운동권학생과 5·3 仁川사태 구속자및 가족들을 선동하기 위한 상투적 수법이라고 밝혔다。【崔】

취조 때 성적 폭행 없다 해고 근로자를 고소

『한국일보』 1986. 7. 5. 11면

042

경기 부천경찰서 수사관 문귀동 경위(39)는 4일 자신으로부터 성적 폭행을 당했다고 주장하는 해고근로자 권모양(22·서울대 의류학과 4년 제적)을 명예훼손 혐의로 부천지검에 고소했다.

문 경장은 소장에서 "지난달 7일 하오 7시 30분부터 조사계장 지시로 이모 형사(29)의 입회 아래 조사계 2호실에서 권양의 위장취업 배후세력과 수배자인지의 여부를 수사했으며 성적 폭행을 한 사실은 전혀 없다"고 주장했다.

문 경장은 합판으로 칸막이가 된 2호실에는 옆방인 3호실과 5호실 및 7호실 등에서도 동료수사진들이 수시로 출입했었다며 성적 폭행 주장은 운동권학생과 5·3 인천사태 구속자 및 가족 등을 충동질하기 위한 상투적 수법이라고 밝혔다.

문귀동씨 조 특별검사에 진술
"권양 몸에 일체 손 안 대"

당시 부천서 옥봉환 서장 등 조사 방침

강민창씨 지시로 허위진술 했다
심야신문

"姜玟昌씨 지시로 虛僞진술 했다"

深夜신문

文貴童씨 趙특별검사에 진술 "權양 몸에 일체 손 안대"

"당시 富川署 玉鳳煥서장등 조사 방침"

【仁川=金明龍·李昌楸기자】 富川署성고문사건의 공소유지 담당 변호사인 趙永晃변호사는 12일상오 구속수감된 文貴童피고인(42)을 仁川지법 310호실 공소유지담당변호사실로 불러 13일0시30분까지 13시간30분동안 文피고인의변호인 金鍾世변호사를 입회시킨 가운데 文피고인이 담당피의자가 아닌 權仁淑양(25)을 신문하게된 경위와 조사당일 새벽4시, 하오 9시무렵 차례에 걸쳐 이례적으로 특별한 시간에 權양을 조사한 이유등을 신문했다.

文피고인은 이날 신문에서 공소장에 있는 독직폭행·가혹행위등의 혐의사실을 대부분 부인하고 이사건을 빨리 매듭짓고자하는 상부의 방침에 따라 검찰에서 허위사실을 진술했다고 밝혔다.

文피고인은 신문에 앞서 기자들과 만난자리에서 權양 조사과정에서 성고문은 전혀 없었으며 權양의몸에 일체 손을 댄일이 없는데도 검찰이 주먹으로 權양의 가슴을 2~3차례 쥐어박은것처럼 발표(發表)했으나 그것은 玉鳳煥당시富川서장이 『姜玟昌치안본부장의 지시니 그대로 진술하라』고 명령, 시킨대로 했기때문이라고 말했다.

文피고인은 이와함께 이사건은처음부터 다시조사가 시작되어야한다고주장, 玉서장등사건당시7~8명의 관계자들을 증인으로 신청할것이라고밝혔다.

文피고인은 또 權양을 조사하게된 경위에대해 『현장검증인 지난 86년6월6일 비상이 걸려 출근했다가 서에서 대기하는데 權양을 조사하는편이 낫겠다는 생각이 들어서였다』고 말하고 權양과의 대질신문을 요구하겠다고 밝혔다.

趙변호사는 이날 신문결과 내고 『공소장내용, 權양과 文피고인의 진술내용이 각각달라 공판시작전에 玉전서장, 朴成國전조사계장등 관계자들을 참고인으로 불러 조사할방침』이라며 『진실을 규명한다는 차원에서 공소장변경도 고려하고 있다』고 말했다.

한편 담당재판부인 仁川지법형사2부(재판장 李根雄부장판사)는 이사건 첫공판을 5월3일께 열기로했다.

이날 상오11시7분께 신문을 받기 시작한뒤 점심식사시간을 빼고는 12시간여동안 신문을 받은 文피고인은 피곤한 기색으로 仁川지법 조사관이 정서해 작성한 70여페이지의 조서를 일일이 확인한뒤 지장을 찍고 13일 0시30분께 교도소로 되돌아 갔다.

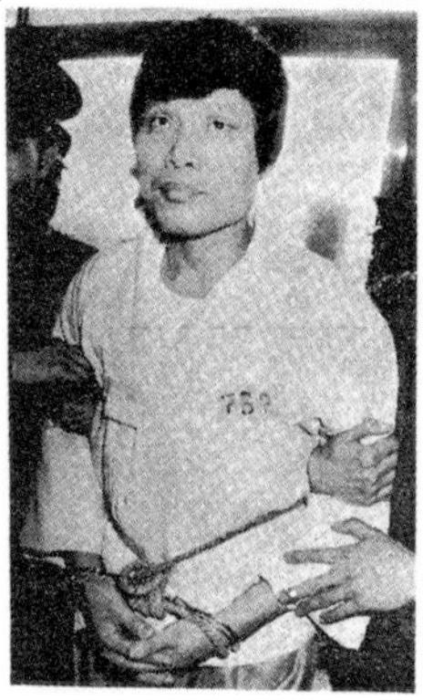

◇포승묶인 「性고문」 文貴童피고인이 「767」호란 수인번호가 적힌 한복차림에 수갑과 포승에 묶인 모습으로 공소유지담당변호사실로 들어서고 있다. 【朴泰弘기자】

포승 묶인 '성고문'

全씨 秘資金구좌 돈넣은 企業人등 15명조사

大邱파크호텔建築主도 소환키로

全敬煥씨와 새마을운동중앙본부의 비리에대해 보강수사중인 대검중앙수사부는 12일 大邱파크호텔의신축허가와 관련 대구시청에서 全씨가건축주 朴世煥씨로부터 금품과향응을 받은혐의를잡고 朴씨의소재파악을大邱지검에긴급지시했다.

검찰은 또 조성경위가 불분명한 全씨의 개인비자금 22억원과 仁川상가매입에 들어간 34억원에대한 구좌추적결과全씨에게 일정한 기업체, 개인등 15명의명단을파악, 관련자들을 불러입금경위를조사하고있다.

이들은 검찰에서 『全씨에게 활동비 또는 새마을성금 명목으로 돈을전네준 사실은 있지만 청탁과 관련된것은 아니다』고 이권개입사실을 부인하고 있는 것으로 알려졌다.

검찰은 『이들이 입금시킨액수는 1천만원에서 수억원대에 이르지만 대부분이 성금명목으로 어쩔수없이 돈을 주어 일종의 피해자로까지 볼수 있

“강민창씨 지시로 허위진술 했다”

『한국일보』 1988. 4. 13. 11면

043

부천서 성고문 사건의 공소유지 담당 변호사인 조영황 변호사는 12일 상오 구속 수감된 문귀동 피고인(42)을 인천지법 310호실 공소유지담당변호사실로 불러 13일 0시 30분까지 13시간 30분 동안 문 피고인의 변호인 김종세 변호사를 입회시킨 가운데 문 피고인이 담당 피의자가 아닌 권인숙양(25)을 신문하게 된 경위와 조사 당일 새벽 4시, 하오 9시 두 차례에 걸쳐 이례적으로 특별한 시간에 권양을 조사한 이유 등을 신문했다.

문 피고인은 이날 신문에서 공소장에 있는 독직·폭행·가혹행위 등의 혐의사실을 대부분 부인하고 이 사건을 빨리 매듭짓고자 하는 상부의 방침에 따라 검찰에서 허위사실을 진술했다고 밝혔다.

문 피고인은 신문에 앞서 기자들과 만난 자리에서 권양 조사과정에서 성고문은 전혀 없었으며 권양의 몸에 일체 손을 댄 일이 없는데도 검찰이 주먹으로 권양의 가슴을 2~3차례 쥐어박은 것처럼 발표한 것은 옥봉환 당시 부천 서장이 “강민창 치안본부장의 지시니 그대로 진술하라”고 명령, 시킨 대로 했기 때문이라고 말했다.

문 피고인은 이와 함께 이 사건은 처음부터 다시 조사가 시작되어야 한다고 주장, 옥서장 등 사건 당시 7~8명의 관계자를 증인으로 신청할 것이라고 밝혔다.

문 피고인은 또 권양을 조사하게 된 경위에 대해 “현충일인 지난 86년 6월 6일 비상이 걸려 출근했다가 서에서 대기하느니 권양을 조사하는 편이 낫겠다는 생각이 들어서였다”고 말하고 권양과의 대질신문을 요구하겠다고 밝혔다.

조변호사는 이날 신문을 끝내고 “공소장 내용, 권양과 문 피고인의 진술내용이 각각 달라 공판 시작 전에 옥 전 서장, 박성용 전 조사계장 등 관계자들을 참고인으로 불러 조사할 방침”이라며 “진실을 규명한다는 차원에서 공소장 변경도 고려하고 있다”고 말했다.

한편 담당재판부인 인천지법형사 2부(재판장 이근웅 부장판사)는 이 사건 첫 공판을 5월 3일께 열기로 했다.

이날 상오 11시 7분께 신문을 받기 시작한 뒤 점심식사 시간을 빼고는 12시간여 동안 신문을 받은 문 피고인은 피곤한 기색으로 인천지법 조사관이 정서해 작성한 70여 페이지의 조서를 일일이 확인한 뒤 지장을 찍고 13일 0시 30분께 교도소로 되돌아갔다.

문귀동에 5년 선고

文貴童에 5年 宣告

仁川지법 準강제추행등 모두 有罪인정

"被告 정신적고통 참작" 재판부

"刑量낮다" 抗訴뜻 밝혀 특별검사

【仁川=李昌敏·金卿喆기자】 富川署性고문사건의 文貴童피고인(42)에게 징역5년과자격정지3년이 선고됐다.

仁川지법형사2부(재판장李根雄부장판사)는 23일 상오 103호법정에서열린 이사건 선고공판에서 文피고인에게가혹행위와 趙永晃특별검사가 공소장변경을통해 추가적용한 준강제추행혐의까지 모두유죄를인정, 이같이 선고했다.

★판결요지10면·관련기사5면

재판부는 판결문에서『文피고인이 비록 범행을 모두부인하고있지만 검찰의수사기록과 증인들의 증언, 피해자權仁淑양의 진술의일관성과 구체성, 법정진술태도등을 고려해볼때 공소사실은 모두 유죄로 인정된다』며『인신구속에 관한 직무를 수행하는 경찰관이 폭행·협박등의 가혹행위를하고 더우기 여성으로서의성적수치심을 자극하는 방법으로 신체적, 정신적 고통을 가한것은 비난가능성이 크다』고 판결이유를 밝혔다.

재판부는 또『모든 국민은 고문을 받지 아니하며 형사상 자기에게 불리한 진술을 강요당하지 아니한다는 헌법상의 형사절차에 있어서 인권보장규정을 떠올릴것도없이 수사기관에서의 인권침해 행위는 절대용납될수없다』면서『그러나 피고인이 직무에 지나치게 집착한 나머지 범행을 저질렀고 경찰관직에서 파면당했으며 비등한여론으로 형벌못지않은 정신적 고통을 받았을것이란점등의 정상도 참작한다』고 밝혔다.

이로써 文피고인은 지난 86년6월 性고문사건이 발생한지 2년1개월만에, 또 대법원에서 재정신청을 기각한 서울고법의 결정을 파기, 지난2월 29일 서울고법이 재판에 회부토록 결정한지 4개월23일만에 피해자 權양이 고소한 사실 모두에대해 유죄판결을 받았다.

趙특별검사는『공소사실을 모두 유죄로 인정하면서 징역 15년, 자격정지 10년을 구형한 피고인에게 이같이 가벼운 형량을 선고한것은 부당하다』며 항소의사를 밝혔다.

이에대해 文피고인측의 金鍾世변호사는『형량이 너무높은데다 준강제추행부분은 무죄 또는 공소기각판결이 마땅한데도 유죄자 선고됐으므로 항소하겠다』고 말했다.

재판부는 이날상오9시30분 정각에 입정, 바로 판결문낭독에 들어가 7분만에 공판을 끝냈다.

文피고인은 재판부가 판결문을 읽는동안 굳은표정으로 정면을응시했으며 형이선고되자 침통한표정으로 혼잣말을 중얼거리며법정을빠져나갔다.

이날법정에는 재야단체회원 10여명을 비롯한 80여명의방청객이나와 공판을지켜봤으나 별다른 소란은 없었으며 피해자 權양과 변호인, 文피고인의 변호인은 나오지않았다.

◇불만스런 文피고 징역 5년을 선고받은 文貴童피고인이 불만에 찬 표정으로 교도관에 이끌려 법정을 나서고 있다. 【崔圭成기자】

불만스러운 문 피고
징역 5년을 선고받은 문귀동 피고인이 불만에 찬 표정으로 교도관에 이끌려 법정을 나서고 있다.

인천지법 준 강제추행 등 모두 유죄 인정

피고 정신적 고통 참작(재판부)
"형량 낮다" 항소 뜻 밝혀(특별검사)

문귀동에 5년 선고

『한국일보』 1988. 7. 24. 11면

부천서 성고문 사건의 문귀동 피고인(42)에게 징역 5년과 자격정지 3년이 선고되었다.

인천지법 형사2부(재판장 이근웅 부장판사)는 23일 상오 103호 법정에서 열린 이 사건 선고공판에서 문 피고인에게 가혹행위와 조영황 특별검사가 공소장 변경을 통해 추가 적용한 준 강제추행 혐의까지 모두 유죄로 인정, 이같이 선고했다.

재판부는 판결문에서 "문 피고인이 비록 범행을 모두 부인하고 있지만 검찰의 수사기록과 증인들의 증언, 피해자 권인숙양의 진술의 일관성과 구체성, 법정진술태도 등을 고려해 볼 때 공소사실은 모두 유죄로 인정된다"며 "인신구속에 관한 직무를 수행하는 경찰관이 폭행·협박 등의 가혹행위를 하고 더욱이 여성으로서의 성적 수치심을 자극하는 방법으로 신체적·정신적 고통을 가한 것은 비난 가능성이 크다"고 판결 이유를 밝혔다.

재판부는 또 "모든 국민은 고문을 받지 아니하며 형사상 자기에게 불리한 진술을 강요당하지 아니한다는 헌법상의 형사절차에 있어서 인권보장 규정을 떠올릴 것도 없이 수사기관에서의 인권침해 행위는 절대 용납될 수 없다"면서 "그러나 피고인이 직무에 지나치게 집착한 나머지 범행을 저질렀고 경찰관직에서 파면당했으며 비등한 여론으로 형벌 못지않은 정신적 고통을 받았을 것이라는 점 등의 정상도 참작한다"고 밝혔다.

이로써 문 피고인은 지난 86년 6월 성고문 사건이 발생한 지 2년 1개월 만에, 또 대법원에서 재정신청을 기각한 서울고법의 결정을 파기, 지난 2월 29일 서울고법이 재판에 회부토록 결정한 지 4개월 23일 만에 피해자 권양이 고소한 사실 모두에 대해 유죄판결을 받았다.

재판부는 판결문에서 "문 피고인이 비록 범행을 모두 부인하고 있지만 검찰의 수사기록과 증인들의 증언, 피해자 권인숙양의 진술의 일관성과 구체성, 법정진술태도 등을 고려해 볼 때 공소사실은 모두 유죄로 인정된다"며 "인신구속에 관한 직무를 수행하는 경찰관이 폭행·협박 등의 가혹행위를 하고 더욱이 여성으로서의 성적 수치심을 자극하는 방법으로 신체적·정신적 고통을 가한 것은 비난가능성이 크다"고 판결 이유를 밝혔다.

조 특별검사는 “공소사실을 모두 유죄로 인정하면서 징역 15년, 자격정지 10년을 구형한 피고인에게 이같이 가벼운 형량을 선고한 것은 부당하다”며 항소의사를 밝혔다.

이에 대해 문 피고인 측의 김종세 변호사는 “형량이 너무 높은데다 준 강제추행 부분은 무죄 또는 공소기각판결이 마땅한데도 유죄가 선고됐으므로 항소하겠다”고 말했다.

재판부는 이날 상오 9시 30분 정각에 입정, 바로 판결문낭독에 들어가 7분 만에 공판을 끝냈다.

문 피고인은 재판부가 판결문을 읽는 동안 굳은 표정으로 정면을 응시했으며 형이 선고되자 침통한 표정으로 혼잣말을 중얼거리며 법정을 빠져 나갔다.

이날 법정에는 재야단체회원 10여 명을 비롯한 80여 명의 방청객이 나와 공판을 지켜봤으나 별다른 소란은 없었으며 피해자 권양과 변호인, 문 피고인의 변호인은 나오지 않았다.

서울 아시아드 오늘 개막

서울 아시아드 오늘 開幕

내달 5일까지 熱戰 27개國 4,800여명 參加

하오3시 開會式

聖火 어제 서울到着…一泊

◇前夜밝히는 聖火 아시아경기대회의 성화가 19일 하오6시 서울시청앞광장에 도착, 대회개막전야를 환하게 밝혔다. 廉普鉉서울시장이 7박8일간 세갈래 봉송길로 달려온 3개의 성화를 모아 성화로에 점화하자 1만여 시민들은 일제히 환호했다. 【시청앞광장에서 高明辰기자】

내달 5일까지 열전
27개국 4,800여 명 참가

성화 어제 서울 도착…1박

전야 밝히는 성화
아시아 경기대회의 성화가 19일 하오 6시 서울 시청 앞 광장에 도착, 대회개막전야를 환하게 밝혔다. 염보현 서울시장이 7박 8일간 세 갈래 봉송길로 달려온 3개의 성화를 모아 성화로에 점화하자 1만여 시민들은 일제히 환호했다.

서울 아시아드 오늘 개막

『한국일보』 1986. 9. 20. 1면

하오 3시 개회식

30억 아시아인의 영원한 우정과 전진을 다짐하는 제10회 아시아 경기대회가 20일 하오 8시 잠실 올림픽 주경기장서 개막 10월 5일까지 16일간의 열전에 들어간다.

아시아 올림픽평의회(OCA) 회원국 27개국 4천 8백여 명의 선수단은 올림픽 주경기장을 비롯한 33개 경기장서 25개 종목 263개의 금메달을 놓고 열띤 경쟁을 벌인다.

사상 최대 규모였던 4년 전 뉴델리아시아 경기대회 때의 33개국 4,595명에 견주어 6개국이 줄었으나 선수·임원의 수는 사상 최대이다.

대회기간 동안에는 각종 문화행사, 스포츠회의 등 32개의 각종 국제행사도 열린다.

개회식 행사는 하오 2시 30분 식전 공개행사로 시작, 하오 3시부터 개회식, 하오 4시부터 식후 공개행사 등 3부 순서로 나뉘어 2시간 10분 동안 거행된다. '서울의 손님맞이'를 주제로 30분 동안 펼쳐지는 식전 행사에 이어 하오 3시부터 시작되는 공식행사는 귀빈입장·선수단입장·대회기 인도·대회기 게양·성화 점화·선수대표선서 순으로 진행된다.

선수단 입장은 한글표기순서에 따라 네팔을 선두로 시작되며 한국은 맨 마지막인 27번째 입장한다.

한편 지난 12일 경주화랑교육원에서 채화되어 전장 4,154㎞를 3코스로 나뉘어 달려온 성화는 19일 하오 서울 시청 앞 광장에 도착, 하루 밤을 지낸 뒤 20일 하오 1시 40분 시청 앞을 출발해 메인스타디움으로 향한다.

선수대표선서는 한국선수단의 김호철(배구), 김진호(양궁)가 한다.

공식행사가 끝난 뒤 하오 4시부터는 '아침의 나라'를 주제로 한 식후공연이 40분간 진행된다.

제10회 아시아 경기대회는 10월 5일 올림픽 주경기장서 열리는 축구 결승전을 끝으로 막을 내리게 되며 폐막식은 10월 5일 하오 7시에 거행된다.

26개 대학생 5백여 명 건대서 철야농성

26개大生5백여명 建大서 철야농성

反共이데올로기 분쇄 구호 示威

경찰、90명連行조사… 建大 오늘 임시休講

본사記者등 3명 집단暴行당해

建大 농성현장서 학생 10여명에

경찰 西江大야간수색 수배학생 1명을검거

경찰, 90명 연행…건대 오늘 임시 휴강

"반공 이데올로기 분쇄" 구호 시위

건국대에서 시위를 벌인 학생들 중 5백여 명이 학생회관동에 들어가 경찰에 포위된 가운데 철야농성을 벌였다.

046

26개 대학생 5백여 명 건대서 철야농성

『한국일보』 1986. 10. 29. 11면

서울대 자민투와 고려대 · 연세대 · 이대 · 서강대 · 건국대 민민투 등 전국 26개 대학생 2천여 명이 28일 하오 1시께 건국대 본관 앞 광장에 모여 '전국 반외세 · 반독재 애국학생 투쟁연합' 발족식 및 '친미군부 파쇼와 반공이데올로기 분쇄를 위한 투쟁실천대회'를 갖고 시위를 벌이다 교내로 진입한 경찰에 밀려 이 중 5백여 명이 하오 3시 30분께부터 본관 · 사회과학관 · 이공대 · 학생회관 등 4개 건물 안으로 들어가 29일 새벽 5시까지 철야농성을 벌이고 있다.

학생들의 시위사태가 과격해지자 건국대는 이날 밤 8시께 전체교수를 소집, 밤 10시부터 긴급교무회의를 열고 대책을 논의, 시위사태로 수업을 할 수 없다고 판단, 29일 임시휴강을 한 뒤 상황을 보아 연장키로 결정했다.

학교 측은 그러나 휴업방침을 경찰에 통보하지 않은 채 밤 11시 10분께 회의를 끝내고 학생들의 귀가를 위해 경찰이 철수해 줄 것을 요청, 경찰과 협의를 계속했다.

그러나 경찰은 농성학생들을 모두 연행한다는 강경방침을 세우고 건물 안에서 과격행동이 있으면 즉시 진입할 태세를 갖추고 농성을 풀고 나오기를 기다리고 있다. 농성에 앞선 집회에서 서울대 자민투위원장 정현곤군(22 · 지학교육4 · 제적)은 "서울대 '구국학련' M · L당 원주 상지대 사건은 현 정부의 용공조작을 드러낸 것"이라고 주장, "북한의 실상을 알지 못하게 하는 반공이데올로기와 국가보안법을 철폐하라"고 주장했다.

이어 학생들은 「민족해방가」, 「어머니」 등의 노래를 부르며 레이건 · 릴리 · 나카소네 등 4개의 허수아비 화형식을 가진 뒤에 시위에 들어갔다.

학생들은 정문과 후문으로 나가려다 진입한 경찰에 쫓겨 이들 가운데 5백여 명이 본관과 정경대 건물로 피했다.

전경과 본관에서 농성 중인 학생들은 최루탄과 투석전을 벌였다. 이 때문에 본관 주변은 최루가스로 가득 찼으며 학생들은 사무실 집기 등을 부숴 던졌다. 학생들은 이날 상오 9시 40분께 건국대 교내학생회관 게시판과 중앙게시판에 대자보를 게시, “6·25전쟁은 남녘땅에 친미예속적인 괴뢰정권을 세우고 분단을 영구화시키는 미제에 반대하는 범민족적인 민주해방투쟁이었다”고 북괴 측과 같은 주장을 폈다.

본관 등에 들어간 학생들은 날이 어두워지자 출입구에 바리게이트를 치고 건물 주변과 옥상에서 학과 사무실 등에서 꺼내온 시험답안지 등을 태워 불을 쬐며 경찰과 대치했다.

학생들은 교수들의 귀가종용을 거부하고 연행학생 석방과 안전귀가보장 등을 요구하며 본관건물 옥상 등에서 밤새 의자, 탁자 등을 부숴 불을 지피고 농성을 계속했다.

학생들은 “경찰이 철수하면 귀가하겠다”는 뜻을 밝혔고 학교 측도 홍성화 학생처장을 통해 경찰철수를 요청했지만 경찰은 이를 받아들이지 않았다.

예계해 동부서장은 29일 0시 30분께 권영찬 총장에게 전화를 걸어 시위참가학생들 가운데 중요 수배자들이 많고 구호나 주장들이 과격한 점이 많아 희생을 무릅쓴 진압이 불가피했다고 말하고 앞으로 휴업 등 심각한 상황이 발생하더라도 학생들을 강제로 연행할 방침이라고 밝혔다

한편 김찬재 문교부차관은 이날 밤 건국대에 들러 학교측에 휴업 등의 조치를 종용한 것으로 알려졌다.

경찰은 시위 현장에서 건국대 생 문영선군(27·무역3) 등 90명을 연행, 성동·동부·태릉 경찰서에 분산·조사를 하고 있다.

서울대 자민투와
고려대 · 연세대 · 이대 · 서강대
· 건국대 민민투 등 전국 26개
대학생 2천여 명이 28일 하오
1시께 건국대 본관 앞 광장에 모여
'전국 반외세 · 반독재 애국학생
투쟁연합' 발족식 및 '친미군부
쇼와 반공이데올로기 분쇄를 위한
쟁실천대회'를 갖고 시위를 벌이다
교내로 진입한 경찰에 밀려 이 중
5백여 명이 하오 3시 30분께부터
본관 · 사회과학관 · 이공대 ·
생회관 등 4개 건물 안으로 들어가
29일 새벽 5시까지 철야농성을
벌이고 있다.

구속 5백 명 선 넘을 듯

건대 농성 1,219명 전원 연행

建大농성 1,219명 全員연행

拘束 5백명線 넘을듯

4단계搜査후 선별起訴

檢察방침 단순同調·반성자는 즉심·훈방

경찰 어제上午 8千명 投入·진압

◇「농성66시간」만의 連行

'화생42·경찰36名부상, 死亡없어'

경찰발표 建大側선 시설被害 23억원 추정

'농성 66시간' 만의 연행
건국대 점거 농성 66시간 만에 경찰이 진입해 강제 연행되고 있는 농성학생들. 화염병 등으로 손과 얼굴이 시커멓게 그을린 화상을 입어 수건으로 감은 모습도 보인다.

4단계 조사 후 선별 기소
검찰방침 단순동조·반성자는 즉심·훈방
경찰 어제 상오 8천 명 투입·진압

047

건대 농성 1,219명 전원 연행

『한국일보』 1986. 11. 1. 1면

'반공이데올로기 분쇄투쟁'을 내세우고 건국대 본관 등 5개 건물을 점거, 4일째 농성을 벌인 서울대 자민투, 고려대·연세대·서강대·이화여대·건국대 민민투 소속 학생 등 22개 대학 1,219명(여 466명)이 농성 66시간 만인 31일 상오 10시 20분께 경찰의 진압으로 모두 연행되었다.

경찰은 31일 상오 8시 40분께 농성을 벌이고 있는 본관 등 5개 건물에 전투경찰 46개 중대 8천여 명을 투입, 강제해산 작전에 들어가 학생들의 격렬한 저항 끝에 1시간 30분 만인 이날 상오 10시 30분에 사회과학관을 마지막으로 5개 건물을 장악하여 학생들을 연행했다.

이로써 농성 중 연행된 학생은 30일까지 잡힌 257명을 포함 모두 1,476명으로 경찰이 당초 파악한 8백여 명보다 훨씬 많은 것으로 드러났다.

경찰은 강제해산작전 중 학생 42명과 경찰 34명 소방관 2명 등 78명이 부상을 입었다고 밝혔다.

경찰은 건국대 연합농성 사건이 종전사건과는 달리 용공성을 노골적으로 드러냈다는 점을 중시, 연행자 대부분을 일단 구속, 신병을 확보하여 4단계에 걸쳐 정밀수사를 해 기소단계에서 선별할 방침이다.

금강산댐 건설 중지하라

金剛山댐 건설 中止하라

李건설 對北성명 "漢江하류 安全 크게 위협"

이건설 대북 성명
"한강 하류 안전 크게 위협"

5개댐用水·生態系 타격
붕괴되면 首都圈 황폐화

정부는 30일 北韓에 대해 강원도의 北漢江상류 휴전선북방 10㎞지점에 대규모 發電댐을 부인, 지난 10월21일 공사에 착수한 金剛山 수력발전소 댐건설을 즉각 중지할것을 촉구하는 성명서를 발표했다.

李圭孝건설부장관은 이날상오 기자회견을 갖고 金剛山발전소 댐건설은 그방대한 규모로보아 수도권을 포함한 한강하류지역의 안전을 크게 위협하는것은 물론 공업·농업·생활용수등 각종 용수의 손실및 생태계 파괴등 심각한 타격을 미칠 것이라고 지적, 이 발전소의 건설을 즉각 중지하라고 강력히 촉구했다.

◇李圭孝건설부장관

李장관은 北韓이 건설하고 있는 90만㎾짜리 금강산 발전소는 水源확보를 위해 北漢江본류와 金剛川의 합류지점인 강원도昌道郡任南里부근에 대규모댐을 건설하게 됨으로써 우리나라의 華川, 春川, 衣岩, 淸平, 八堂등 5개댐의용수를 고갈시키는등 우리국토에 여러가지측면에서 심각한피해를 주게될 것이라고 말했다.

李장관은 金剛山댐이 자연적 또는 인위적으로 파괴되는 경우 2백억t에 달하는 貯流가 華川댐등 5개댐을 차례로 강타하면서 20여시간 후에는 首都圈전역을 포함한 강원도 경기도등 한반도의 중심권을 황폐화시키는 상상을 초월하는재해를 초래하게된다고 우려했다. ★관련기사2·3면

李장관은 「금강산발전소 계획이 하천이용에 관한 국제관례를 무시하고 국토의 평화적 이용에 역행하는 처사로 단정하고 특히 이댐의 안전문제는 바로 우리의 死活이걸린 최대 관심사임을 지적하면서 南北으로分斷되고있는 水源의이용문제가 南북한의 일방적인 목적에의해 결정될 사항이 아님을 명백히 밝혀둔다」고 말했다.

李장관은 따라서 「우리는금강산발전소건설계획은 당장中止되어야 마땅하다고 보며 북한당국이 이러한 정당한 입장에 응하는것을 강력히 촉구한다」고 말했다.

李장관은 또 「우리정부는북한측이 우리의 정당한 요구를 거부할경우 적절한 대비책을 강구하고 있다는 사실을 아울러 밝혀둔다」고 덧붙였다.

정부가 분석한 자료에 따르면 이발전소는 淮陽에서 安邊까지 산허리를 관통하는 30~60㎞의 터널수로를 뚫어 댐물을 逆流, 3백㎞정도의 자연落差를 이용하게 되어있어 이를위해선 댐수위는 3백50m 이상이고 댐의 둑높이는 2백m이상이 돼야 한다는것이다.

따라서 총저수용량은 2백억t에 달할것으로 추정하고 있다.

이댐건설로 수몰되는 면적은 3백10㎢(약3만1천정보)에 달하고 이가운데 1만6천정보의 농경지가 침수되고 43개의 邑面과 많은 군사시설이 이동돼야 한다는것으로 분석됐다.

한편 이댐이 우리에게 잠재적위협요소를 주는시기는 9억t의 물을 저수할때 부터이며 초당 33만t의 물을 방류하게되면 ▲서울시전역 강원도1市3개郡 9개邑面 ▲경기도1市7개郡 22개邑面을 비롯 ▲수도권의 취수시설 기능이 마비되고 ▲강원도 및 수도권지역 39개소의 교량과 14개소의 국도가 유실또는 침수되고 ▲京春線및 中央線일부(46㎞)가 침수또는 유실될것으로 예

5개댐 용수·생태계 타격
붕괴되면 수도권 황폐화

048

금강산댐 건설 중지하라

『한국일보』 1986. 10. 31. 1면

정부는 30일 북한에 대해 강원도의 북한강 상류 휴전선 북방 10㎞ 지점에 대규모 군병력을 투입, 지난 10월 21일 공사에 착수한 금강산 수력발전소 댐건설을 즉각 중지할 것을 촉구하는 성명서를 발표했다.

이규호 건설부장관은 이날 상오 기자회견을 갖고 금강산발전소 댐건설은 그 방대한 규모로 보아 수도권을 포함한 한강 하류 지역의 안전을 크게 위협하는 것은 물론 공업·농업·생활용수 등 각종 용수의 손실과 생태계 파괴 등 심각한 타격을 미칠 것이라고 지적, 이 발전소의 건설을 즉각 중지하라고 강력히 촉구했다.

이 장관은 북한이 건설하고 있는 90만㎾짜리 금강산 발전소는 수원확보를 위해 북한강 본류와 금강천의 합류지점인 강원도 창도군 임남리 부근에 대규모 댐을 건설하게 됨으로써 우리나라의 화천, 춘천, 의암, 청평, 팔당 등 5개 댐의 용수를 고갈시키는 등 우리 국토에 여러 가지 측면에서 심각한 타격을 주게 될 것이라고 말했다.

이 장관은 금강산댐이 자연적 또는 인위적으로 파괴되는 경우 2백억 톤에 달하는 급류가 화천댐 등 5개 댐을 차례로 강타하면서 20여 시간 뒤에는 수도권 전역을 포함한 강원도, 경기도 등 한반도의 중심권을 황폐화시키는 상상을 초월하는 재해를 초래하게 된다고 우려했다.

이 장관은 "금강산발전소 계획이 하천이용에 관한 국제관례를 무시하고 국토의 평화적 이용에 역행하는 처사로 단정하고 특히 이 댐의 안전문제는 바로 우리의 사활이 걸린 최대 관심사임을 지적하면서 남북으로 관류하고 있는 수원의 이용문제가 북한 당국의 일방적인 목적에 따라 결이규호 건설부장관은 이날 상오 기자회견을 갖고 금강산발전소 댐건설은 그 방대한 규모로 보아 수도권을 포함한 한강 하류 지역의 안전을 크게 위협하는 것은 물론 공업·농업·생활용수 등 각종 용수의 손실과 생태계 파괴 등 심각한 타격을 미칠 것이라고 지적, 이 발전소의 건설을 즉각 중지하라고 강력히 촉구했다.

정할 사항이 아님을 명백히 밝혀둔다"고 말했다.

이 장관은 따라서 "우리는 금강산발전소 건설계획이 당장 중지되어야 마땅하다고 보며 북한당국이 이러한 정당한 입장에 동의할 것을 강력히 촉구한다"고 말했다.

이 장관은 또 "우리 정부는 북한 측이 우리의 정당한 요구를 거부할 때 적절한 대비책을 강구하고 있다는 사실을 아울러 밝혀둔다"고 덧붙였다.

정부가 분석한 자료에 따르면 이 발전소는 화양에서 안변까지 산허리를 통과하는 30~60㎞의 터널수로를 뚫어 댐 물을 역류, 3백m 정도의 자연 낙차를 이용하게 되어 있어 이를 위해선 댐 수위는 350m 이상이고 댐의 둑 높이는 2백m 이상이 되어야 한다는 것이다. 따라서 총저수량은 2백억 톤에 이를 것으로 추정하고 있다.

이 댐 건설로 수몰되는 면적은 310㎢(약 3만 1천 정보)에 달하고 이 가운데 1만 6천 정보의 농경지가 침수되고 43개의 리·읍과 많은 군사시설이 이동돼야 하는 것으로 분석되었다.

한편 이 댐이 우리에게 잠재적 위협을 주는 시기는 9억 톤의 물을 저수할 때부터이며 초당 33만 톤의 물을 방류하게 되면 ▲ 서울시 전역 강원도 1시 3개 군 9개 읍면 ▲ 경기도 1시 7개 군 22개 읍면을 비롯 ▲수도권 일원의 취수시설 기능이 마비되고 ▲강원도 및 수도권 지역 39개소의 교량과 14개소의 국도가 유실 또는 침수되고 ▲ 경춘선과 중앙선 일부(46㎞)가 침수 또는 유실될 것으로 예상되고 있다.

화천 상류에 대응댐 건설

華川상류에 對應댐 건설

4部장관 합동談話 6천億들여 94년께完工

金剛山댐水攻 無實化

높이2百·길이千百m 北韓중단땐 협의

4부 장관 합동 담화
6천억 들여 94년께 완공

"금강산댐 수공 무실화
높이 2백·길이 천백m 북한 중단 땐 협의"

화천 상류에 대응댐 건설

『한국일보』 1986. 11. 27. 1면

049

정부는 26일 상오 북한의 금강산댐건설 위협과 관련, 이기백 국방·이규호 건설·이웅희 문공·허문도 국토통일원장관 등 4부 장관 합동담화문을 통해 "금강산댐의 가공할 위협으로부터 우리 스스로를 지켜내는 정당한 국가보위적 자위조치로 휴전선 이남 북한강 상류에 대응댐인 '평화의 댐'을 건설하기로 했다"고 발표했다.

이어 4부 장관은 기자회견을 통해 ▲ 대응댐의 위치는 북한의 금강산댐 파괴 시 우리 측에 미칠 피해를 극소화할 수 있는 지점인 강원도 화천군 화천댐 상류이며 규모는 북한 측이 방류하는 최대수량을 저수할 수 있는 높이 190~200m, 길이 1,100m 정도이고 ▲ 소요예산은 약 6천억 원 정도로 연내에 타당성 조사에 착수, 8~9년 정도의 건설 기간을 거쳐 오는 94~95년에는 완공할 계획이라고 밝혔다.

4부 장관은 담화문에서 "북한 측의 수공에 의한 또 하나의 적화야욕을 무실화시키는 대응댐 건설에 온 국민의 성원을 기대한다"고 말하고 "북한 측이 금강산 댐 공사를 중지한다면 남북한 공유하천의 수자원이용에 따른 제 문제를 진지하게 협의할 용의가 있다"고 밝혔다.

담화문은 "북한 측은 내외의 규탄여론에도 아랑곳없이 오늘 이 시각에도 댐건설공사를 강행하고 있으며 도리어 우리 측의 모함 운운하는 날조선전을 자행하고 있다"고 지적하고 "북한 측이 민족파멸의 죄과를 씻는 길은 하루바삐 민족적 양심으로 돌아와 무모한 국력소모전을 포기하고 민족화해와 상호신뢰를 바탕으로 민족번영의 대도로 되돌아서는 일"이라고 말하면서 북한 측에 금강산댐건설을 중지할 것을 촉구했다.

4부 장관은 "금강산댐이 완전 파괴된다 하더라도 화천댐 이북지역에서 위험차단, 수도권을 1백% 방어할 수 있는 기술수준에 있다"고 밝히고 "북한 측이 금강산댐 공사를 중단하고 성의 있는 자세로 협의에 나온다면 우리 측은 민족의 대화합분위기 조성과 국토의 공동개발차원에서 이에 임할 준비가 되어 있다"고 말했다.

김일성 피격 사망

"金日成 被擊사망"

"吳振宇·吳克列 주도 親中共 軍部세력 金正日 연금상태"

美, 金日成 生死여부 확인못해 국무성代辯人 밝혀

서울 外交소식통 板門店시찰후 歸路에

"15일 開城서 列車폭발"

公式 보도기관들은 계속沈默

休戰線 對南방송서 밝혀 李국방 豫決委보고 權力투쟁 進行

미, "김일성 생사 여부 확인 못해" 국무성 대변인 밝혀

서울 외교소식통 판문점 시찰 후 귀로에

공식 보도기관들은 계속 침묵

휴전선 대남방송서 밝혀 이 국방 예결위 보고 권력투쟁 진행

"오진우·오극렬 주도 친중공 군부세력 김정일, 연금상태"

"15일 개성서 열차 폭발"

"김일성 피격 사망"

『한국일보』 1986. 11. 18. 1면

050

이기백 국방장관은 17일 하오 속개된 국회 예결위에서 '김일성사망 관련 첩보 및 대비책'에 대한 보고를 통해 "현재 북괴 안에는 일련의 심각한 비상징후가 나타나고 있다"면서 "이는 김일성의 사망과 자체 내 권력투쟁이 전개되고 있는 것으로 판단된다"고 밝혔다. 이 장관은 "북괴 군부 내의 상당한 혼란으로 산발적인 확성기방송이 있어 김일성 사망과 관련한 첩보 입수가 가능할 것으로 판단된다"면서 "그러나 북괴가 군사적인 부분 또는 전면도발의 은폐를 위해 고도로 계획된 편파 선전공세의 일환으로 대남심리전을 펴는 것으로 볼 수도 있다"고 밝혔다.

서울의 외교소식통들은 17일 하오 김일성이 지난 15일 상오 9시께 개성 부근에서 자신이 타고 있던 열차에서 폭발물이 터지는 바람에 사망한 것으로 판단된다고 밝혔다.

외교소식통들에 따르면 김일성은 지난 15일 상오 판문점을 시찰한 뒤 열차편으로 개성 부근을 지나가던 도중 폭발사고가 일어나 현장에서 사망했으며 김정일도 이 폭발사고로 중상을 입었거나 사망했을 가능성이 크다고 전했다.

소식통은 폭발물의 종류는 정확히 밝혀지지 않았으나 시한폭탄일 가능성이 큰 것으로 보이며 이 폭발로 열차의 차량 1량이 완전 파괴된 것으로 알려졌다.

미, "김일성 생사 여부 확인 못해"

국무성 대변인 밝혀

찰스 레드먼 미국무성 대변인은 17일 "미국 정부로서는 김일성의 생사여부를 아직 확인해 줄 수 없다"고 말했다. 이 대변인은 "김이 피살됐다는 소문은 들었으나 그 정보를 확인할 수 없다"고 말하고 "사태가 분명해질 때까지 이에 관한

미 국무성의 논평이나 관측은 없을 것"이라고 덧붙였다.

그는 "이번 북한사태와 관련 주한미군과 외교관에 미국 정부가 특별한 조치를 취했는가"라는 질문에 "종전과 아무런 변화 없이 경계태세를 유지하고 있다"라고만 답변했다.

한편 래리 스피스크 백악관 대변인은 이날 미 관리들이 김일성의 피살보도를 판단할 수 없다고 말했다. 스피크스 대변인은 이날 백악관에서 기자들에게 북한의 권력투쟁에 관한 "약간의 보고"를 받아왔으나 "성공적인 암살이 발생했는지 여부에 관해 판단할 수는 없다"고 밝혔다.

외교소식통들에 따르면
김일성은 지난 15일 상오
판문점을 시찰한 뒤 열차편으로
개성 부근을 지나가던 도중
폭발사고가 일어나 현장에서
사망했으며 김정일도 이
폭발사고로 중상을 입었거나
사망했을 가능성이 크다고
전했다.

金日成 平壤공항 나타나

어제 아침, 몽고主席 직접迎接

"被殺說" 사실무근 밝혀져

金日成

"首領 사망"서 돌연 "健在"로

對南확성기放送, 어제 下午부터

김일성 평양공항 나타나

어제 아침, 몽고 주석 직접 영접
'피살설' 사실무근 밝혀져

051

김일성 평양공항 나타나

『한국일보』 1986. 11. 19. 1면

김일성이 18일 상오 10시 북한을 공식 방문하기 위해 평양공항에 도착한 잠빈 바트문흐 몽고국가주석 겸 인민혁명당서기장을 영접했다고 서방 주요통신과 중공 관영 신화사통신, 동경에서 수신한 북한의 관영 중앙통신 및 평양방송들이 이날 일제히 보도했다.

서방통신들은 김을 평양공항에서 직접 보았다는 평양주재 서방외교관들의 말을 인용, 지난 15일 이래 피격설이 나돌았던 김의 생존사실이 처음으로 확인되었다고 보도했다.

바트문흐를 맞는 평양공항에는 김 외에도 부주석 임춘추, 이종옥, 외교부장 김영남을 비롯 고위당간부와 관료들, 인민군총참모장 오극렬이 나타났으나, 김정일과 인민무력부장 오진우의 모습은 보이지 않았다.

그러나 현지 외교소식통은 김정일이 김일성과 영접석상에 함께 나타나는 일은 드물기 때문에 김정일이 출현하지 않은 것이 이상한 일은 아니라고 밝혔다.

서방외교관에 따르면, 진회색 외투와 모자 차림의 김일성은 다른 사람의 부축을 받지 않는 건강한 모습에 밝은 표정이었으며 주위 사람들과 계속 대화를 나누기도 했고 바트문흐를 두 발짝 뒤따르며 인민군 3군의장대를 사열하는 등 평소와 같은 모습을 보였다. 김일성은 환영연설을 하지 않았다.

평양주재 오스트리아 무역대표부 책임자인 볼프강 엔트마이어씨는 공항에 평양에 주재하는 외교사절 35명이 나왔는데, 김은 외교사절들과 악수를 나누고 때때로 미소를 짓기도 했다고 전했다.

다른 서방외교관들도 공항에는 수천 명의 환영객이 나왔으며 두 나라 국기와 김일성 초상화가 내걸린 공항과 평양 연도에는 10만여 명이나 되는 군중이 환영인파를 이뤘다고 말했다.

북한 중앙통신은 이날 김과 바트문흐가 공항에서 악수를 나누는 흑백사진을 배포했으며 일본 NHK · TV는 하오 2시 30분에 이 사진을 방영했다.

대학생, 경찰조사 중 사망
검찰서 경위 수사

大學生、경찰조사중死亡
검찰서 경위수사

공안사건과 관련, 치안본부에 지난14일 연행돼 조사를 받던 서울大생 朴鍾哲군(21·언어3)이 쇼크를 일으켜 숨졌다。치안본부는 15일 朴군의 사망경위를 발표, 朴군이 조사중 쇼크로 숨졌다고 밝혔다。

경찰에 의하면 朴군은 14일 상오8시10분께 서울冠岳區新林洞 하숙집에서 연행돼 상오10시51분께부터 신문을 받기 시작했다。

수사관이 朴군의 고교동창으로 서울大 民推委 관련수배자인 朴鍾雲군(서울大 사회복지4제적)과의 연계여부와 소재를 추궁하던중 상오11시20분께 은신처를 모른다는 대답에 『거짓말 말라』며 책상을 치자 「억」 소리와함께 쓰러져 中央大부속병원으로 옮겼으나 낮12시께 숨졌다는 것이다。

◇숨진 朴鍾哲군

한편 서울지검은 申昌彦형사2부장 지휘로 사인 수사에 나서 수사관계자들을 소환, 가혹행위를 했는지 여부를 조사키로 했다。

검찰은 이날밤 9시10분부터 1시간30분동안 漢陽大부속병원에서 朴군의 사체를 부검한뒤 경찰병원에 안치했다。

검찰관계자는 『사인을 철저히 수사해 의혹을 남기지 않겠다』고 말하고 가혹행위가 밝혀지면 관련자는 모두 구속하겠다고 밝혔다。

朴군은 지난 85년 5월24일 가두시위를 벌인 혐의로 冠岳경찰서에 검거돼 구류 5일을 받았고 지난해 4월11일 서울中區 新堂洞 가두시위로 구속돼 징역10월 집행유예 2년을 선고받았다。朴군은 또 지난해 10월31일 서울大 民推委사건과 民民鬪 입부대책으로 시위를 주도한혐의로 수배됐었다。

朴군은 학교로 부터 지난해 9월1일부터 21일간 유기정학처분을 받았다。

朴군은 釜山출신으로 연남중·혜광고교를 졸업했다。

한편 釜山影島區青鶴洞3의31 朴군의 집에서는 14일 釜山시경을 통해 사망사실을 알고 朴군의 아버지朴正基씨(57·청학양수장고용원)등 가족은 서울로와 15일하오 경찰병원에 안치된 朴군의 사체를 확인, 어머니는 졸도하기도했다。

대학생, 경찰조사 중 사망

『한국일보』 1987. 1. 16. 11면

052

공안사건과 관련, 치안본부에 지난 14일 연행되어 조사를 받던 서울대생 박종철(21·언어3)군이 쇼크를 일으켜 숨졌다. 치안본부는 15일 박군의 사망경위를 발표, 박군이 조사 중에 쇼크로 숨졌다고 밝혔다.

경찰에 따르면, 박군은 14일 상오 8시 10분께 서울 관악구 신림동 하숙집에서 연행되어 상오 10시 51분께부터 심문을 받기 시작했다.

수사관이 박군의 고교동창으로 서울대 민추위 관련수배자인 박종운군(서울대 사회복지4 제적)과의 연계여부와 소재를 추궁하던 중 상오 11시 20분께 은신처를 모른다는 대답에 "거짓말 말라"며 책상을 치자 '억' 소리와 함께 쓰러져 중앙대 부속병원으로 옮겼으나 낮 12시께 숨졌다는 것이다.

한편 서울지검은 신창언 형사 2부장 지휘로 사인 수사에 나서 수사관계자들을 소환, 가혹행위를 했는지 여부를 조사하기로 했다.

검찰은 이날 밤 9시 10분부터 1시간 30분 동안 한양대 부속병원에서 박군의 사체를 부검한 뒤 경찰병원에 안치했다.

검찰관계자는 "사인을 철저히 수사해 의혹을 남기지 않겠다"고 말하고 가혹행위가 밝혀지면 관련자는 모두 구속하겠다고 밝혔다.

박군은 지난 85년 5월 24일 가두시위를 벌인 혐의로 관악경찰서에 검거되어 구류 5일을 받았고 지난해 4월 11일 서울 중구 신당동 가두시위로 구속되어 징역 10월 집행유예 2년을 선고받았다. 박군은 또 지난해 10월 31일 서울대 민추위 사건과 민민투 인문대책으로 시위를 주도한 혐의로 수배되었었다.

박군은 학교로부터 지난해 9월 1일부터 21일간 유기정학처분을 받았다.

박군은 부산출신으로 영남중·혜광고교를 졸업했다.

한편 부산 영도구 청학동 341의 31 박군의 집에서는 14일 부산시경을 통해 사망사실을 알고 박군의 아버지 박정기씨(57·청학양수장고용원) 등 가족은 서울로 와 15일 하오 경찰병원에 안치된 박군의 사체를 확인, 어머니는 졸도하기도 했다.

서울대생 변사 사체부검…화장
목·가슴 피멍…배 부풀어

수사진 소환조사

수사진 召喚조사

서울大生 變死 死體剖檢…화장

목·가슴 피멍…배 부풀어

학내시위와 관련 치안본부에서 조사를받다 숨진 서울大 朴鍾哲군(21·언어학과 3년)의 사인을 조사중인 서울지검은 16일 朴군의 사체를 부검한데이어 朴군을 조사한 수사관계자들을 소환, 가혹행위여부를 조사키로했다.

朴군의 사체부검은 15일 하오9시부터 1시간30분동안 서울지검 형사2부 安商守 검사의 지휘로 漢陽大병원에서 국립과학수사연구소 黃迪駿박사의 집도로 실시됐다.

부검을위한 압수수색영장은 서울형사지법 李晟補판사로부터 발부됐고 朴군의삼촌 朴月吉씨(36)와 漢陽大병원 의사1명이 입회했다.

검찰은 부검결과가 나오는 19일께 1차발표가 가능하다고 밝혔다.

그러나 검찰관계자는 16일朴군의부검결과 시체외표검사에서 왼쪽무릎에 0.6㎝의 찰과상이 있었고 오른쪽 손의 엄지와 검지사이에 작은 멍이들어있었으며 내경검사결과 오른쪽 폐에 탁구공 크기의 출혈반점이 발견됐다고밝혔다.

한편 朴군의사체부검에입회한 漢陽大마취과의사 朴東皓박사(49)는 16일하오 『朴군의두피를 열자 뒷머리쪽에 피멍이있었고 가슴의살갗이 벌겋게변해있었으며 가슴피하층에 구슬크기만한 피멍이 여러군데보였다』고 말했다.

朴박사는 또 『목과 왼쪽허벅지 윗부분에도 직경 1㎝가량 크기의 피멍이 있었다』고 밝혔다.

朴박사는 그러나 『뇌는 일체 손상된흔적이없고 그밖의 다른부위도 특별한 외상은 없었다』고 말했다.

이에앞서 14일 숨진 朴군의 사체를 처음 검안한 中大부속 龍山병원내과전문의 吳演相교수(32)는 『朴군을 처음보았을때 이미 숨진상태였고 호흡곤란으로 사망한것으로 판단됐으며 물을 많이먹었다는 말을 조사관들로부터 들었다』고 밝혔다.

吳교수는 14일 상오 11시30분께 치안본부대공분실 조사관 2명이 찾아와 『朴군이 조사도중 호흡이 불완전해졌다』며 왕진요청을 했고『증세를일으킨지 10분됐다』고 말했다는것。

상오11시45분께 대공분실조사실에 도착했을때 朴군은 조사실 안에있는 간이침대에 뉘어져 있었고 다른 조사관3명이 인공호흡을 하고 있었는데 朴군을 살펴본결과 동공이 열려있었고 호흡이 전혀 없는등 이미 숨진상태였다는 것이다.

吳교수는 또 朴군의 복부가 확연히 드러날 정도로 부풀어있었고 청진기 진단결과 복부등 몸속에서 『꾸르륵』하는 물소리가 들렸는데 30여분간 심폐기능소생술을 실시, 튜브식인공호흡기로 강제호흡을실시하고 칼프르주사를 놓고 심장마사지를 했으나 전혀 반응이 없어 사망으로 최종확인, 사체검안서를 작성했다고 밝히고 『전기충격요법사용은 안했다』고 말했다.

吳교수는 사체부검에서 발견된 폐부의 출혈반에대해『심장마사지를 할때 가슴뼈 아래쪽을 손으로 여러차례 강하게 누르고 주먹으로 쳤기때문에 이과정에서 가슴부위에 타박상흔과 내부출혈이생겼을수도 있다』고 말하고 『복부팽창은 물을 많이마셨거나 인공호흡과정에서 공기가 많이 들어갔기 때문인것같다』고밝혔다.

吳교수는 또 『쇼크사는 심장마비가 먼저오고 호흡곤란이 생기므로 수사관의 말에따르면 쇼크사는 아닌것으로 판단된다』고 말했다.

吳교수는 朴군의 사망을 최종확인한뒤 치료가 더이상 불가능하다고 말했으나 수사관들이 『중요인물이니 꼭 살려달라』고 거듭 요청, 낮12시40분께 사체를 龍山병원 응급실로 옮겼다가 5분만에 다시경찰병원으로 옮겼다고 밝혔다.

朴군이 있던 조사실은 대공분실5층에있는 약2평크기로 방안에 책상1개와 간이침대 1개, 양변기등이 있었다.

朴군의사체는 가족들의 뜻에따라 경찰병원에서 16일상오8시께 벽제화장터로 옮겨져화장됐다.

유해는 아버지朴正基씨(57)·釜山시청수도국관리실 影島지서 청학양수장직원)와 형 鍾富씨(29·회사원)에 의해 화장장 부근의 임진강지류에 뿌려졌는데 아버지朴씨는 『鍾哲아 잘가거라。아버지는 네게아무할말이없다』며 흐느꼈다.

朴군은 지난해9월부터 서울 冠岳區新林2洞246의26 林正淑씨(54·여) 집 2층에 월15만원씩을내고 독방으로하숙을 해왔다.

朴군은 지난해 12월25일께 고향인 釜山으로 내려갔다가 지난3일 상경해 줄곧 하숙집에 있었는데 하숙방에는 전공서적과 소설책, 「볼세비키와 러시아혁명」등 서적50여권과 간단한 침구, 옷가지가 있었으나 16일상오 경찰이 모두압수했다.

한편 서울大언어학과학생 30여명은 16일 상오9시께 학과사무실에 朴군의 분향소를설치, 사인에대한 진상조사위원회를 발족키로했다.

KNCC 성명발표

한국기독교교회협의회(KNCC)고문폭력대책위원회(위원장 金相根목사)는 16일상오 서울鍾路區蓮池洞 기독교회관에서 朴鍾哲군사망사건과 관련, 긴급모임을 갖고 고문으로 숨진 朴鍾哲군을 애도하는 성명을 발표했다.

이위원회는 『民靑聯의장 金槿泰씨의 고문사건이후 치안본부에의해 계속돼온 고문사례에 비추어볼때 朴군이 단순한 쇼크로 숨졌다는설명은 전혀 납득할수없으며, 고문에의해 사망했을것으로추정된다』고 주장했다.

구속자 가족들 성명

「노동운동후원회」 사건 관

053

수사진 소환조사

『한국일보』 1987. 1. 17. 11면

학내시위와 관련 치안본부에서 조사를 받다 숨진 서울대 박종철군(21·인문대 언어학과3년)의 사인을 조사하고 있는 서울지검은 16일 박군의 사체를 부검한 데 이어 박군을 조사한 수사관계자들을 소환, 가혹행위 여부를 조사하기로 했다.

박군의 사체부검은 15일 하오 9시부터 1시간 30분 동안 서울지검 형사2부 안상수 검사의 지휘로 한양대 병원에서 국립과학수사연구소 황적준 박사의 집도로 실시되었다.

부검을 위한 압수수색영장은 비밀 영장으로 청구되어 서울형사지법 이경보 판사로부터 발부되었고 박군의 삼촌 박월길씨(36)와 한양대병원 의사 1명이 입회했다. 검찰은 부검결과가 나오는 19일께 1차 발표가 가능하다고 밝혔다.

그러나 경찰관계자는 16일 박군의 부검결과 시체외표검사에서 왼쪽 무릎에 0.6㎝의 찰과상이 있었고 오른쪽 손의 엄지와 검지 사이에 작은 멍이 들어 있었으며 내경검사 결과 오른쪽 폐에 탁구공 크기의 출혈반점이 발견되었다고 밝혔다.

한편 박군의 사체부검에 입회한 한양대 마취과의사 박동호 박사(49)는 16일 하오 "박군의 두피를 열자 뒷머리쪽에 피멍이 있었고 가슴의 살갗이 벌겋게 변해 있었으며 가슴피하에 구슬크기만 한 피멍이 여러 군데 보였다"고 말했다.

박 박사는 또 "목과 왼쪽 허벅지 뒷부분에도 직경 1㎝가량 크기의 피멍이 있었다"고 밝혔다.

박 박사는 그러나 "뇌는 일체 손상된 흔적이 없고 그 밖의 다른 부위도 특별한 외상은 없었다"고 말했다.

이에 앞서 14일 숨진 박군의 사체를 처음 검안한 중대 부속용산병원내과전문의 오인상 교수(32)는 "박군을 처음 보았을 때 이미 숨진 상태였고 호흡곤란으로 사망한 것으로 판단되었으며 물을 많이 먹었다는 말을 조사관들로부터 들었다"고 밝혔다.

오 교수는 14일 상오 11시 30분께 치안본부 대공 분실 조사관 2명이 찾아와 "박군이 조사 도중 호흡이 불완전해졌다"며 왕진요청을 했고 "증세를 일으킨 지 10분 됐다"고 말했다는 것.

상오 11시 45분께 대공분실조사실에 도착했을 때 박군은 조사실 안에 있는 간이침대에 뉘어져 있었고 다른 조사관 3명이 인공호흡을 하고 있었는데 박군을 살펴본 결과 동공이 열려 있었고 호흡이 전혀 없는 등 이미 숨진 상태였다는 것이다.

오 교수는 또 박군의 복부가 확연히 드러날 만큼 부푼 상태였고 청진기 진단결과 복부 등 몸속에서 "꼬르륵" 하는 물소리가 들렸는데 30여 분 동안 심폐기능소생술을 실시, 튜브식 인공호흡기로 강제호흡을 실시하고 캄프르 주사를 놓고 심장마사지를 했으나 전혀 반응이 없어 사망으로 최종 확인, 사체검안서를 작성했다고 밝히고 "전기충격요법사용은 안했다"고 말했다.

오 교수는 사체부검에서 발견된 폐부의 출혈반에 대해 "심장마사지를 할 때 가슴뼈 아래쪽을 손으로 여러 차례 강하게 누르고 주먹으로 쳤기 때문에 이 과정에서 가슴 부위에 타박상흔과 내부출혈이 생겼을 수도 있다"고 말하고 "복부팽창은 물을 많이 마셨거나 인공호흡과정에서 공기가 많이 들어갔기 때문인 것 같다"고 밝혔다.

오 교수는 또 "쇼크사는 심장마비가 먼저 오고 호흡곤란이 생기므로 수사관의 말에 따르면 쇼크사는 아닌 것으로 판단된다"고 말했다.

오 교수는 박군의 사망을 최종 확인한 후 치료가 더는 불가능하다고 말했으나 수사관들이 "꼭 살려 달라"고 거듭 요청, 낮 12시 40분께 사체를 용산병원 응급실로 옮겼다가 5분 만에 다시 경찰병원으로 옮겼다고 밝혔다.

박군이 있던 조사실은 대공분실 5층에 있는 약 2평 크기로 방안에 책상 1개와 간이침대 1개, 양변기 등이 있었다.

물고문 중 질식사

강 치안본부장
서울대 박군사건 수사결과 발표

물拷問중 窒息死

姜 치안본부장 서울大 朴군사건 수사결과 발표

"浴槽턱에 목눌려 致死케"

두警官구속·對共2단장 解職

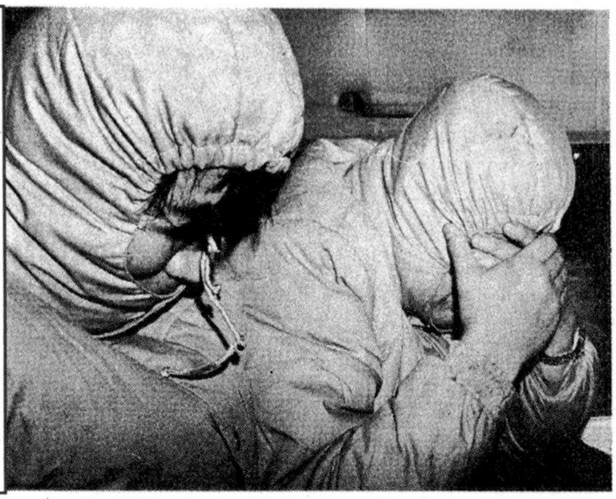

◇얼굴 가리운채…

趙·姜두수사관 어젯밤 收監

오늘 檢察송치

新民, 特委구성

民推 규탄大會열기로

社民黨 50여명농성

얼굴 가린 채…
"나는 고문한 경찰관이 아니다"—19일 밤 9시 40분께 조사를 받고 있던 서울 영등포구 신길동에 있는 '수사 2대'를 떠나는 '2명의 조사관'은 어느새 똑같은 복장을 입은 8명이 되었다. 얼굴을 가리고 죄스러운 듯한 표정을 지은 사진 속의 두 조사관은 8명의 '방한복차림' 속에서 가장 '고문한 2명'처럼 보인다.

"욕조 턱에 목눌려 치사케"
두 경관구속·대공 2단장 해직

물고문 중 질식사

『한국일보』 1987. 1. 20. 1면

054

치안본부는 19일 경찰에 연행되어 조사를 받다 숨진 서울대생 박종철군(21·언어학과3)은 경찰관의 가혹행위로 질식사한 것이라고 자체 수사결과를 발표하고 박군의 수사를 맡았던 치안본부 대공수사2단 소속 조한경 경위(42)와 강진규 경사(31)를 특정범죄가중처벌법(수사관의 가혹행위에 의한 치사)위반혐의로 구속하고 감독책임을 물어 대공수사2단장 전석린 경무관을 직위해제했다.

강민창 치안본부장은 이날 상오 수사결과 발표에서 "박군은 지난 14일 상오 8시 10분께 대공수사단으로 연행되어 조사를 받다가 서울대 민추위 사건 중요 수배자인 박종운군(26·서울대 사회과 4년 제적)의 소재를 대라고 조 경위 등이 조사실에 있는 욕조에 머리를 박으며 추궁하다 목이 욕조 턱(높이 50㎝·너비 6㎝)에 눌려 질식사한 것"이라고 밝혔다.

강 본부장은 또 "사망시간은 14일 상오 11시 20분께이며 사체부검 결과도 '경부압박에 의한 질식사'로 밝혀졌고 부검 당시 나타난 폐부 출혈반은 박군이 과거 폐결핵을 앓았을 때 손상된 부분으로 밝혀졌다"고 말했다.

강 본부장은 이어 "맨 처음 사체검안 당시 나타난 복부팽만은 조사관의 인공호흡과 초진의사의 호흡주입기 사용으로 공기가 위장에 들어갔기 때문에 생긴 일시적 현상이었고, 왼손과 머리에 나 있던 타박상은 연행과정에서 저항으로 생긴 부상으로 밝혀졌다"고 말했다.

강 본부장은 "이 사건을 수사하기 위해 치안본부 수사부장 이강년 경무관을 반장으로 조사요인 16명을 투입, 17~18일 2일 동안 조 경위 등 조사경찰관과 관련민간인 등 16명을 철야심문, 국립과학수사연구소의 부검결과를 바탕으로 집중 수사했다"고 밝혔다.

강 본부장은 그러나 박군의 사망경위 등을 처음 정확히 보고하지 않는 등 잘못을 저지른 관련자들에 대해서는 별도의 감찰조사를 벌여 처벌하겠다고 말했다.

한편 강 본부장은 "뜻하지 않은 사건에 대해 경찰의 책임자로서 진심으로 사죄드린다"고 말하고 "경찰이 수사 중 어떤 경우에도 피의자에 대한 폭행은 물론 가혹행위를 용납할 수 없도록 관례 법률에 규정하는 등 제도적 장치가 되어 있는데도 불상사가 발생한 것은 매우 유감스러운 일로 모든 경찰은 깊이 반성하고 있다"고 말했다.

박군 사건 진상조작 진짜 범인 따로 있다

천주교정의사제단

사 일금은 지난해보다 24・6%가인상된 것이다。

한편 春川지역도 월 18일근무를 기준으로 ▲기본급 14만5천6백80원 ▲연장및 야근수당 12만5천7백40원 ▲휴일근무수당 2만9천1백36원 ▲월차수당 4천8백56원등상여금을 제외한 30만5천3백12원을 6월1일부터 지급키로 노사협의를 마쳤다。

장 李天均씨(55)등 2명을 방화혐의로, 수배중이던 全南大敎學鬪위원 金昌洙군(21・철학3 휴학)을 비롯한 全南大생 5명은 집시법위반혐의로 모두7명을구속키로했다。

경찰은 또 단순가담자로 분류된 湖南大생 李相均군(18・법학1)등 39명을 즉심에넘기기로하고 6명은 계속 조사하는 한편 시위와 관련없는것으로밝혀진3백30명은훈방했다。

연행된 3백82명은 대학생 2백55명(여자18명)과 일반인 1백27명(여자27명)이다。

順天大교수21명 聲明

順天大교수 21명은 19일 개헌논의재개와 민주화를 촉구하는 성명을 발표했다。

서명교수는 다음과같다。

任成來 奇世官 林成雲 文淳太
朴五福 梁原玉 宋英武 韓相旭
盧春燮 金明洙 韓光錫 趙南勳
徐致祥 趙顯旭 金赫坤 趙浚來
崔鍾天 金光洙 張萬彩 許祥萬
박용범

〃朴군사건 眞相조작 진짜犯人 따로있다〃

천주교正義사제단

천주교정의구현 전국사제단은 18일하오 서울明洞성당에서 있었던 光州사태 7주기추모미사에서「朴鍾哲군 고문치사사건의 진상이조작되었다」는 성명을 발표, 朴군을 죽음에 이르게한 진짜범인은 따로있다고 주장했다。

民主、진상조사委구성

民主黨은 19일 정무회의에서 朴鍾哲군 고문치사사건의 진범은 따로있으며 구속된 범인들은 조작된 것이라는 천주교정의구현사제단의 주장에따라 진상파악을 위해 소속의원 7명으로 조사단(단장 睦要相의원)을 구성했다。

코헨 前美보건長官 訪韓중 심장마비死

윌버・코헨前美보건교육복지省장관(73)이 학술회의참석차 서울을 방문중 18일 숙소인 모호텔에서 심장마비로 숨졌다。

68년 린든・B・존슨대통령 행정부에서 장관을 지낸 코헨씨는 부인과함께 지난17일 서울에 왔는데 21일부터 23일까지 大邱 嶺南大에서 이대학과 미시간대학이 공동 주최하는 국제학술회의에 참석할 예정이었다。

055

박군 사건 진상조작 진짜 범인 따로 있다

『한국일보』 1987. 5. 20. 11면

천주교정의구현 전국사제단은 18일 하오 서울명동성당에서 있었던 광주사태 7주기 추모미사에서 「박종철군 고문치사사건의 진상이 조작되었다」는 성명을 발표, 박군을 죽음에 이르게 한 진짜 범인은 따로 있다고 주장했다.

박종철군 고문치사 경관 3명 더 있었다

朴鍾哲군 고문致死 警官3명 더 있었다

4명이 잡고눌러 물拷問

〃셋은빠지고 2명만責任〃서로默契

趙경위가 心境변화… 지난週初폭로

檢察, 어제 전격拘束수감

서울지검형사2부(申昌彦부장검사)는 21일 朴鍾哲군(사망당시21세·서울大 언어학과3년) 고문 치사사건과 관련된 경찰관은 이미 구속기소된 趙漢慶경위(42·前 대공수사2단)와 姜鎭圭경사(29·〃)외 黃正雄경위(41·慶山경찰서) 潘金坤경장(44·冠岳경찰서) 李正鎬경장(29·서울시경) 등 3명이 더있는것을 밝혀내고 특정범죄가중처벌법위반(특법체포감금고문치사)혐의로 구속했다. ★관련기사10·11면

이들은 이날하오 당초 朴군사건수사를 맡았던 서울지검 安商守검사가 구속영장을 청구, 비밀영장으로 발부받아 議政府교도소에 전격수감됐다。

검찰은 『수사기록에대한 최종검토를 해오던 지난 5월초순께 구속중인 趙경위등이 교도관을 통해 담당검사와의 면담을 원한다는 통보를 받고 지난달초 安검사를 議政府교도소에 파견한결과 이들이 安검사에게 종전의 진술내용을 번복, 자신들 2명외에 3명이 가혹행위에 가담했다고 진술, 수사에착수했다』고 밝혔다。

이에따라 검찰은 安검사와 수사관 4명으로 수사팀을 구성, 비밀리에 朴군을 조사할때 지원근무한것으로 밝혀진 黃正雄경위등 3명의 신병을 확보, 議政府교도소에서 수사를 벌인결과 이들3명으로부터 모두 朴군에대한 가혹행위에 가담했다는자백을받아냈다。

검찰에 의하면 朴군이숨진 지난1월14일 상오10시30분께 朴군이 피의사실을 순순히자백하지않자 수사반장趙漢慶경위가 李正鎬경장을 시켜 조사실내욕조에물을채우고 朴군을 욕조앞으로 끌고갔다는것。

이때 黃正雄경위가 朴군의 왼쪽팔을, 潘金坤경장이 우측팔을 겨드랑이밑으로 집어넣어꺼안고 李正鎬경장이 뒤에서밀면서 姜鎭圭경사가 朴군의 머리를 2회에걸쳐 물속으로 밀어넣었고상오11시20분께 朴군의 목이 욕조턱에눌려 결국 질식사케했다는 것。

검찰은 이사건 진상에 대해 ▲상오8시께 趙·黃경위, 潘·李경장등 4명이 연행조로 朴군을 치안본부 대공3부 현사보호실로연행하고 ▲趙경위·李경장이 상오10시30분까지朴군에대한 인정신문및아침식사를 제공했으며 ▲趙경위·姜경사·李경장등3명으로조사반을편성, 상오10시30분부터朴군에대한본격적인 수사를시작했으며 ▲상오11시께 朴군이신문에응하지않자 3명의 조사반외 黃경위·潘경장등을 불러 趙경위의 지휘아래 물고문을 시작했다고 밝혔다。

검찰은 당초 경찰이 趙경위등 2명만이 범인이라고 주장한 이유에 대해 『朴군이 죽자 관련자 5명사이에 수사반장으로서 어차피 책임을 지게될 趙경위와 가장 나이가어린 姜경사등 2명만이 책임을 지기로 약속했던 것이기때문』이라고 밝혔다。

검찰은 『구속수감후 趙경위등이 공판을앞두고 자신들만이 모든책임을지고 중형을받게될것을 두려워한 나머지 심경의 변화를 일으켜 진상을밝히기에이른것』이라고밝혔다。

검찰은 추가구속된 黃正雄경위등 3명에대해 수사를 마무리하는대로 서울형사지법에 구속기소할 방침이다。

검찰은 또이미구속기소된趙경위등2명에대해서도 새로밝혀진 범죄사실에 맞추어 공소장을 변경, 가담행위에 따른 적절한 처벌을 받도록할방침이라고 밝혔다。

검찰의 한관계자는 당초 검찰수사가 미진했던점에 대해 『趙경위등이 [illegible] 순순히 자백해와 그말만믿고 현장검증을 실시하지 않는등 수사원칙을 따르지 않았기때문』이라고 잘못을 시인했다。

4명이 잡고 눌러 물고문
"셋은 빠지고 2명만 책임" 서로 묵계
조 경위가 심경 변화…지난주 초 폭로
검찰, 어제 전격 구속 수감

056

박종철군 고문치사 경관 3명 더 있었다

『한국일보』 1987. 5. 22. 1면

서울지검 형사 2부(신창언 부장검사)는 21일 박종철군(사망 당시 21세 · 서울대 언어학과 3년) 고문치사사건과 관련된 경찰관은 이미 구속 기소된 조한경 경위(42 · 전 대공수사2단)와 강진규 경사(29 · 전 대공수사2단)외 황정웅 경위(41 · 경산경찰서), 반금곤 경장(44 · 관악경찰서) 이정호 경장(29 · 서울시경) 등 3명이 더 있는 것을 밝혀내고 특정범죄 가중처벌법위반(불법체포감금고문치사)혐의로 구속했다.

이들은 이날 하오 당초 박군 사건 수사를 맡았던 서울지검 안상수 검사가 구속영장을 청구, 비밀영장으로 발부받아 의정부 교도소에 전격 수감되었다.

검찰은 "수사기록에 대한 최종 검토 등을 해 오던 지난 5월 초순께 구속 중인 조 경위 등이 교도관을 통해 담당검사와의 면담을 바란다는 통보를 받고 지난주 초 안 검사를 의정부교도소에 파견한 결과 이들이 안 검사에게 종전의 진술내용을 번복, 자신들 2명 말고 3명이 가혹행위에 가담했다고 진술, 수사에 착수했다"고 밝혔다.

이에 따라 검찰은 안 검사와 수사관 4명으로 수사팀을 구성, 비밀리에 박군을 조사할 때 지원 근무한 것으로 밝혀진 황정웅 경위 등 3명의 신병을 확보, 의정부 교도소에서 수사를 벌인 끝에 이들 3명으로부터 모두 박군에 대한 가혹행위에 가담했다는 자백을 받아냈다.

검찰에 따르면 박군이 숨진 지난 1월 14일 상오 10시 30분께 박군이 피의사실을 순순히 자백하지 않자 수사반장 조한경 경위가 이정호 경장을 시켜 조사실내 욕조에 물을 채우고 박군을 욕조 앞으로 끌고 갔다는 것.

이때 황정웅 경위가 박군의 왼쪽 팔을, 반금곤 경장이

오른쪽 팔을 겨드랑이 밑으로 집어넣어 껴안고 이정호 경장이 뒤에서 밀면서 강진규 경사가 박군의 머리를 2회에 걸쳐 물속으로 밀어 넣었고 상오 11시 20분께 박군의 목이 욕조 턱에 눌려 결국 질식사하게 했다는 것.

검찰은 이 사건 진상에 대해

▲ 상오 8시께 조·황 경위, 반·이 경장 등 4명이 연행조로 박군을 치안본부 대공 3부 형사보호실로 연행하고 ▲ 조 경위·이 경장이 상오 10시 30분까지 박군에 대한 인정 신문 및 아침식사를 제공했으며 ▲ 조 경위·강 경사·이 경장 등 3명으로 조사반을 편성, 상오 10시 30분부터 박군에 대한 본격적인 수사를 시작했으며 ▲ 상오 11시께 박군이 신문에 응하지 않자 3명의 조사반 외 황 경위·반 경장 등을 불러 조 경위의 지휘 아래 물고문을 시작했다고 밝혔다.

검찰은 당초 경찰이 조 경위 등 2명만이 범인이라고 주장한 이유에 대해 "박군이 죽자 관련자 5명 사이에 수사반장으로서 어차피 책임을 지게 될 조 경위와 가장 나이가 어린 강 경사 등 2명만이 책임을 지기로 약속했던 것이기 때문"이라고 밝혔다.

검찰은 "구속수감 뒤 조 경위 등이 공판을 앞두고 자신들만이 모든 책임을 지고 중형을 받게 될 것을 두려워한 나머지 심경의 변화를 일으켜 진상을 밝히기에 이른 것"이라고 밝혔다.

검찰은 추가 구속된 황정웅 경위 등 3명에 대해 수사를 마무리하는 대로 서울형사지법에 구속기소할 방침이다.

검찰은 또 이미 구속 기소된 조 경위 등 2명에 대해서도 새로 밝혀진 범죄사실에 맞추어 공소장을 변경, 가담행위에 따른 적절한 처벌을 받도록 할 방침이라고 밝혔다.

검찰의 한관계자는 당초 검찰 수사가 미진했던 점에 대해 "조 경위 등이 설득력 있게 순순히 자백해 와 그 말만 믿고 현장 검증을 실시하지 않는 등 수사검증을 따르지 않았기 때문"이라고 잘못을 시인했다.

서울지검 형사 2부(신창언
부장검사)는 21일 박종철군(사망
당시 21세·서울대 언어학과 3년)
고문치사사건과 관련된
경찰관은 이미 구속 기소된
조한경 경위(42·전 대공수사2단)와
강진규 경사(29·전 대공수사2단)외
황정웅 경위(41·경산경찰서),
반금곤 경장(44·관악경찰서)
이정호 경장(29·서울시경) 등
3명이 더 있는 것을 밝혀내고
특정범죄가중처벌법위반
(불법체포감금고문치사)혐의로
구속했다.

담당 검사도 "상부 지시로 조사 제대로 못해"
검찰 진상조사 나서

당시 부검의 증언
"쇼크사로 해 달라" 수차례 압력 받아

박군 고문치사 경찰수뇌 알고 있었다

"朴군拷問致死」警察수뇌 알고 있었다"

당시 剖檢醫증언 "쇼크死로 해달라" 수차례 압력받아

담당檢事도 "上部지시로 搜査제대로 못해"

檢察 진상조사 나서

검찰은 12일 朴鍾哲군 고문치사은폐조작과 관련, 朴군의 시체를 부검했던 黃迪駿박사(42·국립과학수사연구소법의학1과장)와 당시 수사를 담당했던 安商守변호사(42·前서울지검형사2부검사)의 새로운 증언에 대한 진상조사에 나섰다.

黃박사는 이날 수기소했던 前치안본부5차장 朴處源치안감외에 姜玟昌前치안본부장등 당시 치안본부간부들이 처음부터 사건을 은폐조작하려 했다고 밝혔고 安변호사는 검찰이 외부압력으로 은폐조작 사실을 알고도 수사에 착수할수 없었다고 증언했다.

검찰은 이에따라 지난해5월 은폐조작사건 수사를 맡았던 대검중앙수사부 수사팀으로하여금 당시수사기록, 관련자들의 진술내용과적용법조문들을 재검토, 진상조사를위한 준비작업에 들어갔다.

검찰은 또 치안본부 간부들이 朴군의 사인에 대해 허위 감정서를 쓰도록 강요했다는 내용이 담긴 黃박사의 일기장 사본을 입수하는 한편 필요할 경우 黃박사를 참고인 자격으로 소환, 조사할 방침이다.

검찰의 한관계자는『安변호사의 발언내용에는 재수사해야할 새로운사실이 없는것으로 드러났지만 黃박사의 발언 및 일기장내용은 더조사해진위여부를 가릴필요가있다』면서『현재로서는 축소조작사건에대해 재수사여부를 밝힐단계는 아니다』고 말했다.

검찰은 그러나 黃박사의 일기장내용처럼 朴處源前5차장외에 姜前본부장등 경찰고위간부들이 허위 감정서 작성을 요구, 처음부터 은폐조작하려한사실이 확인되면 형사처벌을 받은 朴前치안감과의 형평을위해 최소한 직무유기혐의에 대한 수사가 불가피할 것이라고 밝혔다.

◇黃迪駿박사

剖檢醫 일기장 公開

黃迪駿박사는 12일 당시 자신이 겪었던 모든 일을 기록해두었던 일기장을 공개했다.

黃박사의 일기내용을 보면 당시 이사건 관련차장인 朴處源前치안감은 부하들이 朴군을 욕조에 여러차례 담그는 방식의 물고문으로 숨지게했음을 알고 있으면서도 黃박사에게「쇼크사에의한 사망」이라는 소견을 써줄것을 강요한것으로 나타났다.

黃박사는 일기에서 87년1월15일 하오4시40분께『치안본부장지시니 치안본부로 들어오라』는 연락을 받고 당시 5차장이던 朴치안감방으로 안내됐다. 朴치안감은 黃박사에게 [illegible] 쇼크로 사망한 것으로 보이나 3~4회 욕조에 담갔으니 익사했을것」이라고 설명했다.

黃박사는 이날 高麗大병원 영안실에서 이사건수사검사인 安商守검사와 高麗大 朴東鎬교수, 朴군삼촌 朴月吉(37)씨등이 지켜보는가운데 부검을 한결과「경부 압박에의한 질식사」여서 이를 安검사에게 설명했다.

부검이 끝난후 朴치안감의 승용차로 치안본부장실에 도착, 1~4차장이 기다리고있어 부검 소견을 있는 그대로 말하자 간부들은 16일 아침에 있을 본부장 기자회견의 발표문에는「경부압박에 의한 질식사」부분은 제외하자는 의견을 제시했다.

16일하오에는 姜본부장과 朴차장등이『19일까지 내게돼있는 부검감정서에 사인을심장쇼크사로해달라』고회유하였으며 17일오후에도 朴차장과 당시본부인사교육부장이던 安[illegible](치안감)등이「朴군이 질병으로 사망한것으로 감정서를 작성해주도록 요구했다.

또 16일 하오에 姜본부장은 국립과학수사연구소 간부에게 1백만원을 전해주며『당신은 [illegible]』고 말했다.

한편 黃박사는 이날오후 기자들과만난자리에서 일기에대해『부검소에는 간단한 메모정도로 [illegible] 공개한일기장은 사건수사가 마무리되고 20일쯤지나 사건당시 3~4일간의 사실을 기록보존차원에서 한꺼번에 정리한것』이라고 밝혔다.

黃박사는 또『1월15일밤 부검을 끝낸후 치안본부장실에 갔을때 본부장을 비롯, 5~6명이 있었으며 [illegible]』고 말했다.

朴군 1주기 追悼法會 가족들 釜山 사리암서

【釜山】朴鍾哲군의 1주기를 맞아 13일하오3시 朴군의 명복을 비는 천도법회가 부산시 [illegible] 사리암에서 주지 方道承스님의 집전으로 열렸다.

057

"'박군 고문치사' 경찰수뇌 알고 있었다"

『한국일보』 1988. 1. 13. 11면

검찰은 12일 박종철군 고문지사 은폐조작과 관련, 박군의 시체를 부검했던 황적준 박사(42·국립과학수사연구소법의학1과장)와 당시 수사를 담당했던 안상수 변호사(42·전 서울지검형사2부 검사)의 새로운 증언에 대한 진상조사에 나섰다.

황 박사는 이날 구속 기소됐던 전 치안본부 5차장 박처원 치안감 외에 강민창 전 치안본부장 등 당시 치안본부 간부들이 처음부터 사건을 은폐조작하려 했다고 밝혔고 안 변호사는 검찰이 외부압력으로 은폐조작 사실을 알고도 수사에 착수할 수 없었다고 증언했다.

검찰은 이에 따라 지난해 5월 은폐조작사건 수사를 맡았던 대검중앙수사부 수사팀으로 하여금 당시 수사기록, 관련자들의 진술내용과 적용법조문 등을 재검토, 진상조사를 위한 준비 작업에 들어갔다.

검찰은 또 치안본부 간부들이 박군의 사인에 대해 허위감정서를 쓰도록 강요했다는 내용이 담긴 황 박사의 일기장 사본을 입수하는 한편 필요할 경우 황 박사를 참고인 자격으로 소환 조사할 방침이다.

검찰의 한 관계자는 "안 변호사의 발언 내용에는 재수사해야 할 새로운 사실이 없는 것으로 드러났지만 황 박사의 발언 및 일기장 내용은 더 조사해 진위여부를 가릴 필요가 있다"면서 "현재로서는 축소조작사건에 대해 재수사여부를 밝힐 단계는 아니다"고 말했다.

그러나 검찰은 황 박사의 일기장 내용처럼 박처원 전 5차장 외에 강 전 본부장 등 경찰고위간부들이 허위 감정서 작성을 요구, 처음부터 은폐조작하려 한 사실이 확인되면 형사처벌을 받은 박 전 치안감과의 형평을 위해 최소한 직무유기혐의에 대한 수사가 불가피할 것이라고 밝혔다.

부검의 일기장 공개

황적준 박사는 12일 당시 자신이 겪었던 모든 일을 기록해 두었던 일기장을 공개했다.

황 박사의 일기내용을 보면, 당시 이 사건 관련 차장인 박처원 전 치안감은 부하들이 박군을 욕조에 여러 차례 담그는 방식의 물고문으로 숨지게 했음을 알고 있으면서도 황 박사에게 '쇼크사에 의한 사망'이라는 소견을 써줄 것을 강요한 것으로 나타났다.

황 박사는 일기에서 87년 1월 15일 하오 4시 40분께 "치안본부장 지시니 치안본부로 들어오라"는 연락을 받고 5차장이던 박 치안감 방으로 안내됐다. 박 치안감은 황 박사에게 "숨진 학생이 쇼크로 사망하였을 것으로 보이나 3~4회 욕조에 담갔으니 익사일 것"이라고 설명했다.

황 박사는 이날 밤 한양대병원 영안실에서 이 사건 수사검사인 안상수 검사 지휘 하에 한양대 박동호 교수, 박군 삼촌 박월길(37)씨 등이 지켜보는 가운데 부검을 한 결과 '경부압박에 의한 질식사'여서 이를 안 검사에게 설명했다.

부검이 끝난 뒤 박 치안감의 승용차로 치안본부장실에 도착, 1~4차장이 기다리고 있어 부검 소견을 있는 그대로 말하자 간부들은 16일 아침에 있을 본부장 기자회견의 발표문에는 '경부압박에 의한 질식사' 부분은 제외하자는 의견을 제시했다.

16일 하오에는 강 본부장과 박차장 등이 "19일까지 내게 되어 있는 부검감정서에 사인을 심장쇼크사로 해 달라"고 회유했으며 다음 날인 17일 하오에도 박 차장과 당시 본부인사교육부장이던 안희상 경무관(작고) 등이 '박군이 질병으로 사망한 것'으로 감정서를 작성해 주도록 요구했다.

또 16일 하오에 강 본부장은 국립과학수사연구소 간부에게 1백만 원을 건네주며 "당신 은혜는 잊지 않겠다"고 말했다.

한편 황 박사는 이날 하오 기자들과 만난 자리에서 일기에 대해 "평소에는 간단한 메모 정도만 해 왔으나 공개한 일기장은 사건수사가 마무리되고 20일께 지나 사건 당시 3~4일간의 사실을 기록보존 차원에서 한꺼번에 정리한 것"이라고 밝혔다.

황 박사는 또 "1월 15일 밤 부검을 끝낸 뒤 치안본부장실에 갔을 때 본부장을 비롯, 5~6명이 있었으며 한두 명 외에는 모두 낯선 사람들이었다"고 말했다.

강민창씨(전 치안본부장) 구속

姜玟昌씨(前治安本部長) 구속

朴군사건再搜査
職務유기·職權남용 혐의

검찰, 오늘 中間수사결과 발표

경찰수뇌진의 朴鍾哲군 고문치사 은폐·조작사건관련 여부를 재수사해온 대검중앙수사부(부장金慶會검사장)는 15일밤 姜玟昌전치안본부장(55)을직무유기및 직권남용에 의한 타인권리행사 방해혐의로 구속, 16일새벽 서울구치소에 수감했다。 ★관련기사11면

검찰은 이틀간姜전본부장과 부검의黃迪駿박사, 尹重鎭국립과학수사연구소장을 대질신문한결과 姜전본부장이 黃박사에게 朴군사인을 쇼크사로 감정서를 작성해줄것을 요구 했고 부검사실을 왜곡발표한 혐의를 밝혀냈다。

검찰은 16일상오10시 이사건의중간수사결과를발표할 예정이다。

박군 사건 재수사
직무유기·직권남용 혐의

058

강민창씨(전 치안본부장) 구속

『한국일보』 1988. 1. 16. 1면

검찰, 오늘 중간 수사결과 발표

경찰수뇌진의 박종철군 고문치사 은폐·조작사건 관련 여부를 재수사해 온 대검중앙수사부(부장 김경회 검사장)는 15일 밤 강민창 전 치안본부장(55)을 직무유기 및 직권남용에 의한 타인권리행사 방해혐의로 구속, 16일 새벽 서울구치소에 수감했다.

검찰은 이틀간 강 전 본부장과 부검의 황적준 박사, 윤중진 국립과학수사연구소장을 대질신문한 결과 강 전 본부장이 황 박사에게 박군 사인을 쇼크사로 감정서를 작성해 줄 것을 요구했고 부검사실을 왜곡 발표한 혐의를 밝혀냈다.

현행 헌법으로 정부 이양

개헌논의 지양…올림픽 뒤 다시 생각

현행憲法으로 政府이양

改憲논의 止揚… 올림픽뒤 다시생각

年内 大統領선거·地自制 실시
民正候補 조속한 시일내 選出

全대통령 특별담화 發表

◇13일오전 특별담화를 발표하고있는 全斗煥 대통령.

후계자 6월末 選出
民正 週内 民主化등 後續조치발표

美·日등에 배경설명

후계자 6월 말 선출
민정, 주내 민주화 등 후속조치 발표

전 대통령
특별담화 발표

연내 대통령선거·지자제 실시
민정후보 조속한 시일 내 선출

059

현행 헌법으로 정부 이양

『한국일보』 1987. 4. 14. 1면

전두환 대통령은 13일 현행 헌법에 따라 내년 2월 25일 후임자에게 정부를 이양하겠으며, 연내에 선거인단 선거 및 대통령 선거를 실시하겠다고 천명하고 빠른 시일 내에 민정당 전당대회를 열어 후임 대통령후보를 선출하도록 하겠다고 밝혔다.

전 대통령은 또 국론을 분열시키는 개헌논의의 지양을 선언하고 평화적 정부이양을 신속히 진행시키겠다고 천명했다.

전 대통령은 이날 상오 9시 TV와 라디오로 중계된 특별담화를 통해 "얼마 남지 않은 촉박한 임기와 현재의 국가적 상황을 종합적으로 판단해 중대한 결단을 내리지 않으면 안 되게 되었다"고 전제, "이제 본인은 임기 중 개헌이 불가능하다고 판단하고 현행 헌법에 따라 내년 2월 25일 임기만료와 더불어 후임자에게 정부를 이양할 것을 천명한다"고 밝혔다.

전 대통령은 "이와 함께 본인은 평화적인 정부이양과 서울올림픽이라는 국가대사를 성공적으로 치르기 위해서 국론을 분열시키고 국력을 낭비하는 소모적인 개헌논의를 지양할 것을 선언한다"고 '개헌논의의 지양'을 명백히 한 후 개헌논의 재개시기에 대해서는 "두 가지의 국가적 대사를 완수한 후에 충분한 시간을 두고 개헌 문제를 다시 생각한다면 나라의 백년대계를 위한 좋은 방안이 발견될 수 있을 것으로 확신한다"고 말했다.

전 대통령은 "오늘 밝힌 결단에 의해 앞으로 평화적 정부 이양을 위한 정치안정을 신속하게 진행시켜 나갈 것"이라며 "대통령 선거인단 선거와 대통령 선거는 금년 내에 전 대통령은 이날 상오 9시 TV와 라디오로 중계된 특별담화를 통해 "얼마 남지 않은 촉박한 임기와 현재의 국가적 상황을 종합적으로 판단해 중대한 결단을 내리지 않으면 안 되게 되었다"고 전제, "이제 본인은 임기 중 개헌이 불가능하다고 판단하고 현행 헌법에 따라 내년 2월 25일 임기만료와 더불어 후임자에게 정부를 이양할 것을 천명한다"고 밝혔다.

공정한 선거관리를 통해 자유경선의 분위기가 보장되는 가운데 차질 없이 실시되도록 모든 노력을 다할 것"이라고 말했다.

전 대통령은 또 후계문제와 관련, "민정당의 후임 대통령 후보는 빠른 시일 안에 국민의 지지를 받을 수 있는 인물 가운데서 당헌 절차와 민주방식에 따라 선출되도록 할 것"이라고 언명했다.

전 대통령은 민주발전과 국민화합을 위한 조치로서 "국민의 정치참여를 확대하기 위한 지방자치제를 단계적으로 실시해 나갈 계획"이라면서 "이 문제가 조속히 매듭지어져 본인의 임기 안에 지방자치가 실시된다면 민주발전을 위한 또 하나의 튼튼한 토대가 마련되는 것"이라고 말했다.

전 대통령은 "어떻게 하든지 파국을 막고 정상적인 헌정 절차에 따라 명예로운 퇴임을 매듭짓고자 하는 데 이 결단의 참뜻이 있다"며 "그럼에도 부질없는 개헌파쟁에만 골몰, 불법과 폭력으로 사회혼란을 조성하고 국민생활을 불안하게 하는 일이 있다면 국민생활의 안정과 사회질서의 유지를 위해 헌법이 대통령에게 부여한 모든 권한에 따라 단호하게 대처할 것"이라고 경고했다.

전 대통령은 "낡은 시대의 낡은 사고방식에만 젖어 있는 인물에게 발전하는 나라의 장래를 의탁할 수 없는 것"이라며 "그러한 점에서 전환기의 정치를 이끌어나갈 참신하고 유능한 정치신인들을 광범위하게 포용하고 육성하는 정당의 노력은 매우 필요하다"고 강조했다.

노태우 대통령 후보 선출

盧泰愚 대통령후보 選出

民正 全黨대회 표결 政權재창출등 3개항 決議

민정 전당대회 표결
정권재창출 등 3개항 결의

◇ 民正黨총재인 全斗煥 대통령과 盧泰愚 대통령후보가 후보선출직후 단상에서 손을잡고 대의원들의 환호에 응답하고있다. 【權周勳기자】

"兩大事치른뒤 合意改憲

盧후보 수락演說 누구와도 기꺼이 對話용의"

양 대사 치른 뒤 합의개헌
노 후보 수락연설 누구와도 기꺼이 대화 용의

全대통령 致辭

"政治圈밖 혼란不容 和合조성에 힘써야"

정치권 밖 혼란 불용
화합조성에 힘써야

090

노태우 대통령 후보 선출

『한국일보』 1987. 6. 11. 1면

민정당은 10일 서울 잠실체육관에서 전두환 대통령 내외와 노태우 대표위원을 비롯한 당직자, 주한 외교사절 등 내외 귀빈, 당원, 대의원 등 1만여 명이 참석한 가운데 제4차 전당대회 및 대통령 후보지명대회를 열고 중집위가 대통령 후보로 제청한 노태우 대표위원을 차기 대통령후보로 선출했다.

노 후보는 이날 대통령 후보 수락연설에서 "이 땅에서 더는 '민주화시비'가 일어나지 않도록 하는 것이 이 사람의 간절한 소망"이라고 전제, "민주발전과 관련해 본인은 양대 국가 대사가 성공한 후 국민적 여망인 합의 개헌을 반드시 성취해 낼 것으로 다짐하며 그때 가면 사회적 분위기와 야당의 정치관에도 큰 변화가 일어나 우리 당의 당론인 의원내각제 개헌안이 반드시 관철될 것으로 믿는다"고 말했다.

노 후보는 "다시는 중단과 좌절 없이 합의개헌이 신속히 이룩될 수 있도록 앞으론 여야의 진지한 대화를 위해 노력할 것"이라고 말하고 "나라의 진정한 평화적 민주발전을 위해서라면 어느 누구와도, 어떤 주제를 놓고라도 기꺼이 대화할 용의가 있다"고 선언했다.

노 후보는 "이 시대는 민주주의의 이념과 제도와 관행이 확립될 것을 강력히 요청하고 있으며 본인과 우리 민정당은 민주발전을 요구하는 국민의 열망을 충분히 이해하고 있다"면서 "우리 당도 민주발전을 어느 누구도 거역할 수 없는 이 시대의 절대명제로 존중하고 민주발전을 앞당기고자 노력하고 있다"고 밝혔다.

노 후보는 "오로지 의회와 정당을 통한 꾸준한 대화와

상호이해와 공동 노력만이 민주주의를 질서 있게 진전시킬 수 있다"면서 "야당도 대화를 두려워하거나 주저해서는 안 되며 정치의 본무대와 대화의 광장으로 돌아와야 한다"고 강조했다.

채문식 전당대회의장의 사회로 진행된 이날 대회는 임기 만료된 임방현 중앙위의장을 재선출하고 중앙위원 4,913명을 선출하는 한편 당헌과 정강 일부를 개정했다.

이날 무기명비밀투표로 진행된 대통령후보 선출투표는 전체 대의원 864명 가운데 7,309명이 참석, 단일후보로 나선 노 대표가 7,260표를 득표해 당선됐는데, 채의장이 당선을 선포하자 단상 중앙의 전 대통령이 노 후보의 왼손을 잡아 높이 쳐들어 흔들면서 당원들의 열띤 환호에 호응해 대회는 절정을 이루었다.

이날 대회는 "우리는 위대한 민주장정에 온 국민의 동참과 성원을 바라면서 역사와 민족 앞에 결의한다"면서 전 대통령을 정점으로, 노 후보를 중심으로 굳게 뭉쳐 정권재창출을 기필코 이룩한다는 등의 3개항으로 된 결의문을 채택한 뒤 상오 10시부터 시작된 대회를 5시간 만에 끝냈다.

민정당은 10일 서울
잠실체육관에서 전두환 대통령
내외와 노태우 대표위원을
비롯한 당직자, 주한 외교사절
등 내외 귀빈, 당원, 대의원
등 1만여 명이 참석한 가운데
제4차 전당대회 및 대통령
후보지명대회를 열고 중집위가
대통령 후보로 제청한 노태우
대표위원을 차기 대통령후보로
선출했다.

○ 교문 앞서 시위 중 연대생 부상 중태

교문앞서 示威中 延大生 부상重態

9일하오 5시30분께 延世大교문앞에서 延世大생 李韓烈군(20·경영2)이 경찰이 최루탄을쏘고 시위를하는 과정에서 뒷머리에 부상을입고 쓰러져 세브란스중환자실에옮겨져 치료를 받고있으나 중태다. 李군은 이날 하오3시 교내도서관앞 민주광장에서「6·10대회참가를위한 범연세인궐기대회」를 마친뒤, 동료학생 5백여명과함께 교문앞서 시위를 벌였었다.

李군이 다친것을 처음 목격한 李鍾赫군(22·화공3)은『이날시위도중 최루탄이 마구터져 뒤로 물러났는데 뿌연최루탄안개가 걷히면서 교문안쪽으로 30여m가량 떨어진곳에 李군이 쓰러져있었다』며『李군이 일어나려다 다시 쓰러져 엎드려있는것을보고 동료2명과달려가 독수리상앞까지30여m가량 부축해 왔다』고 말했다.

李군을 병원까지 부축한 高眞淑양(20·천문기상2)은『李군은 처음엔 의식이 없었으나 병원응급실앞에서 의식을회복해『뒤통수가아프다』『전신에 마비가온다』고 말하고 자신의 집주소와 전화번호를 알려준뒤 하오6시10분께 응급처치를받던중 다시 의식을 잃었다는것.

李군을 치료한 鄭相燮 신경외과의사는『李군의 뇌속에 이물질이 다량들어가 수술이 어려운 위독한상태』라며『상태를 보아가며 수술여부를 결정할것』이라고 밝혔다.

한편 경찰은『李군의 뒷머리에 박힌 이물질이 무엇인지는 병원측에 의해 밝혀지겠으나 현재까지 최루탄 파편이라고 단정할수는 없다』며 정확한 사고원인을 알아보기 위해 치안본부와 시경에서 조사중이라고 덧붙였다.

한편 李군이 입원해있는 세브란스병원2층 신경외과 중환자실앞 복도와 병원대기실·응급실입구등에는 하오9시께부터 李군의 부상소식을 듣고 동료학생 3백여명이 몰려와 철야농성했다.

학생들은 병원입구벽에 붙인 벽보를 통해『李군의 현재상태는 뇌실이 부어올라 붕괴상태이며 상처부위는 왼쪽귀밑의 연수쪽으로 추정된다』고 주장하고『X레이검사결과 이물질이 뇌에 들어있는것이 확인됐으며 현재李군은 뇌상태나 심장박동은 계속되고있어 인공호흡중』이라고 밝혔다.

교문 앞서 시위 중 연대생 부상 중태

『한국일보』 1987. 6. 10. 11면

9일 하오 5시 30분께 연세대 교문 앞에서 연세대생 이한열군(20·경영2)이 경찰이 최루탄을 쏘고 시위를 하는 과정에서 뒷머리에 부상을 입고 쓰러져 세브란스 중환자실에 옮겨져 치료를 받고 있으나 중태다. 이군은 이날 하오 3시 교내 도서관 앞 민주광장에서 '6·10대회 참가를 위한 범연세인 궐기대회'를 만친 뒤, 동료학생 5백여 명과 함께 교문 앞서 시위를 벌였었다.

이군이 다친 것을 처음 목격한 이종혁군(22·화공3)은 "이날 시위 도중 최루탄이 마구 터져 뒤로 물러났는데 뿌연 최루탄 안개가 걷히면서 교문 안쪽으로 30여 미터가량 떨어진 곳에 이군이 쓰러져 있었다"며 "이군이 일어나려다 다시 쓰러져 엎드려 있는 것을 보고 동료 2명과 달려가 독수리상 앞까지 30여 미터가량 부축해 왔다"고 말했다.

이군을 병원까지 부축한 고진숙양(20·천문기상2)은 이군은 처음엔 의식이 없었으나 병원응급실 앞에서 의식을 회복해 "뒤통수가 아프다", "전신에 마비가 온다"고 말하고 자신의 집주소와 전화번호를 알려준 후 하오 6시 10분께 응급처치를 받던 중 다시 의식을 잃었다는 것.

이군을 치료한 정상섭 신경외과의사는 "이군의 뇌 속에 이물질이 다량 들어가 수술이 어려운 위독한 상태"라며 "상태를 보아가며 수술 여부를 결정할 것"이라고 밝혔다.

한편 경찰은 "이군의 뒷머리에 박힌 이물질이 무엇인지는 병원 측에 의해 밝혀지겠으나 현재까지 최루탄 파편이라고 단정할 수는 없다"며 정확한 사고원인을 알아보기 위해 치안본부와 시경에서 조사 중이라고 덧붙였다.

한편 이군이 입원해 있는 세브란스 병원 2층 신경외과 중환자실 앞 복도와 병원대기실·응급실 입구 등에는 하오 9시께부터 이군의 부상소식을 듣고 동료학생 3백여 명이 몰려와 철야농성했다.

학생들은 병원입구 벽에 붙인 벽보를 통해 "이군의 현재 상태는 뇌실이 부어올라 붕괴상태이며 상처 부위는 왼쪽 귀 밑의 연수 쪽으로 추정된다"고 주장하고 "X레이검사 결과 이물질이 뇌에 들어 있는 것이 확인됐으며 현재 이군은 뇌 상태나 심장박동은 계속되고 있어 인공호흡 중"이라고 밝혔다.

연대생 이한열군 끝내 숨져

오늘 새벽 2시 시위 중 부상…입원 27일 만에

연대생 이한열군 끝내 숨져

『한국일보』 1987. 7. 5. 11면

지난 달 9일 시위 도중 최루탄 파편에 뒷머리를 맞아 중상을 입고 세브란스 병원에 입원 중이던 연세대 이한열군(20·경영2)이 입원 27일째인 5일 새벽 2시 5분께 끝내 의식을 회복하지 못한 채 숨졌다.

이군은 9일 하오 3시께 연세대 교내 도서관 앞 민주광장에서 '6·10대회 참가를 위한 범연세인 궐기대회'에 참가한 뒤 동료학생 5백여 명과 함께 교문 앞에서 시위를 벌이다 하오 5시 30분께 뒷머리에 부상을 입었었다.

병원 측은 이군의 사망 원인은 심폐기능정지라고 공식 발표했다. 또 병원 측은 이군은 이날 밤 자정 혈압이 30 이하로 떨어져 약물로 혈압 조절을 시도하자 심장정지와의 빈사상태로 빠져 심폐소생술을 시도했으나 이군이 회복을 못하고 새벽 2시 5분께 사망했다고 밝혔다.

이군의 병명은 ▲ 두개골 골절(좌측후두골) ▲ 내좌상 ▲ 뇌출혈 ▲ 뇌 이물질(원인 불명)로 되어 있으며 의식불명상태로 중환자실에서 치료를 받아왔는데 최근 폐렴 증세로 고통을 받아왔다.

또 이 병원 신경외과의사 정상섭씨는 "이군의 좌측 뇌 전체에 피멍이 묻어 있고 X레이 촬영 결과 직경 1~2mm 크기의 이물질 4~5개가 박혀 있었다"고 말했다.

이군의 시신은 새벽 2시 25분께 중환자실에서 영안실로 옮겨졌다.

이에 앞서 새벽 1시 10분께 중환자실에 들어가 이군의 임종을 지켜본 아버지 이병섭씨는 2시 25분께 밖으로 나와 울부짖고 있던 부인 배은심씨에게 "이제 한열이를 마음대로 봐라"며 침통한 표정을 지었다.

지난 달 9일 시위 도중 최루탄 파편에 뒷머리를 맞아 중상을 입고 세브란스 병원에 입원 중이던 연세대 이한열군(20 · 경영2)이 입원 27일째인 5일 새벽 2시 5분께 끝내 의식을 회복하지 못한 채 숨졌다.

어머니 배씨는 "한열이를 돌려달라"며 통곡을 하다 이군의 시신이 영안실에 옮겨진 것을 알고는 울부짖으며 영안실로 향했다.

배씨는 영안실 바닥에 앉아 계속 한열이를 부르며 통곡하다 새벽 2시 55분께 실신, 응급실로 옮겨졌다.

새벽 3시 10분께 사복경찰 2백여 명이 영안실 입구에서 경비를 하려 하자 학생 50여 명이 흥분, 화염병과 각목 등을 준비하는 등 한때 긴장감이 돌았다.

이때 이군의 지도교수인 상경대 경영학과 이완수 교수가 학생들에게 "여러분들은 흥분하지 말고 냉정을 찾자"고 학생들을 설득했으며, 경찰책임자를 만나 "학생들을 자극시키면 불상사가 일어나니 병력을 교문 밖으로 철수해 달라"고 요구했다.

이에 경찰은 부검 등 사체처리절차를 설명하고 1백여 미터 밖으로 일단 철수했다.

진상·책임 소재 철저 규명을
연대 안총장 성명
이군 같은 비극 다시 없게 모두 반성

11일까지 추도기간 설정
각 대학에 분향소 설치키로

부검 통해 2개 빼내 과학수사연서
성분 분석 결과 확인

이군 뇌 속 금속물질
최루탄 뇌관의 파편

李군 腦속 금속물질 최루탄 雷管의 파편

剖檢통해 2개 빼내 科學수사硏서 成分분석결과 확인

직경 2㎜… 腦間 깊이박혀

가족·대책위, 장지는 光州 望月洞
延世大 구내엔 追慕碑 세우기로

7千여大學生 항의示威

경찰 校門앞저지… 19명 또 최루탄負傷

11일까지 追悼기간 설정

各大學에 분향소 설치키로

"진상·責任소재 철저 규명을"

延大 安총장 聲明 李군같은 비극 다시없게 모두반성

◇李군 부검결과도

◇친구들의 默念

◇침묵示威

친구들의 묵념
연세대 학생회관에 마련된 이한열군 빈소에서 줄지어 고개 숙이는 동료학생들. 국기와 국화꽃에 싸인 이군의 영정이 무어라 말을 하는 것 같다.

침묵시위
이한열군의 죽음에 항의하는 서울시내 대학생 7천여 명이 백양로를 따라 침묵시위를 벌이고 있다. 학생들은 정문 앞에서 경찰이 저지하자 연좌시위를 했다.

직경 2mm … 뇌간 깊이 박혀
가족·대책위, 장지는 광주 망월동
연세대 구내엔 추모비 세우기로

7천여 대학생 항의시위
경찰 교문 앞 저지…19명 또 최루탄 부상

063

이군 뇌 속 금속물질 최루탄 뇌관의 파편

『한국일보』 1987. 7. 7. 11면

소생을 비는 온 국민의 안타까운 기원도 헛되이 연세대생 이한열군은 한 번도 의식을 회복하지 못한 채 숨을 거두었다.

부상원인을 밝히기 위한 수술도 할 수 없을 만큼 중태였던 이군의 사인은 예상대로 최루탄 파편에 의한 것으로 밝혀져 꽃봉오리 같은 대학생을 잃은 슬픔과 격돌이 계속됐던 시위현장의 악몽이 교차, 가족 친지는 물론 온 국민의 가슴에 큰 상처를 남겼다.

사인이 밝혀지자 검찰은 안전수칙을 무시한 진압경찰의 책임규명에 나섰고 동료학생단체 각 재야 종교단체에서는 이군의 영혼을 달래고 이군의 뜻을 기리기 위한 각종 행사와 운동을 벌이고 있다.

부검

이군의 사체는 입원해 있던 중환자실에서 영안실로 옮겨진 후 5일 상오 8시 30분부터 상오 10시 55분까지 서울지검 유성수 검사의 지휘 아래 서울의대 이정빈·이윤성 교수(법의학), 국립과학수사연구소 황적준 박사의 집도로 부검이 실시됐다. 이 자리에는 가족과 학생들의 요청에 따라 연세대 의대 최인준 교수, 총학생회장 우상호군(26·국문4)과 이군의 가족, 의대학생대표 등 20여 명이 입회했다.

1차 부검결과 뇌 속의 이물질이 적출되지 않자 이 교수 등은 상오 11시께 이군의 뇌실질물을 방사선과 X선 촬영실로 옮겨 촬영을 한 끝에 뇌간에서 금속파편 2개를 찾아냈다.

이군의 사체는 부검이 모두 끝난 후 하오 4시 55분께 가족에게 인계되어 다시 연세대병원 영안실에 안치되었다.

부검 결과 이군의 후두부 중앙 부위에 표피가 찢어져 지름 1~2.5㎝가량의 상처 4개가 있었고 그 아래 부분에 후두골이 함몰되지 않은 채 직경 1㎜가량의 구멍 2개가 나 있는 것으로 밝혀졌다. 후두부 표피의 상처는 폭발물에 맞아 생긴 상처이며 이때 파편 2개가 뒷머리에 구멍 2개를 내며 뇌 속으로 들어가 대뇌와 소뇌를 거쳐 뇌간에 박힌 것으로 밝혀졌다.

부검 직후 유성수 검사와 집도의 이정빈 교수는 "취하성 폐렴과 각종 감염이 겹친 것이 직접 사인"이라고 밝히고 "이 같은 복합감염은 산소호흡기 치료를 장시간 받는 상태에서 일반적으로 나타난다"고 밝혔다.

유 검사 등은 또 "금속파편이 뇌의 후두부를 뚫고 들어가 소뇌를 통해 뇌간에 침투하는 바람에 이군이 의식을 잃었고 장기간 치료과정에서 다시 합병증을 일으켜 사망하게 된 것"이라고 밝혔다.

금속파편

이군의 뇌에서 적출된 금속파편 2개는 국립과학수사연구소로 보내져 최루탄 폭발실험 후 정밀감정 결과 최루탄 파편이 확실한 것으로 밝혀졌다.

5일 하오 1시 30분부터 하오 6시 30분까지 5시간 동안 실시된 폭발실험과 감정에는 숨진 이군의 매형 조용식씨(30), 연세대 김문일 교수(금속공학과), 총학생회 부회장 김병규군(22 · 정외4) 등이 입회했다.

이군의 뇌에서 적출된 이물질 중 큰 것은 크기 2.5×2.5㎜에 0.0178g이었고 작은 것은 1.5×2㎜ 크기에 0.0069g의 금속파편.

국립과학수사연구소는 장성길 박사의 지휘로 SY44 최루탄의 폭발실험을 2회 실시한 후 뇌관 화약 부분을 싸고 있던 구리표피 파편을 채취해 이군의 머리에서 나온 금속파편과의 동일성 여부를 분석했다.

입회자들은 국립과학수사연구소의 감정 결과 공개를 통

해 "2개의 금속파편을 세척, 질산, 암모니아, 크롬산칼륨 등 6가지 시약으로 정성(성분)분석한 결과 모두 동일한 구리 성분으로 밝혀졌다"고 말했다.

또 현미경으로 인한 관찰에서도 구리의 조직형태가 동일임이 확인됐다고 밝혔다.

입회했던 추호경 검사도 "두 물질이 동일한 것임을 가족에게 확인 · 통보해 주었다"고 밝혔다.

80개대생 '출정식'…도심상가 철시
김영삼 총재 등 민추협서 철야농성

6만 경찰 원천봉쇄 속
전국 20개 시에서 3만 9천 참가

6·10시위…2,673명 연행

6·10시위… 2千6百73명連行

6萬경찰 원천封鎖속 全國20개市서 3萬9千참가

予正현재警察집계

80개大生"出征式"… 都心상가 撤市

金泳三총재등 民推協서 철야농성

텅 빈 도심에서 시위대가 차도를 점거하고 있다. 학생들 집결지인 퇴계로 일대는 밤늦도록 차량이 통행하지 못했다.

盧泰愚대통령후보 選出

民正 全黨대회 표결 政權재창출등 3개항 決議

"兩大事치른뒤 合意改憲"

盧후보 수락演說 누구와도 기꺼이 對話용의

"政治圈 혼란不容 和合조성에 힘써야"

全대통령 致辭

노태우 대통령 후보 선출
「한국일보」 1987. 6. 11. 1면
060(188쪽) 참조

6·10시위…2,673명 연행

『한국일보』 1987. 6. 11. 1면

064

범야권이 주도한 '박종철군 고문치사조작은폐규탄 및 호헌철폐국민대회'가 10일 전국 22개 지역에서 강행됐으나 6만여 경찰의 원천봉쇄작전에 밀려 대부분 열리지 못한 채 서울 부산 대구 광주 마산 등 12개 도시에서 가두시위가 벌어졌다.

시위는 대회예정시각인 하오 6시를 전후해 벌어져 일부 지역에서 격렬한 양상을 보였고 하오 늦게까지 거리를 점거, 산발적으로 계속되었다.

서울에서는 160개 중대 2만 4천여 경찰병력이 이날 아침부터 대회장소인 대한성공회대성당 주변을 봉쇄하고 주요 집결지를 차단한 가운데 대회에 참가하려던 재야인사 학생들이 롯데쇼핑센터 앞 남대문시장 주변 등에서 하오 5시께부터 시위를 벌이기 시작, 시내 곳곳에서 하오 10시 50분께까지 화염병을 던지고 파출소 기물을 부수는 등 과격한 시위를 벌였다.

경찰은 이날 전국 20개 도시 106개 장소에서 시위가 벌어져 1만 8,550명이 시위에 가담했으며, 시위운집인원은 3만 9,500명인 것으로 집계했다. 경찰은 밤 12시 현재 전국에서 2,673명(남 2,533명 여 140명)을 연행, 가담 정도를 분류하고 있다.

서울대회장인 대한성공회대성당에서는 하오 6시부터 사전에 들어가 있던 재야인사 20명 성공회 사제 25명 수녀 등 70여 명이 예정대로 1시간 30분 동안 대회를 진행했다.

김성수 성공회 대주교의 집전으로 미사를 올린 후 오충일 목사의 사회로 진행된 대회에서 박형규 목사는 대회사를 통해 "이 대회는 박종철군 고문살인과 범인을 은폐조작한 부도덕하고 타락한 권력집단을 규탄하려는 것"이라고 밝히고 "국민의 동의 없이 만들어진 현행헌법은 폐기되어야 한다"고 주장했다.

김영삼 총재를 비롯한 민주당의원들과 사무처당직자, 경인지역지구당당원, 민추협회직자 등은 이날 하오 5시 30분 롯데호텔 앞에 집결, 성공회까지 행진해 가려 했으나 경찰의 저지로 좌절되었다. 김총재 등은 민추협으로 철수, 하오 6시 30분부터 철야농성을 벌였다.

이날 서울시내 26개 대학을 비롯 전국 80개 대학 2만 3천여 명의 학생들이 교내에서 대회참가를 유도하는 '출정식' 등 시위를 벌였고 국민운동본부와 민추협, 통일민주당 등 주최 측은 이날 상오부터 집회를 갖고 대회강행 준비를 했다.

경찰의 경비가 강화되고 시위가 벌어지자 서울 세종로 남대문로 일대와 부산의 광복동, 대구 중앙공원, 광주 금남로 일대 등 주요도시의 상가들이 철시했고, 전철·시내버스·택시들의 운행이 일시 중지되기도 했다.

경찰은 성공회 6·10대회의 참석자 70여 명 중 신부, 수녀, 신도를 제외한 15명의 국민운동본부 인사들을 모두 연행하기로 하고 1차로 하오 8시 30분께 성당 밖으로 나오던 김명윤 민추협 부의장, 제정구, 한명희씨 등 5명을 청량리 경찰서로 연행했다.

범야권이 주도한 '박종철군 고문치사조작은폐규탄 및 호헌철폐국민대회'가 10일 전국 22개 지역에서 강행됐으나 6만여 경찰의 원천봉쇄작전에 밀려 대부분 열리지 못한 채 서울 부산 대구 광주 마산 등 12개 도시에서 가두시위가 벌어졌다.

명동시위에 초강경

明洞시위에 超強硬

檢·警 긴급회의 "全員연행 嚴重처벌"

검·경 긴급회의
"전원 연행 엄중 처벌"

대규모 拘束사태 예상

聖堂농성 확산防止에 부심

민주헌법쟁취 국민운동본부와 민통련등 재야권이 계획했던 「朴鍾哲군 고문살인 은폐조작및 호헌철폐 규탄 국민대회」는 경찰의 원천봉쇄작전에따라 사실상 무산됐으나 서울에서는 明洞성당을 중심으로 이틀째 격렬한 시위가 계속되는등 「6·10대회」의 후유증이 심각하다.

검·경은 11일하오 관계기관 긴급대책회의를 갖고 明洞성당시위대처리문제를 논의, 『이틀째 시위가 계속됨으로써 도심지질서를 크게 해치고 시민생활에 심각한 영향을 주고있다』는데 의견을 모으고 가담자전원을 연행, 엄중처벌키로 했다. ★관련기사10·11면

경찰은 특히 明洞성당 내에서 농성·시위중인 대학생등 6백여명은 대부분 전날 시위에 적극가담, 이미 24시간이상 격렬한 시위를계속한 극렬행위자들이므로 법에 따른 엄중처벌이 불가피하다고 밝혀 대규모 구속사태의 불가피성을 시사했다.

경찰은 그러나 농성장소가 성당이라는 특수성을감안, 성당측의 요청이 없는한 경찰병력의 진입을 자제하고 일단주변을철저히 봉쇄한가운데 시위확산을 막기로 했다.

서울시경은 11일밤 趙鍾贊국장주재로 明洞사태에 대한 심야대책회의를 열고 성당부내에 있는 시위대는 전원연행한다는 강경방침을세웠으나 12일새벽부터 정오께까지 열릴 미사를의식, 진압기술상 단순가담자등을 1차선별하기 위해 밤9시께부터 1시간동안 「길목터주기」 작전을 병행, 1백여명을 성당밖으로 유도 이중 80여명을 연행 조사중이다.

경찰은 이날 성당입구와 중앙극장앞등에 15개중대 2천3백여명을 배치했었으나 밤에는 병력을 절반으로 줄여 성당 출입구등에만 중점배치했다.

검·경은 「6·10국민대회」 시위사태로 10일 전국에서 연행한 3천8백54명을 철야조사후 격리차원에서 연행한 3천1백77명은 귀가 조치하고 나머지 6백77명 (서울6백38·여39)에 대해서는 신병처리를 위한 분류작업을 서두르고 있다.

경찰은 연행자대부분이 해산과정에서 붙잡힌 사람들로 파출소점거등 극렬시위자들은 대부분 검거되지 않았으므로 드러나 구속자수가 1백명선을 넘지않을 것으로보고있다.

그러나 이번대회를 주도하고 이날상오 성공회 서울대성당에서 연행된 민주헌법쟁취 국민운동본부측의 朴炯圭목사등 11명에 대해서는 집회및시위에관한 법률(불법시위선동) 위반혐의로 구속영장을 신청키로 하고 검토중이다.

◇보름달이 明洞성당위 하늘에 높이 떠올라 성당의 시계탑, 보안등불빛과 함께 수개의 원형을 이루고 있다. 투석, 화염병투척이 잠시 멈춘 사이의 밤풍경은 한가로와 보이지만 성당주변에는 팽팽한 긴장감이 감돌고 있다. 【金龍逸기자】

보름달이 명동성당 위 하늘에 높이 떠올라 성당의 시계탑, 보안등 불빛과 함께 몇 개의 원형을 이루고 있다. 투석, 화염병 투척이 잠시 멈춘 사이의 밤풍경은 한가로워 보이지만 성당 주변에는 팽팽한 긴장감이 감돌고 있다.

대규모 구속사태 예상
성당농성 확산방지에 부심

명동시위에 초강경

『한국일보』 1987. 6. 12. 1면

민주헌법쟁취국민운동본부와 민주당 등 범야권이 계획했던 '박종철군 고문살인 은폐조작 및 호헌철폐 규탄 국민대회'는 사실상 무산되었으나 서울에서는 명동성당을 중심으로 이틀째 격렬한 시위가 계속되는 등 '6·10대회'의 후유증이 심각하다.

검·경은 11일 하오 관련기관 긴급대책회의를 갖고 명동성당시위대 처리문제를 논의, "이틀째 시위가 계속됨으로써 도심지질서를 크게 해치고 시민생활에 심각한 영향을 주고 있다"는 데 의견을 모으고 가담자 전원을 연행, 엄중처벌하기로 했다.

검찰은 특히 명동성당 내에서 농성·시위 중인 대학생 등 6백여 명은 대부분 전날 시위에 적극 가담, 이미 24시간 이상 격렬한 시위를 계속한 극렬행위자들이므로 법에 따른 엄중처벌이 불가피하다고 밝혀 대규모 구속사태의 불가피성을 시사했다.

검찰은 그러나 농성장소가 성당이라는 특수성을 감안, 성당 측 요청이 없는 한 경찰병력의 진입을 자제하고 일단 주변을 철저히 봉쇄한 가운데 시위확산을 방지하기로 했다.

서울시경은 11일 밤 조종석 국장 주재로 명동사태에 대한 심야대책회의를 열고 성당 구내에 있는 시위대는 전원 연행한다는 방침을 세웠으나 12일 새벽부터 정오께까지 열릴 미사를 의식, 진압기술상 단순가담자 등을 1차 선별하기 위해 밤 9시께부터 1시간 동안 '길목터주기' 작전을 병행, 1백여 명을 성당 밖으로 유도, 이 중 80여 명을 연행 조사하고 있다.

경찰은 이날 성당입구와 중앙극장 앞 등에 15개 중대 2천3백여 명을 배치했었으나 밤에는 병력을 절반으로 줄

검·경은 11일 하오 관련기관
긴급대책회의를 갖고
명동성당시위대 처리문제를
논의, "이틀째 시위가
계속됨으로써 도심지질서를
크게 해치고 시민생활에 심각한
영향을 주고 있다"는 데 의견을
모으고 가담자 전원을 연행,
엄중처벌하기로 했다.

여 성당 출입구 등에만 중점 배치했다.

검·경은 '6·10국민대회' 시위 사태로 10일 전국에서 연행한 3,854명을 철야조사한 후 격리차원에서 연행한 3,177명은 귀가 조치하고 나머지 677명(남 638·여 39)에 대해서는 신병처리를 위한 등급분류작업을 서두르고 있다.

검찰은 연행자 대부분이 해산과정에서 붙잡힌 사람들로 파출소 점거 등 극렬시위자들은 대부분 검거되지 않은 것으로 드러나 구속자 수가 1백 명 선을 넘지 않을 것으로 보고 있다.

그러나 이번 대회를 주도하고 이날 상오 성공회 서울대성당에서 연행된 민주헌법쟁취국민운동본부 측의 박형규 목사 등 11명에 대해서는 집회 및 시위에 관한 법률(불법시위선동) 위반혐의로 구속할 것을 신중히 검토하고 있다.

명동농성 6일 만에 해산

明洞농성 6일만에 解散

司祭들 중재노력·說得 받아들여

警察、兵力철수·歸家보장

13명은 계속남아 2백명 聲明낸뒤 학교·집으로

拘束者 상당수 釋放키로

「明洞농성 不處罰」과 형평맞춰

◇明洞聖堂 메운 1萬여명 15일밤 기도회를 마친 신자와 시민들이 明洞성당앞을 가득 메우고 구호를 외치며 中央극장쪽으로 가고있다。 이들은 시위도중 「비폭력·질서」를 계속 외쳤다。

전국 45개大 격렬 示威

29개大 期末시험거부로 延期

사제들 중재 노력·설득 받아들여

경찰, 병력철수·귀가보장
13명은 계속 남아
2백 명 성명 낸 뒤
학교·집으로

전국 45개 대 격렬 시위
29개 대 기말시험 거부로 연기

명동성당 메운 1만여 명
15일밤 기도회를 마친 신자와 시민들이 명동성당 앞을 가득 메우고 구호를 외치며 중앙극장 쪽으로 가고 있다. 이들은 시위 도중 "비폭력 질서"를 계속 외쳤다.

096

명동농성 6일 만에 해산

『한국일보』 1987. 6. 16. 1면

'6·10대회' 이후 계속되었던 명동성당 농성 시위사태는 15일 하오 3시께 농성학생과 시민이 치안당국의 안전귀가보장과 성당 측의 설득을 받아들여 자진 해산함으로써 6일 만에 타결되었다.

농성해제로 명동 일대는 다시 정상을 되찾았지만 이날 하오 4시 30분께까지 두 차례 1만여 명의 시민이 가두시위를 벌였고 하오 8시 명동성당에서 열린 전국사제단의 '나라를 위한 기도회'에 맞춰 성당 앞에 모인 시민 1만여 명이 8시 40분께부터 시위를 벌였다.

사제단의 기도회에는 신부 4백여 명을 비롯하여 수녀, 신자 등 8천여 명이 참석했다.

그동안 농성·시위를 계속해 온 학생·시민 중 마지막으로 남은 213명은 이날 상오 3차례의 투표 끝에 자진해산을 결정, '지도부'로 선출된 13명만 남아 단식농성을 계속하기로 하고 나머지 17개 대학생과 시민 2백 명은 하오 3시께 성당 측이 마련한 천주교 산하 계성국교 스쿨버스 3대, 2대의 미니버스에 나눠 타고 성당을 빠져 나와 각각 학교와 집으로 돌아갔다.

성당 측의 해산종용을 받은 이들은 14일 밤부터 철야로 토론을 벌였으나 결론을 내리지 못하다 15일 상오 3차례의 투표 끝에 다수결로 해산을 결정했다. 그러나 농성계속을 주장하는 일부 강경농성자들이 결정에 불복, 낮 12시로 예정된 해산이 늦어지는 등 한때 진통을 겪었으나 신부들의 계속된 설득과 토론으로 끝내 해산했다.

이들은 해산하기에 앞서 낮 12시 20분께 문화관에서 대형 태극기 3개와 십자가를 앞세운 채 스크럼을 짜고 성당

앞마당으로 나와 농성을 벌이다 다시 성당 밖까지 진출, 구호를 외치며 한 차례 시위를 벌였다.

이들은 해산에 앞서 성명서를 통해 ▲ 4·13호헌조치 철회 ▲ '6·10대회' 관련 구속자 및 양심수 석방 등 4개항을 주장했다.

한편 사제단 측은 농성학생·시민들의 안전귀가 보장 여부를 놓고 지난 12일 밤 김수환 추기경이 정부 고위당국자를 만난 데 이어 13·14일에도 김병수 주임신부, 함세웅 신부 등이 고위 정부관계자, 조종석 서울시경국장 등 경찰당국자 등을 만나 절충을 벌여 안전귀가 보장과 경찰 철수 등 해결방안을 찾았다.

사제단의 함세웅 신부는 이날 학생들이 떠난 후 기자회견을 갖고 "이번 사건 해결에 정부당국은 상당한 용기를 보였다"고 말하고 "이 같은 용기로 4·13조치 이후 구속된 사람과 국민운동본부 임원 등 구속자도 풀어주기를 바란다"고 촉구했다.

농성해제로 명동 일대는 다시 정상을 되찾았지만 이날 하오 4시 30분께까지 두 차례 1만여 명의 시민이 가두시위를 벌였고 하오 8시 명동성당에서 열린 전국사제단의 '나라를 위한 기도회'에 맞춰 성당 앞에 모인 시민 1만여 명이 8시 40분께부터 시위를 벌였다.

직선제 수용 연내 개헌

直選制수용 年內 改憲

金大中씨 赦免復權·구속자 석방

새憲法으로 내년2월 政府이양

大統領에 건의

盧대표 時局수습 8개項선언

★발표全文 6면

① 조속히 大統領直選制 개헌
② 대통령選擧法 公正히 改正
③ 赦免復權·拘束者 대폭석방
④ 基本人權 최대한伸張·明示
⑤ 言論自由보장 획기적 改善
⑥ 地方·敎育自治 조속히 實現
⑦ 政黨活動 보장 對話풍토로
⑧ 社會非理 과감히 척결추진

<8개項 내용>

中執委·議總거쳐 黨論확정

盧대표 "두金씨 곧만나겠다"

◇29일상오 中執委에서 대통령 직선제개헌수용등 8개항의 시국수습 특별선언을 전격발표하고있는 盧泰愚 民正黨대표위원. 【張○文기자】

29일 상오 중집위에서 대통령 직선제 개헌 수용 등 8개항의 시국수습 특별선언을 전격 발표하고 있는 노태우 민정당 대표위원

노 대표 시국수습 8개항 선언
① 조속히 대통령직선제 개헌
② 대통령선거법 공정히 개정
③ 사면복권·구속자 대폭 석방
④ 기본인권 최대한 신장, 명시
⑤ 언론자유보장 획기적 개선
⑥ 지방·교육자치 조속히 실현
⑦ 정당활동 보장 대화풍토로
⑧ 사회비리 과감히 척결 추진

김대중씨
사면복권·구속자 석방
새 헌법으로 내년 2월
정부 이양
대통령에 건의

직선제 수용 연내 개헌

『한국일보』 1987. 6. 30. 1면

민정당의 노태우 대표위원은 29일 상오 ▲ 대통령중심 직선제 개헌을 수용하고 ▲ 김대중씨의 사면복권조치 및 모든 시국관련 사범의 석방 ▲ 언론자유의 최대한 보장 및 국민기본권 신장 등 시국수습을 위한 8개항의 독자 구상을 '특별선언' 형식으로 천명하고 이 8개항을 전두환 대통령에게 건의하겠다고 밝혔다.

노 대표는 이날 민정당 제102차 중집위에서 이 같은 자신의 구상을 밝히고 "만약 이 제안이 관철되지 않을 때 민정당 대통령 후보와 당대표위원직을 포함한 모든 공직에서 사퇴할 것"이라고 말했다.

민정당은 이날 상오 하오에 걸쳐 중집위를 열고 노 대표의 이 같은 제안을 즉각 당론으로 채택했으며 의원총회에서도 이를 전폭 지지하는 결의문을 채택했다.

노 대표의 이날 선언으로 야권이 요구해 온 대통령직선제 개헌 및 김대중씨에 대한 사면복권이 이뤄지게 되고 연내 개헌에 따른 정부이양이 가능하게 되어 여야 간의 극심한 정쟁과 시국혼란이 극적으로 수습될 것으로 보인다.

노 대표는 이날 특별선언을 발표한 후 충남 아산 현충사에서 기자들과 만나 "조만간 김영삼총재를 만나 시국수습을 위한 대화를 나누겠으며 김대중씨도 사면 복권이 된 후 만나겠다"면서 여야대화 노력을 지속할 것임을 분명히 했다.

노 대표는 이날 '국민대화합과 위대한 국가로의 전진을 위한 특별성명'을 통해 "여야 합의하에 조속히 대통령직선제 개헌을 하고 새 헌법에 따른 대통령선거를 통해 88년 2월 평화적 정부이양을 구현해야 한다"고 밝혔다.

노 대표는 이어 "직선제 개헌의 민주적 실천을 위해서는 자유로운 출마와 공정한 경쟁이 보장되어 올바른 심판을 민정당의 노태우 대표위원은 29일 상오 ▲ 대통령중심 직선제 개헌을 수용하고 ▲ 김대중씨의 사면복권조치 및 모든 시국관련 사범의 석방 ▲ 언론자유의 최대한 보장 및 국민기본권 신장 등 시국수습을 위한 8개항의 독자 구상을 '특별선언' 형식으로 천명하고 이 8개항을 전두환 대통령에게 건의하겠다고 밝혔다.

받을 수 있도록 대통령선거법이 개정되어야 한다"고 밝히고 "또한 새로운 법에 따라 선거운동, 투·개표과정 등에서 최대한의 공명정대한 선거관리가 이뤄져야 할 것"이라고 말했다.

노 대표는 또 "모든 분야에서 반목과 대결이 과감히 제거되어 국민적 화해와 대단결을 도모하는 의미에서 그 과거가 어떻든 간에 김대중씨도 사면 복권되어야 한다고 생각한다"고 말하고 "자유민주주의적 기본 질서를 부인한 반국가사범·살상·방화·파괴 등의 극소수를 제외한 모든 시국관련 사범들도 석방되어야 한다"고 강조했다.

노 대표는 "국민 개개인의 기본적 인권이 최대한 보장되도록 구속적부심 확대 등 기본권이 강화되고 또한 정부는 인권침해 사례가 없도록 특별히 유의해야 한다"고 촉구했다.

노 대표는 "언론자유의 창달을 위해 관련제도와 관행을 획기적으로 개선해야 한다"면서 "언론인 대부분의 비판의 표적이 되어 온 언기법은 시급히 개정되거나 폐지해야 하며 지방 주재 기자를 부활시키고 프레스카드제도의 폐지, 지면의 증면 등 자율성을 최대한 보장해야 한다"고 밝혔다.

노 대표는 이어 "개헌절차에 구애받지 않고 지방의회 구성을 구체적으로 검토 추진해야 한다"면서 "학문의 전당인 대학의 자율화와 교육자치도 조속히 실현되어야 할 것이며 이를 위해 대학의 인사·예산·행정에 대한 자율성을 보장하며 입시·졸업제도도 그 같은 방향으로 개선해 나가야 한다"고 말했다.

노 대표는 또 "정당의 건전한 활동이 보장되는 가운데 대화와 타협의 정치풍토가 조속히 마련되어야 한다"고 전제하고 "정당이 국민의 정치적 의사를 형성하고 결집하는 민주적 조직체일 때 국가는 이를 보호하고 육성하는 데 진력해야 할 것"이라고 밝혔다.

실종 KAL기 '잔해발견'

태국 정글 추락…오늘 본격 수색

실종KAL機"殘骸발견"

泰정글墜落… 오늘 본격搜索

탑승百15명 全員死亡 추정

승객대부분 귀국길 中東근로자

泰경찰선"殘骸발견 못했다"否認

"테러爆發 가능성높아"

대한항공 發表

KAL機 추락사고 現地에 특별취재반

탑승 115명 전원 사망 추정
승객 대부분 귀국길 중동근로자
태국 경찰선, "잔해 발견 못했다" 부인

068

실종 KAL기 '잔해발견'

『한국일보』 1987. 12. 1. 1면

29일 상오 5시 27분(한국시간 이하 같음) 이라크 수도 바그다드를 출발, 아부다비를 거쳐 이날 하오 8시 40분 김포공항에 도착할 예정이던 대한항공 858편 보잉 707 여객기(기장 김직한·58·등록번호 HL7406)가 승객 95명, 승무원 20명 등 150명을 태운 채 하오 2시 1분 후 벵골만 상공에서 마지막 교신 뒤 실종되었다. 태국 정부는 KAL기 실종과 관련, 태국 칸차나부리 성(省) 서쪽 190㎞ 지점인 사이옥 부근에서 KAL기로 추정되는 비행물체가 폭음을 내며 추락했다는 주민들의 신고가 있다고 발표함으로써 KAL기는 추락, 탑승자 전원이 사망한 것으로 추정된다.

대한항공측도 30일 하오 태국 정부로부터 중간보고가 있었다고 밝히고 "아직껏 KAL기의 잔해는 발견되지 않았으나 만일 폭발과 함께 추락했다면 테러범에 의한 폭발물 사고일 가능성이 크다"고 발표했다.

태국 공군대변인은 30일 실종된 KAL기의 잔해가 태국 버마 접경 칸차나부리 성 캠카프 마을 부근에서 국경수비대의 헬기에 의해 발견되었으며 인접 지역 주민들이 사고기로 보이는 비행기가 폭음과 함께 추락하는 것을 목격했다고 공식 발표했다.

추락사실이 밝혀진 뒤 태국 관계 당국은 사고대책본부를 구성하여 수색작업에 나섰는데 사고대책본부 대변인 솜수크·탐수티 여사는 칸차나부리 성 경찰과 국경수비대, 육군, 공군 및 내무성 관리들로 이루어진 구조대가 정글을 뚫고 사고지점으로 향하고 있으나 "추락지점이 짙은 안개에 싸여 있는데다 정글지대여서 구조대가 사고현장에 도달하려면 최소한 1일 이상이 걸릴 것"이라고 말했다.

한편 이근수 대한항공사고 대책본부장도 이날 하오 사고기가 방콕 서쪽 128㎞지점인 칸차나부리(KANCHANA BURI) 부근에 추락한 사실이 태국 내무성에 의해 확인됐다고 발표했다.

사고기는 당초 승객 84명을 태우고 바그다드를 떠나 29일 상오 8시 40분 아랍에미리트의 수도 아부다비에 기착, 승무원을 교체하고 승객 11명을 추가로 태운 뒤 상오 9시 30분 이 공항을 떠나 하오 2시 40분 방콕 공항에서 급유를 받고 하오 3시 30분 김포로 출발할 예정이었다.

그러나 사고기는 방콕 공항 도착 40분 전인 하오 2시 1분께 버마 비행정보구역인 벵골만의 어디스에서 "정시 방콕 도착, 시간과 위치 정상"이라고 1분간 교신한 후 2시 22분으로 보고가 예정된 타보이(태국 비행정보구역)에서 교신이 끊겼다.

사고기의 승객 95명은 현대건설 등 7개 중동건설업체 근로자 88명, 주 이라크 총영사 강석재씨(57) 부부와 내국인 개인탑승자 3명, 외국인 2명(아랍에미리트·인도) 등이다.

29일 상오 5시 27분(한국시간 이하 같음) 이라크 수도 바그다드를 출발, 아부다비를 거쳐 이날 하오 8시 40분 김포공항에 도착할 예정이던 대한항공 858편 보잉 707 여객기(기장 김직한 · 58 · 등록번호 HL7406)가 승객 95명, 승무원 20명 등 150명을 태운 채 하오 2시 1분 후 벵골만 상공에서 마지막 교신 뒤 실종되었다.

KAL기 탔다 내린 일인 행세 남녀
연행 조사 중 음독…남자 사망

조총련계…북괴 배후 추정

KAL機 탔다내린 日人행세 男女
連行조사중 飮毒… 男子 死亡

朝總聯系… 北傀背後 추정

69세 신이치「劇藥캡슐」間諜수법
27세 마유미 국제 監視人物이름

X레이에 투시안되는 爆發物휴대
조종실옆 화장실에 時限裝置한듯

◇殘骸수색 泰國과 버마국경의 泰國쪽 마지막마을 봉티村에서 국경수비대가 KAL機를 찾기위해 산악도로로 출동하고있다。【칸차나부리=高明辰특파원 본社전용회선發】

KAL858機 추락참사는 北괴에의해 저질러졌을 가능성이 큰것으로 보인다.

이같은 사실은 1일 추락한 KAL기가 이라크바그다드를 출발했을때 탑승했다가아랍에미리트의 아부다비공항에내린 일본인 이름의 남녀를 바레인경찰이검거함으로써밝혀졌다.

이들은 하치야·신이치(蜂谷眞一·69)하치야·마유미(蜂谷眞由美·27·여)등 일본인 이름을쓰고 있었는데 남자는 일본인 이름을 사용한 조총련계로 보이는 한국인으로 알려졌다.

이들은 검거직후 담배 필터속에든 청산가리캡슐을먹어남자는죽고 여자는 위세척을 받았으나 의식불명이다.

★관련기사5·10·11면

이들은 지난달 29일상오 5시27분 바그다드를 떠난 사고기에 통과여객으로 탑승,상오 7시40분 아부다비 공항에서 다른승객13명과 함께 내렸다.

이들은 공산국가인 유고슬라비아 베오그라드에서 5일간 머문뒤 바그다드로와 KAL기에 탑승했다.

이들은 현지경찰조사결과KAL기 1등석 A7번과 8번 좌석에 나란히 타고 왔는데 공항X레이검사기에 포착되지 않은 특포지선 폭약을 갖고 들어와 화장실에 시한폭탄장치를해놓고 내린것으로 추정된다.

이들이 폭탄을 장치한 화장실은 조종실옆에 붙어있어 폭발과함께 조종실기능이 마비돼 조종과 교신불능상태 에서 추락한 것으로 보인다.

이들은 KAL기실종직후우리관계당국이 대한항공으로부터 승객명단을입수, 아부다비에서내린 승객을조사하다 일본인남녀의이름이 국제적감시인물인 아카베·마유미와 비슷해 신원조회를 일본경찰에 요청, 가짜여권소지자로 파명돼 으로써 긴급수배했다.

바레인서

이같은 사실을 통보받은 외무부는 곧 아부다비주재 대사관에 긴급지시, 이들을 추적토록 했는데 金正奇주바레인대사대리가 이들이 부숙한 리전시호텔로 찾아가자 이들은 다시 요르단을거쳐 로마로 가려다 바레인 공항에서 현지경찰에 검거됐다.

日本의 한 소식통은 劇藥이든 캡슐을 먹는수법은 北한의 간첩들이 체포직후 흔히쓰는「自殺방법」이라고 설명했다.

69세 신이치 '극약캡슐' 간첩 수법
27세 마유미 국제 감시인물 이름

X레이에 투시 안 되는 폭발물 휴대
조종실 옆 화장실에 시한장치한 듯

KAL기 탔다 내린 일인 행세 남녀

『한국일보』 1987. 12. 2. 1면

069

KAL858기 추락참사는 북괴에 의해 저질러졌을 가능성이 큰 것으로 보인다.

이 같은 사실은 1일 추락한 KAL기가 이라크 바그다드를 출발했을 때 탑승했다가 아랍에미리트의 아부다비 공항에 내린 일본인 이름의 남녀를 바레인 경찰이 검거함으로써 밝혀졌다.

이들은 하치야 신이치(蜂谷 眞一·69) 하치야 마유미(蜂谷 真由美·27·여) 등 일본인 이름을 쓰고 있었는데 남자는 일본인 이름을 사용한 조총련계로 보이는 한국인으로 알려졌다.

이들은 검거직후 담배 필터 속에 든 청산가리 캡슐을 먹어 남자는 죽고 여자는 위세척을 받았으나 의식불명이다.

이들은 지난달 29일 상오 5시 27분 바그다드를 떠난 사고기에 통과여객으로 탑승, 상오 7시 40분 아부다비 공항에서 다른 승객 13명과 함께 내렸다.

이들은 공산국가인 유고슬라비아 베오그라드에서 5일간 머문 후 바그다드로 와서 KAL기 1등석 A7번과 8번 좌석에 나란히 타고 왔는데 공항 X레이검사기에 포착되지 않은 콤포지션 폭약을 갖고 들어와 화장실에 시한폭발장치를 해 놓고 내린 것으로 추정된다.

이들이 폭탄을 장치한 화장실은 조종실 옆에 붙어 있어 폭발과 함께 조종석 기능이 마비돼 조종과 교신불능상태에서 추락한 것으로 보인다.

이들은 KAL기 실종 직후 우리 관계당국이 대한항공으로부터 승객명단을 입수, 아부다비에서 내린 승객을 조사하다 일본인 남녀의 이름이 국제적 감시인물인 아카베 마유미와 비슷해 신원조회를 일본 경찰에 요청, 가짜여권 소지자로 판명됨으로써 긴급 수배되었다.

마유미 어제 서울 도착

KAL기 폭파사건 17일 만에
신이치 사체도 함께

상오 7시부터 하오 6시까지
16년 만의 역사적인 직선 투표

오늘 13대 대통령선거

KAL機폭파사건 17일만에

신이치死體도 함께

마유미 어제 서울到着

◇金浦에 내린 마유미
KAL機폭파용의자인 마유미가 자살방지용 마스크를 한채 호송원들의 부축을 받으며 트랩을 내리고 있다.

오늘 13代 大統領선거

상오7시부터
하오6시까지

16年만의 역사적인 直選투표

◇投票준비 '萬全'

8백만票 넘어야 當選圈에

"비방政治종식… 和合 새章열자" 盧泰愚

"올바른 判斷으로 최종選擇을" 金泳三

"死票내지말고 압도적 몰票를" 金大中

"有權者 모두가 投開票 지켜야" 金鍾泌

노태우 후보 대통령 당선
『한국일보』 1987. 12. 18. 1면

072 (229쪽) 참조

◇ 김포에 내린 마유미. KAL기 폭파용의자인
마유미가 자살방지용 마스크를 한 채
호송원들의 부축을 받으며 트랩을 내리고 있다.

8백만 표 넘어야 당선권에
"비방정치 종식…화합 새 장 열자" 노태우
"올바른 판단으로 최종선택을" 김영삼
"사표 내지 말고 압도적 몰표를" 김대중
"유권자 모두가 투개표 지켜야" 김종필

070

마유미 어제 서울 도착

『한국일보』 1987. 12. 16. 1면

KAL858편기 폭파사건 용의자로 바레인에서 수사를 받아온 하치야 마유미의 신병과 하치야 신이치의 사체가 15일 새벽(이하 한국시간) 우리 측에 인도되어 이날 하오 2시 6분 대한항공 DC10 특별기편으로 서울에 도착했다.

이로써 우리정부는 사건발생 17일 만에 '민간항공의 안전에 대한 불법적 행위의 억제를 위한 협약'(몬트리올협약)과 '항공기상에서 행한 범죄 및 기타 행위에 대한 협약'(도쿄협약)을 근거로 이번 참사의 피해당사국으로서 이들 신병에 대한 재판 관할권을 행사할 수 있게 되었다.

마유미 등을 태운 KAL특별기에는 현지에 파견된 수사관 3명이 동승했으며 그동안 인도 교섭을 벌여온 박수길(朴銖吉) 외무부 제1차관보는 사후처리를 마친 뒤 16일 하오 귀국할 예정이었다.

마유미는 김포공항 도착 즉시 관계수사기관에 이첩되어 수사를 받고 있으며 숨진 하치야 신이치의 사체는 병원으로 이송돼 부검이 실시되었다.

최광수 외무부장관은 이날 신병인도와 관련한 공식성명을 발표, "바레인 정부는 우리 정부의 신병과 사체인도 요청을 신중히 검토, 직접적으로 가장 큰 피해를 입은 한국으로 하여금 철저한 조사를 하고 그 결과에 따라 범인을 처벌할 수 있도록 하치야 마유미 여인 및 관련 증거물 일체를 우리 측에 인도하게 되었다"고 밝혔다.

최장관은 이어 "앞으로 관계당국이 이번 사건을 철저히 조사해 천인공노할 대한항공 여객기 폭파범죄의 진실과 그 배후를 규명할 것이며 이를 위해 바레인 및 일본 등 관계국 정부와 긴밀하게 협조할 것"이라고 말했다.

수사관계자는 "마유미가 한국어를 능숙하게 구사한다는 바레인 수사관계자의 말에 따라 회유심문이 신속히 이뤄질 것으로 본다"고 말했다.

KAL기 폭파 김정일 '친필지령'

마유미, 북괴 외교관 딸 김현희

KAL機폭파 金正日「親筆지령」

마유미、北傀외교관 딸 金賢姬

신이치도 특수工作員 金勝一

"88방해…座席선반에 時限폭탄 서울生活보고 心境변화…自白"

◇고개숙인 金賢姬

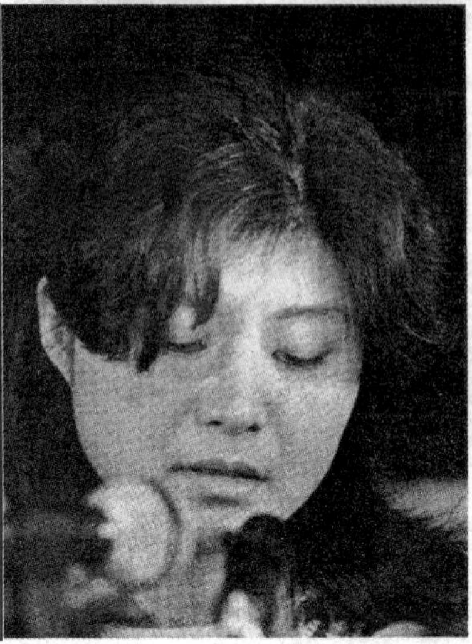

고개 숙인 김현희
기자들의 일문일답에 응하는 김현희. 시종 고개를 들지 않은 채 간간이 울먹이며 "이 사건의 진실을 밝히는 것이 조금이나마 속죄드리는 일이라고 생각했다"고 말했다.

"88방해…좌석 선반에 시한폭탄
서울생활 보고 심경변화…자백

신이치도 특수공작원 김승일

KAL기 폭파 김정일 '친필지령'

『한국일보』 1988. 1. 16. 1면

안기부 전모 발표

지난해 8월 29일 발생한 KAL858편기 폭파사건은 북괴 김정일의 친필지령에 따라 각국의 서울올림픽 참가를 방해하기 위해 자행된 북괴 정예공작원들의 소행이었다.

국가안전기획부는 15일 지난해 12월 15일 바레인에서 연행, 조사해 온 하치야 마유미(蜂谷 真由美)는 7년 8개월 동안 해외공작원 교육을 받은 북괴 노동당 중앙위원회조사 부소속 공작원 김현희(26)로 현재 앙골라주재 북괴 무역대표부 수산대표인 김원석(58)의 딸이며 음독자살한 하치야 신이치(蜂谷眞一)도 노동당조사부 소속 전문공작요원인 김승일(70)이라고 수사결과 전모를 발표했다.

발표에 따르면 이들은 바그다드발 서울행 KAL기의 기내 선반에 시한폭탄과 액체폭발물을 두고 내려 폭파시켰다고 김현희가 범행전모를 자백했다.

이들은 88서울올림픽 방해 등 북괴의 대남교란 특수공작을 위해 부녀 가장 공작조로 편성돼 84년 7월부터 3개월간 해외여행으로 현지적응훈련을 받은 뒤 87년 10월 7일 "88서울올림픽 참가신청 방해를 위해 대한항공여객기를 폭파하라"는 김정일의 친필지령을 받고 1개월간 시한폭탄 조작방법 등 특수훈련을 받았다.

이어 11월 12일 평양 순안 비행장을 출발한 이들은 모스크바-부다페스트-빈-베오그라드를 거쳐 11월 28일 하오 8시 30분(현지시간) 바그다드에 도착, 공항대합실에서 3시간 기다린 뒤 비행기 출발 20분 전인 29일 새벽 5시 5분께(이하 한국시간) 여행자 휴대용품으로 위장한 라디오 시한폭탄과 술로 가장한 액체폭발물의 폭발시간을 9시간 뒤로 조작, 휴대한 채 비행기에 탑승했다.

이들은 그 뒤 상오 7시 44분 기내선반 위에 폭발물을 넣어 놓은 채 중간기착지인 아부다비공항에서 내려 비행기가 29일 하오 2시 5분께 버마 근해 안다만해역 상공에서 폭파되어 승객 승무원 등 탑승자 115명 전원을 사망하게 했다. 김현희는 서울로 연행되어 온 뒤에도 중국어, 일본어 등을 사용하며 거짓 진술을 해 오다 한국 실정을 알고 심경변화를 일으켜 8일 만인 12월 23일 우리말을 처음 사용하면서 범행 일체를 순순히 자백하기 시작했다.

취임 전에 총선 실시 노력

노 후보 당선 회견
의원선거법 대야 협상 뜻 밝혀

김영삼·김대중 후보 순…
오늘 하오 당선 공고

盧泰愚후보 大統領 당선

2위와 2백만票差로 압승… 37% 얻어

金泳三·金大中후보順… 오늘하오 當選공고

"취임前에 總選실시 노력"

盧후보 當選회견 議員선거법 對野협상뜻 밝혀

"民主和合의 새시대" 선언

◇勝者의 웃음

◇13代 대통령 市·道別 開票상황

★표는 開票완료 〈18일 상오5시 현재〉

	盧泰愚	金泳三	金大中	金鍾泌
서울	1,549,424	1,503,655	1,690,639	419,778
釜山	639,622	1,116,011	181,409	51,563
★大邱	800,363	274,880	29,831	23,230
★仁川	326,186	248,604	176,611	76,333
★光州	22,943	2,471	449,554	1,111
京畿	1,195,274	792,013	633,701	244,593
江原	535,123	233,008	78,984	48,300
★忠北	355,222	213,851	83,132	102,456
★忠南	402,491	246,527	190,696	691,290
★全北	160,760	17,130	948,955	8,629
★全南	119,229	16,826	1,317,990	4,831
★慶北	1,108,035	470,189	39,756	43,227
★慶南	792,757	987,042	86,804	51,242
★濟州	120,502	64,844	45,139	10,930
計	8,127,931	6,187,051	5,957,277	1,777,437

"민주화합의 새 시대 선언"

2위와 2백만 표차로 압승…37% 얻어

노태우 후보 대통령 당선

노태우 후보 대통령 당선

『한국일보』 1987. 12. 18. 1면

072

민정당의 노태우 후보가 제13대 대통령에 당선되어 내년 2월 25일 임기 5년의 새 대통령에 취임하게 되었다.

노 후보는 16일 저녁부터 철야로 진행된 제13대 대통령선거 개표에서 초반부터 민주당의 김영삼, 평민당의 김대중, 공화당의 김종필 후보를 여유 있게 따돌리고 리드를 지켜 개표율 97.7%인 상오 1시 현재 당선권을 훨씬 넘는 812만 표 이상(득표율 36.8%)을 얻어 압도적인 표차로 당선이 확정되었다.

차점자인 민주당의 김영삼 후보는 28%인 618만 표를, 평민당의 김대중 후보는 27%인 595만 표를 얻어 3위에 머물렀고 공화당의 김종필 후보는 8%인 1백 77만 표를 얻는 데 그쳤다.

노 후보와 2위인 김민주 후보 간에는 2백만 표에 가까운 표차를 보였는데, 이 같은 표차는 5대 이후 역대 직선제 대통령선거에서 가장 큰 표차를 낸 것으로 기록되고 있다.

이날 개표결과 당선이 확정된 노 후보는 대구, 경북 등 7개 시도에서 큰 표차로 이겼고 당초 열세지역으로 손꼽히던 서울, 부산, 경남 지역에서도 30~40%를 얻어 1위와 큰 차 없는 득표를 한 데다 호남지역을 제외한 전국 각 지역에서 골고루 많은 득표율을 기록함으로써 초반부터 승세를 완전히 굳혔다.

민주당의 김영삼 후보는 부산과 경남에서 50% 이상의 득표로 단연 우세를 보이면서 서울을 비롯, 인천, 경기, 강원, 충북, 경북, 제주 등지에서 25%선 이상의 지지를 얻어 전국적으로는 28%선 특표로 2위를 굳혔다. 평민당의 김대중 후보는 광주에서 93%를 넘는 일방적인 득표와 전

남북에서도 80%(전남 87.9%, 전북 80.9%)를 상회하는 몰표를 얻은 한편, 유권자가 가장 많은 서울에서 32.4%의 최고득표율을 올려 2위의 김영삼후보 뒤를 1%포인트 차이로 끈질기게 추격했으나 결국 3위에 그쳤다.

또 공화당의 김종필 후보는 충남지역에서만 43.8%의 지지를 얻어 압도적인 우세를 보였을 뿐 다른 지역에서는 미약해 전국적으로는 8% 안팎의 지지를 얻는 데 그쳤다.

취임 전에 총선 실시 노력

노태우 대통령당선자는 17일 "대결과 반목의 정치적 유산을 청산하고 민주화합의 새 시대를 열어나가자"고 선언했다.

노 대통령당선자는 이날 상오 민정당 중앙당사에서 가진 내외신기자회견에서 이같이 선언하고 "마지막 순간까지 자유롭고 공정한 절차와 민주적인 방법을 통해 소중한 주권을 현명하게 행사해 주신 국민 여러분의 성숙한 민주역량에 다시 한 번 머리 숙여 존경의 뜻을 나타낸다"고 말하고 "이 시점에서는 더는 승자도 패자도 있을 수 없으며 자랑스러운 대한민국 국민이 있을 뿐"이라고 강조했다.

노 대통령당선자는 이어 "대임을 맡은 사람으로서 역사의 과제와 시대의 명령에 충실히 따라 안정 속의 민주화, 개혁 속의 발전, 화해 속의 단결을 이뤄내는 데 혼신의 노력을 다할 것"이라고 다짐하고 "나라의 당면과제가 안정과 화합이기 때문에 본인은 새 공화국, 새 정부를 민정당의 단독정부가 아닌 국민적 갈등과 대립을 해소시켜 나가는 전 국민의 화합정부로 이끌어나가겠다"고 말했다.

노 당선자는 "민주화합의 새 시대를 열어 올림픽도 성공시키고 민족통일의 터전도 닦으면서 21세기의 민족적 웅비를 예비한다는 대국적 입장에 서자"고 제창하고 "이런 뜻에서 국민에게 약속드렸듯이 민주화합추진본부를 곧 구성하겠다"고 밝혔다.

노 당선자는 또 "우리 사회가 안고 있는 많은 상처와 아픔을 해소하는 데 일차적인 노력을 기울이겠으며, 먼저 광주사태의 비극이 낳은 응어리와 한을 평화롭고 신속히 풀어나가기 위해 모든 정성을 쏟겠다"면서 "야당 후보에게 귀중한 지지를 보내셨던 국민들의 의사도 겸허히 존중하고 사회 각계각층의 여론도 있는 그대로 수렴하겠다"고 약속했다.

노 당선자는 정치일정과 관련, "중단 없는 국정운영을 위해 당정 간에 긴밀한 협조가 있어야 하며, 국회의원 선거도 가능하면 정권교체 시기인 내년 2월 이전에 실시되도록 최선의 노력을 기울이겠다"고 말해 조만간 야당과 국회의원선거법 협상에 착수할 뜻을 분명히 했다.

구로구 개표 시작 못해

평민당원들 "상오 함 운송·봉인 없다"

2천여 명 투표함 잡고 농성

九老區 開票 시작못해

2千여명 투표함잡고 농성

으며 당원·시민들이 2천여명으로 늘어나 농성을 계속했다.

이들은 어두워지자 20여개의 횃불을 켜놓고 문제가 된 부재자 투표함주위에 둘러앉아 목격자들의 증언을 들으면서 「부정선거 결사저지」라는 구호를 외치며 구청청사 출입구를 가로막고 공정선거감시단이외의 일반인은 출입을 완전 통제했다.

한편 선관위측은 이날사고와 관련한 항의에 대해 『선관위원전원이 개표장에 가야하기 때문에 관례적으로 투표마감 시간이전에 부재자투표함을 미리개표장으로 운송할수있도록 돼있다』면서 『부재자 투표함은 뚜껑자체가 2중으로 돼있어 봉상 겉뚜껑은 봉함하지않으며 투표함 이송이후 송달된 부재자투표는 개표장으로 직접 배달키로돼있다』고 설명했다.

平民당원들 "上午函운송·封印없다"

16일상오11시25분께 平民당원과 공정선거감시원등 3백여명이 서울九老구청앞마당에서 부재자투표함 한개와 야식용빵, 부재자명부, 선거사무비품등을 싣고 나가던 투표함운반차량 서울7자7870 1.5톤 픽업트럭을 붙잡아놓고 『명백한 부정선거의 증거』라며 17일 새벽까지 농성을 벌여 九老甲區의 개표가 시작되지못했다.

당원들과 공정선거감시원들은 『개표가 하오 6시부터인데 상오11시25분에 운송해갈 이유가 없고 투표함위에 봉인이 돼있지않아 명백한 부정선거의 증거』라고 주장, 투표함운반책임자인 선관위 사무관 梁[illegible]씨(48)를 붙잡아놓고 투표함을 마당에 내려놓은채 농성을 벌였다.

문제가 된 투표함은 九老乙區 개표소인 서울부녀복지관으로 운반되던 九老乙區 제1투표함으로 열쇠부분에만 九老乙區 선관위원 安이회씨의 도장이 찍힌 종이가 붙어있었다.

당원들은 또 하오1시께 九老區 보건소건물 3층에 있는 九老乙區 선관위사무실로 몰려가 사무실집기를 뒤엎고 선관위원장인 서울지법南部지원 沈日東부장판사와 선관위직원등 4~5명을 붙잡아 해명을 요구했다.

한편 하오2시30분께는 文益煥목사가, 하오3시께는 平民黨의 李重載선거대책본부장등이 九老구청에 도착, 항의했

"不在者 투표함은 慣例로 미리移送"

中央選管委 담화

중앙선관위는 16일 이날상오 서울九老구선관위 사무실에서 있은 부재자투표함 이송제지사건과 관련, 담화를발표 『이는 모처럼 여야합의에 의한 헌법과 대통령선거법에 의해 실시되는 대통령선거의 공정성을 해치는것으로 평온한 투표진행을 염원하는 국민과 더불어 유감스럽게 생각한다』면서 『이와같은 선거질서 파괴행위를 즉각 중단하고 관계당국에서는 이러한 위법사례가 발생치않도록 질서유지에 협조해주기 바란다』고 밝혔다.

담화문은 또 『일부 지역에서는 과격한 근로자및 학생들이 공정선거감시명목으로 투표소 주변에서 피킷을들고 특정후보자를 지지 또는 비방하고 근거없이 부정투표를 자행한다고 주장하며 일반시민을 선동하는등 투표소의 안정을 해치고있다』고 말했다.

073

구로구 개표 시작 못해

『한국일보』 1987. 12. 17. 11면

16일 상오 11시 25분께 평민당원과 공정선거감시원 등 3백여 명이 서울 구로구청 앞마당에서 부재자 투표함 한 개와 야식용 빵, 부재자명부, 선거사무비품 등을 싣고 나가던 투표함 운반차량 서울 7자 7870 1.5톤 픽업트럭을 붙잡아 놓고 '명백한 부정선거의 증거'라며 17일 새벽까지 농성을 벌여 구로갑구의 개표가 시작되지 못했다.

당원들과 공정선거감시원들은 "개표가 하오 6시부터인데 상오 11시 25분에 운송해 갈 이유가 없고 투표함 위에 봉인이 되어 있지 않아 명백한 부정선거의 증거"라고 주장, 투표함 운반책임자인 선관위 사무관 강실원씨(48)를 붙잡아 놓고 투표함을 마당에 내려놓은 채 농성을 벌였다.

문제가 된 투표함은 구로을구 개표소인 서울 부녀복지관으로 운반되던 구로을구 제1투표함으로 열쇠부분에만 구로을구 선관위원 안익희씨의 도장이 찍힌 종이가 붙어 있었다.

당원들은 또 하오 1시께 구로구 보건소 건물 3층에 있는 구로을구 선관위 사무실로 올라가 사무실 집기를 뒤엎고 선관위원장인 서울지법 남부지원 심일동 부장판사와 선관위 직원 등 4~5명을 붙잡아 해명을 요구했다.

한편 하오 2시 30분께에는 문익환 목사가, 하오 3시께에는 평민당의 이중재 선거대책본부장 등이 구로구청에 도착, 항의했으며 당원·시민 등이 2천여 명으로 늘어나 농성을 계속했다.

이들은 어두워지자 20여 개의 횃불을 켜들고 문제가 된 부재자 투표함 주위에 둘러앉아 목격자들의 증언을 들으면서 "부정선거 결사저지"라는 구호를 외치며 구청청사 출입구를 가로막고 공정선거감시단 이외의 일반인은 출입을 완전 통제했다.

九老區廳농성 어제아침 強制해산

1,003명連行…적극가담은 拘束

警察、28개중대 투입… 2시간만에 鎭壓

차량12대 全燒·파출소 3곳被襲

학생·경찰관등 56명이 負傷당해

◇농성의 흔적

구로구청 농성 어제 아침
강제 해산

1,003명 연행…적극
가담은 구속

경찰 28개 중대 투입…2시간 만에 진압
차량 12대 전소·파출소 3곳 피습
학생·경찰관 등 56명이 부상당해

074

구로구청 농성 어제 아침 강제 해산

『한국일보』 1987. 12. 19. 11면

서울 구로을구 부재자 투표함 이송문제를 놓고 구로구청 청사를 점거, 3일째 농성을 벌여온 평민당원·학생·시민 등 1천여 명이 18일 새벽 경찰에 의해 강제 해산되었다.

경찰은 상오 6시 30분부터 28개 중대 4천5백여 명의 병력으로 진압작전을 시작, 2시간 만인 상오 8시 30분께 학생 등에게 붙잡혀 있던 김진호 구로구청장과 선관위관계자 등 1백여 명을 빼내고 시위대가 점거하고 있던 투표함 4개를 회수, 구로을구 개표소로 이송했다. 경찰은 점거노성 학생, 당원 등 991명과 진압이 끝난 뒤 시위를 벌인 12명 등 모두 1,003명(여자 185명)을 연행했다.

노태우 13대 대통령 취임

盧泰愚 13代대통령 就任

民族自尊의 새時代개막 선언

就任辭 民主개혁 信賴받는 政府로

◇宣誓 盧泰愚대통령이 25일 취임식에서 「나는 헌법을 준수하고 국가를 보위하며 조국의 평화적 통일과 국민의 자유와 복리의 증진및 민족문화의 창달에 노력하여 대통령으로서의 직책을 성실히 수행할것」을 국민앞에 엄숙히 선서하고있다. 【[illegible]기자】

선서 – 노태우 대통령이 25일 취임식에서 "나는 헌법을 준수하고 국가를 보위하며 조국의 평화적 통일과 국민의 자유와 복리의 증진 및 민족문화의 창달에 노력하여 대통령으로서의 직책을 성실히 수행할 것"을 국민 앞에 엄숙히 선서하고 있다.

취임사
민주개혁 신뢰받는 정부로

민족 자존의 새 시대 개막 선언

노태우 13대 대통령 취임

『한국일보』 1988. 2. 26. 1면

075

노태우 제13대 대통령의 취임으로 제6공화국이 정식 출범했다.

지난 해 10월 공포된 새 헌법이 이날부터 발효됨에 따라 이날 0시를 기해 5년 임기가 시작된 노태우 신임대통령은 청와대에서 전두환 전 대통령으로부터 업무를 인수받은 뒤 상오 10시 국회의사당 광장에서 거행된 취임식에서 취임선서를 했으며 하오에는 이현재 국무총리 등 새 각료들에게 임명장을 수여하고 공식 집무에 들어갔다.

노 대통령은 이날 전두환·최규하·윤보선 전 대통령과 이재형 국회의장, 김용철 대법원장, 이현재·김정열 신구 총리 등 3부 요인과 다케시타 노보루 일본수상 등 외국 경축사절, 각 정당대표와 국회의원 등 각계인사 2만 5천여 명이 참석한 가운데 거행된 취임식에서 취임사를 통해 "이 자리에서 '민족자존의 새 시대'가 열렸음을 국민 여러분 앞에 엄숙히 선언한다"고 말하고 "새 시대는 분명히 변화하며 발전하고 쇄신하며 도약하는 활력에 가득 찬 진보의 시대"라고 선언했다.

노 대통령은 "국민의 뜻을 담은 새 헌법의 발효와 함께 바로 이 시각에 탄생하는 새 정부는 국민이 주인이 된 국민의 정부"라고 말하고 "제가 이끄는 정부는 민주주의의 시대를 활짝 열어 모든 국민의 잠재력을 꽃피우게 할 것이며 다원화된 사회 각 부문이 생동력에 넘친 자유를 누리며 스스로의 기능을 다할 수 있도록 도울 것"이라고 밝혔다.

노 대통령은 "국민은 정직한 정부를 갈망하고 있으며 저는 국민의 이 비원을 반드시 성취시켜 도덕성이 높으며 그 도덕성으로 말미암아 신뢰받는 정부를 만들고야 말 것"이

지난 해 10월 공포된 새 헌법이
이날부터 발효됨에 따라
이날 0시를 기해 5년 임기가
시작된 노태우 신임대통령은
청와대에서 전두환 전
대통령으로부터 업무를 인수
받은 뒤 상오 10시 국회의사당
광장에서 거행된 취임식에서
취임선서를 했으며 하오에는
이현재 국무총리 등 새
각료들에게 임명장을 수여하고
공식 집무에 들어갔다.

라며 "우리 모두는 이제 '함께 걷는 민주주의'의 출발 선상에 서 있다"고 말했다.

노 대통령은 또 "물량성장과 안보를 앞세워 자율과 인권을 소홀히 여길 수 있는 시대와 힘으로 억압하거나 밀실의 고문이 통하는 시대는 끝났다"고 밝히고 "마찬가지로 자율과 참여를 빙자하여 무책임하게 혼란을 일으킬 수 있는 시대도 끝나야 한다"고 강조했다.

노 대통령은 "모든 국민이 질 높은 문화생활을 누릴 수 있도록 하고 사회정의의 실현을 가로막고 갈등을 심화시키는 어떠한 형태의 특권이나 부정·부패도 단호히 배격할 것"이라며 "아울러 폭력과 투기와 물가오름세를 반드시 막고자 한다"고 말했다.

노 대통령은 "한반도의 평화와 민족의 재결합을 위한 길이 보인다면 세계 어느 곳이든 개의하지 않고 방문해 어느 누구와도 진지하게 대화할 용의가 있다"고 밝히고 "북한 당국은 교조적 이념을 민주의식이 체질화된 이 땅의 자유 시민들이 수용하리라는 환상을 버리고 폭력이 아니라 대화가 분단을 해소시키고 민족의 재결합을 가져오는 정직한 지름길임을 받아들여야 한다"고 경고했다.

노 대통령은 또 야당에 대해 "함께 고뇌하면서 대화하고 대화하면서 협력하는 협력의 동반자로 일해 가자"고 호소했다.

민정, 과반수 미달

民正, 過半數 미달

地域偏在극심…平民 제1野黨으로

새벽 5시 현재

民正 湖南·釜山외는 고른分布…89

民主 釜山지역 압도·慶南半分…47

平民 湖南완전獨占·서울好調…52

共和 忠南北등 예상넘는 成果…24

◇붐비는 開票현장

政黨別 當選및 유력議席數 (새벽5시 현재)

	定數	후보수	民正	民主	平民	共和	無
서울	42	251	10	12	15	2	2
釜山	15	72	1	14			
大邱	8	41	7				
仁川	7	34	6	1			
光州	5	18			5		
京畿	28	127	17	4	1	5	1
江原	14	59	10	2		1	1
忠北	9	33	7			1	
忠南	18	92	2	2		13	1
全北	14	63			14		
全南	18	67			17		
慶北	21	75	17	2		2	
慶南	22	94	12	9			1
濟州	3	13		1			2
計	224	1,039	89	47	52	24	8

◇市道別 투표현황

(내무부 잠정집계)

市道	유권자수	투표자수	투표율(%)
서울	6,603,354	4,574,411	69·3
釜山	2,329,238	1,809,233	77·7
大邱	1,300,079	999,157	76·9
仁川	978,992	686,725	70·1
光州	609,578	475,249	78·0
京畿	3,413,513	2,435,387	71·3
江原	1,041,175	853,822	82·0
忠北	857,153	712,283	83·1
忠南	1,803,621	1,420,829	78·8
全北	1,300,208	1,040,952	80·1
全南	1,575,484	1,265,835	80·3
慶北	1,879,574	1,566,141	83·3
慶南	2,222,547	1,776,397	79·9
濟州	283,689	234,355	82·6
計	26,198,205	19,850,776	75·8

새벽 5시 현재

민정: 호남·부산 외는 고른 분포…89

민주: 부산지역 압도·경남 반분…47

평민: 호남 완전 독점·서울 호조…52

공화: 충남북 등 예상 넘는 성과…24

지역 편재 극심…평민 제1야당으로

민정, 과반수 미달

『한국일보』 1988. 4. 27. 1면

당선 확실

김영삼, 김종필, 심명보, 이한동, 유학성, 김윤환, 이춘구, 박준병, 이기택, 최형우, 김덕룡, 강신옥, 노승환, 허경만, 신순범, 정웅, 조순승, 김용환

낙선예상

최영철, 이대순, 유경현, 장성만, 강경식, 이상재, 이영일, 고귀남, 이철승, 유치송, 이만섭, 오치성, 예춘호, 송원영, 박한상, 양창식

제13대 국회의원을 선출하는 투표가 26일 하오 6시에 끝나 이날 저녁 7시부터 청주시 을구를 시작으로 전국에서 일제히 철야 개표작업을 벌였다.

이날 밤의 개표 중간집계 결과 민정당 후보들이 부산, 충남, 전남·북을 제외한 전국 각지에서 골고루 우세를 보였으며, 민주당은 부산과 경남북 일부에서 압도적인 우세를 보였고, 평민당은 전남북에서 1위를 완전 독점했다. 또 공화당은 충남북에서 압승했다.

그러나 선거구가 가장 많은 서울과 경기 지역에서는 주요 정당후보 간에 백중세를 보였는데, 선거구에 따라서는 무명의 신인들이 앞서고 현역 중진의원이 고전을 면치 못하는 등 이변을 보였다.

이날의 중간개표 결과 민정당은 과반수 의석 미달이 확실하며 평민당이 제1야당으로 부상할 것이 확실시되는데, 공화당이 특히 의외로 선전했다.

이날 새벽 5시 현재 각 정당별로 1위를 기록한 지역을 보면 민정 89, 민주 47, 평민 52, 공화 24개 지역이다.

중간개표과정에서 김영삼·김종필씨는 지역구에서, 김

대중씨는 전국구로 당선이 확실시되고 있으며 민정당에서 심명보·이한동·유학성·정재철·이춘구·박준병 의원과 박준규·김재순·김윤환씨 등이, 민주당에서 이기택·박관용·서석재·문정수·정상구 의원 등 현역 중신과 최형우·김덕룡·강신옥씨 등의 당선이 확실시되고 있다.

평민당에서는 노승환·허경만·신순범·유준상·최낙도·김태욱·신기하·김봉호 의원 등 현역과 정대철·조세형·조윤형·손주항·김원기·김대식·정웅·조순형·조홍규씨 등의 당선이 확정적이다.

공화당에서는 김용환·신오철·김홍만씨 등의 당선이 확실시되고 있으며 무소속의 유한열·이매구씨 등도 당선 안정권에 들어갔다.

또 민정당 후보 가운데 최영철·이대순·유경한·장성만·임방현·전병우·정시채·허청일·곽정출·강경식·양창식·이상재·이영일·고귀남 의원 등 현역 중진의원의 낙선이 확실시되며 이철승·유치송·이만섭·송원영·박한상·오치성·예춘호씨 등 야당의 원로들도 낙선이 확정적이다.

이번 총선 결과 군소정당은 단 1석도 얻지 못해 유권자들의 주요정당 선호를 그대로 반영했다.

이날 새벽 2시 현재 당선이 확정된 후보는 민정당의 김윤환(군위·선산), 김중권(울진), 권달수(송탄·평택시), 평민당의 신기하(광주 동구), 조찬형(남원시·군), 박석무 후보(무안), 공화당의 김종필 후보(부여) 등 7명이다.

이날 투(개)표는 하오 7시부터 시작, 일부 지역에서 부정시비로 다소의 마찰과 소란이 일었으나 대체로 순조롭게 진행됐다.

이번 총선의 투표율은 총유권자 2,619만 8,205명 가운데 1,985만 776명이 투표, 75.8%의 투표율을 보여 지난 2·12총선 때의 84.6%보다 훨씬 낮은 투표율을 기록했는데, 이는 이번 총선이 쟁점이 없는데다 야권분열로 유권자들이 냉담한 반응을 보였기 때문인 것으로 분석된다.

이날 전국에서 가장 먼저 투표를 끝낸 지역은 충북 옥천

군 안남면 제3투표소로 유권자 45명이 11분 만에 단체로 투표를 완료했다.

전국구배분은 민정당이 과반수 의석을 얻지 못할 것이 확실시됨에 따라 75석 가운데 절반인 38석을 차지하고 나머지 37석은 5석 이상을 차지한 정당들끼리 의석 비율에 따라 나누게 되는데 평민·민주·공화당의 순으로 의석을 나눠 갖게 된다.

광주사태 해결 못해 유감

光州사태 解決못해 유감

全대통령 離任회견 어떻게든 풀려 和合이뤄야

單任약속실천 가장 보람

새政府에 과감한改革 당부

◇全斗煥대통령이 20일상오 청와대에서 離任기자회견을 하고있다。

全斗煥대통령은 20일 상오 청와대에서 離任기자회견을갖고 『光州사태는 우리근세사에 있어서 가장불행한 일이었으며 5공화국이 출범한 이후에 최선을다해 불행한 사태를 수습하려고 노력을했지만 아직까지 여기에 대한 만족스러운 해결을 하지못해 대단히 유감스럽게 생각한다』고 밝히고 『아무쪼록 어떻게든지 이문제가 제대로 풀려 온국민이 관용과 사랑을 바탕으로 화합과 단결하는 나라가되기를 진심으로 기대한다』고 말했다。

全대통령은 TV와라디오로 전국에 중계된 이날 회견에서 『單任을 실천하는것은 본인의 정치적인 신앙이었으며 그것은 우리나라 민주정치를 발전시키는 초석이 된다고 확신했다』며 『내가 「약속을 지킨 대통령」이 되었다는데 가장큰 보람을 느낀다』고 말했다。

全대통령은 『정치인이 약속을 지키는것은 정치에대한 국민의 신뢰를 회복하는 가장 중요한 요체가 된다』고 지적하고『이제는 정치지도자가 국민에게한 약속을 스스로의 편의에 따라 저버리는 시대가 흘러가고 모든 정치인이 약속을 반드시 지키게 될 것으로 기대한다』고 말했다。

全대통령은 다음정부에대한 당부로 『그동안의 성취와 좋은 전통은 계속발전시켜 나가되 청산해야할것은 과감히 개혁해나가야할것』 이라고 강조하고 『민주정치의 원리도 결국 개혁을 제도적으로 지속시키자는데 그참뜻이 있는것』이라고 말했다。 ★회견요지3면

全대통령은 『복잡한 상업사회에서 국민들의 다양한 이해와 욕구를 조정해 나가기위해서는 국민의 신뢰를받는 정부가 필요하다』고 지적하고『지역간·계층간의 깊은골을 비롯해 본인의시대가 풀지못한 많은 문제도 이제는 새로운시대와 더불어 훌륭하게 해결되기를 기대한다』고 말했다。

全대통령은 취임이후의 국정운영에 대해 『미흡한점도있지만 총체적으로 나라의 사정이 안정되고 많은성장과 발전이 이룩됐다』고 평가하고『재임중 정치적으로 가장 어려웠던고비는 「4·13선언」이후 일련의 소요사태와 복잡한정치상황이었다』고 술회했다。

全대통령은 『내가 4·13선언을 한것은 일단 5공화국헌법에 따라 평화적 정부이양을 실현시키고 88올림픽을 성공적으로 치르고나서 개헌을하는 것이 소망스럽다는 충정에서 였다』면서 『그런 眞意가 올바르게 국민들에게 이해되지않고 오해를 불러일으킨 결과가 됐지만 결국은 내가 올바로 이해시키지 못한탓』이라고 말했다。

全대통령은 『지금까지 내주변에 대해 이런저런 이야기

전 대통령 이임회견
어떻게든 풀려 화합 이루어야

단임 약속 실천 가장 보람
새 정부에 과감한 개혁 당부

077

광주사태 해결 못해 유감

『한국일보』 1988. 2. 21. 1면

전두환 대통령은 20일 상오 청와대에서 이임기자회견을 갖고 "광주사태는 우리 근세사에 있어서 가장 불행한 일이었으며 5공화국이 출범한 뒤에 최선을 다해 불행한 사태를 수습하려고 노력을 했지만 아직까지 여기에 대한 만족스러운 해결을 하지 못해 대단히 유감스럽게 생각한다"고 밝히고 "아무쪼록 어떻게든지 이 문제가 제대로 풀려 온 국민이 관용과 사랑을 바탕으로 화합과 단결하는 나라가 되기를 진심으로 기대한다"고 말했다.

전 대통령은 TV와 라디오로 전국에 중계된 이날 회견에서 "단임을 실천하는 것은 본인의 정치적인 신앙이었으며 그것은 우리나라 민주정치를 발전시키는 초석이 된다고 확신했다"며 "내가 '약속을 지킨 대통령'이 되었다는 데 가장 큰 보람을 느낀다"고 말했다.

전 대통령은 "정치인이 약속을 지키는 것은 정치에 대한 국민의 신뢰를 회복하는 가장 중요한 요체가 된다"고 지적하고 "이제는 정치지도자가 국민에게 한 약속을 스스로의 편의에 따라 저버리는 시대가 흘러가고 모든 정치인이 약속을 반드시 지키게 될 것으로 기대한다"고 말했다.

전 대통령은 다음 정부에 대한 당부로 "그동안의 성취와 좋은 전통은 계속 발전시켜 나가되 청산해야 할 것은 과감히 개혁해 나가야 할 것"이라고 강조하고 "민주정치의 원리도 결국 개혁을 제도적으로 지속시키자는 데 그 참 뜻이 있는 것"이라고 말했다.

전 대통령은 "복잡한 산업사회에서 국민들의 다양한 이해와 욕구를 조정해 나가기 위해서는 국민의 신뢰를 받는 정부가 필요하다"고 지적하고 "지역 간·계층 간의 깊은

골을 비롯해 본인의 시대가 풀지 못한 많은 문제도 이제는 새로운 시대와 더불어 훌륭하게 해결되기를 기대한다"고 말했다.

전 대통령은 취임 뒤 국정운영에 대해 "미흡한 점도 있지만 총체적으로 나라의 사정이 안정되고 많은 성장과 발전이 이룩됐다"고 평가하고 "재임 중 정치적으로 가장 어려웠던 고비는 '4·13선언' 뒤 일련의 소요사태와 복잡한 정치 상황이었다"고 술회했다.

전 대통령은 "내가 4·13선언을 한 것은 일단 5공화국 헌법에 따라 평화적 정부이양을 실현시키고 88올림픽을 성공적으로 치르고 나서 개헌을 하는 것이 소망스럽다는 충정에서였다"면서 "그런 진의가 올바르게 국민들에게 이해되지 않고 오해를 불러일으킨 결과가 됐지만 결국은 내가 올바로 이해시키지 못한 탓"이라고 말했다.

전 대통령은 "지금까지 내 주변에 대해 이런저런 이야기가 많았고 또 각종 악성 유언비어도 많았다"며 "모두 내가 불민한 소치라고 생각한다"고 밝혔다.

전 대통령은 "안팎에서 밀려오는 변화와 발전의 흐름을 주체적으로 이끌어가려면 감정을 앞세우거나 부정적인 태도로 문제를 보는 것보다 이성적이고 적극적인 자세로 실천하는 것이 중요하다"고 강조하고 "그런 점에서 개방을 두려워할 것이 아니라 개방의 흐름을 활용하는 안목이 중요하다"고 말했다.

전 대통령은 "2000년대 우리의 경제는 세계 10위 안에 드는 경제대국이 될 것"이라고 전망하고 "남북한 관계도 90년대 초반에는 상호교류와 실질 협력이 가능하지고 90년대 중반께에 가면 지금의 동서독 관계 이상으로 진전될 것"이라고 말했다.

전 대통령은 TV와 라디오로 전국에 중계된 이날 회견에서 "단임을 실천하는 것은 본인의 정치적인 신앙이었으며 그것은 우리나라 민주정치를 발전시키는 초석이 된다고 확신했다"며 "내가 '약속을 지킨 대통령'이 되었다는 데 가장 큰 보람을 느낀다"고 말했다.

연희동의 '시민'…홀가분한 첫밤

延禧洞의 "시민"… 홀가분한 첫밤

全 전大統領 私邸에 동네住民들 환영잔치

「修賢이 할아버지 어서오세요」 현수막도

"任期끝 물러난 첫대통령"

沿道 시민도 따뜻한 환송

「7년단임」을 마감하고 따뜻한 박수속에 시민으로 돌아간 全斗煥전대통령은 서울西大門區 延禧洞 사저에서 홀가분한 첫밤을 보냈다. 延禧洞2동 수만의 이웃들은 임기를 마치고 돌아온 「修賢이 할아버지」 내외를 반갑게 맞으며 이웃사촌의 情을 다졌다. 全전대통령내외는 이날 盧泰愚 취임식장에 참석한뒤 청와대에 잠시 들렀다가 상오 11시50분께 延禧洞자택에 도착, 시민으로서의 새 삶을 시작했다.

첫손님으로 베이커·美財務 맞아

◇孫女안고 7년만에… 청와대를 떠나 7년여만에 사저에 돌아온 전두환 전대통령과 이순자여사가 손녀 수현양을 안고 대문을 들어서고 있다.

國民運動등 3개단체 執權규탄 대회 2千여명 격렬示威

전 전 대통령 사저에 동네 주민들 환영잔치

"수현이 할아버지 어서 오세요" 현수막도
"임기 끝 물러난 첫 대통령"
연도 시민도 따뜻한 환송

078

연희동의 '시민'… 홀가분한 첫밤

『한국일보』 1988. 2. 26. 11면

'7년 단임'을 마감하고 따뜻한 박수 속에 시민으로 돌아간 전두환 전 대통령은 서울 서대문구 연희동 사저에서 홀가분한 첫 밤을 보냈다. 연희동 2통 3반의 이웃들은 임기를 마치고 돌아온 '수현이 할아버지' 내외를 반갑게 맞으며 이웃사촌의 정을 다졌다. 전 전 대통령 내외는 이날 여의도 취임식장에 참석한 뒤 청와대에 잠시 들렀다가 상오 11시 50분께 연희동 자택에 도착, 시민으로서의 새 삶을 시작했다.

첫 손님으로 베이커 미 재무 맞아

자택 첫날

전 전 대통령은 가족들과 자택에서 첫 아침을 한 뒤 하오 2시 미정부경축특사로 온 제임스 베이커 재무장관의 방문을 받고 30분 동안 환담했다. 베이커 장관이 릴리 주한미대사와 함께 도착하자 전 전 대통령은 거실에서 반갑게 맞으며 "자연인이 된 뒤 처음 만난 외국 손님이어서 더 반갑다"고 인사했다.

이어 레이건 대통령의 친서를 전달받은 전 전 대통령이 레이건 대통령의 근황을 묻자 베이커 장관은 "각하께서 모범적으로 보여 준 퇴임의 모습을 보고 대단히 시기와 질투를 느끼시고 있을 것"이라고 유머를 섞어 대답했다. 이에 전 전 대통령은 크게 웃으며 "재임기간 동안 레이건 대통령이 한미 양국의 안보·경제협력에 크게 협조해 준 것을 평생 잊지 못할 것"이라고 말했다. 전 전 대통령은 하오 4시에는 다케시타 노보루 일본 수상의 방문을 받고 환담

전 전 대통령 내외는 이날 여의도 취임식장에 참석한 뒤 청와대에 잠시 들렀다가 상오 11시 50분께 연희동 자택에 도착, 시민으로서의 새 삶을 시작했다.

했다.

자택 도착

전 전 대통령 내외는 상오 11시 40분께 연희동 외국인학교 앞 3거리에 도착, 마중 나온 주민 5백여 명의 환영을 받았다.

화동 2명에게서 꽃다발을 받은 전 전 대통령은 "여러분 감사합니다. 돌아왔습니다"라고 인사한 뒤 손녀 수현(3)양을 안은 채 자택을 향하다 주민들이 어린이놀이터에 '이임 잔칫상'을 차려놓았다는 말을 듣고 발걸음을 돌렸다.

홍은2동 노인회 농악대의 흥겨운 가락이 울리는 가운데 주민 김수남씨(66·여)가 막걸리를 권하자 전 전 대통령은 한 컵을 받아 마시고 주민 김영구(76)에게 술을 따라주었다.

주민들이 "그동안 수고 많았습니다. 돌아오신 것을 진심으로 환영합니다"고 말하자 전 전 대통령은 "감사합니다. 앞으로 종종 뵙지요"라며 주민들과 악수를 한 뒤 걸어서 자택으로 향했다.

외국인학교 앞 3거리로부터 자택까지 3백여 미터에 이르는 폭 6미터의 골목길에는 "수현이 할아버지 할머니 어서 오세요", "일 많이 하시느라 많이 늙으셨네요", "7년 만에 돌아오신 우리 대통령" 등의 현수막이 걸려 있었고 인근 주택가에서 주민들이 나와 박수를 치며 환영했다.

대문 앞까지 몰려든 주민들에게 "감사합니다", "찾아뵙겠습니다"고 연신 인사한 뒤 마당으로 들어선 전 전 대통령은 낮 12시 10분께 연희2동 2통장 홍억선씨(43) 부부와 3반장 안보환(48)씨 부부 등 10여 명의 이웃과 10여 분 동안 환담을 나누었다.

전씨 비리「사실 확인」착수

全씨非理「사실확인」착수

大檢, 前現職간부등 29명 먼저 召喚키로

不法압력·誠金流用등 중점조사
관련當局 利權개입 방조여부도

"獨自 혐의파악 철저 公開搜査" 姜中搜부장대리

全敬煥씨와 새마을운동중앙본부 비리에대한 수사에 착수한 대검중앙수사부 (부장직무대리 姜原一대검검사)는21일全씨가 귀국함에 따라 기초조사가 끝나는대로 빠르면 주말께 全씨를 소환조사키로 했다。

검찰은 全씨의 소환에 앞서 새마을운동중앙본부의 각종비리와 관련, 징계또는 문책을 받았던 내무부관계자및 새마을본부 전·현직간부 29명을 소환키로 했다。

★관련기사 2·3·4·10·11면

姜原一대검중앙수사부장 직무대리는 이날 상오 기자회견을 통해 『검찰은 그동안 감사원으로부터 넘겨받은 감사자료와 새마을운동본부 비리에 대한 내무부의 조치사항을 검토한결과 검찰수사가 필요하다고 판단, 본격적인수사에 착수했다』고 밝혔다。

姜부장대리는 『새마을본부에대한 수사과정에서 全敬煥씨가 개인적으로 이권에 개입했거나 공공기관에 압력을 넣는등 불법행위를 저지른 사실이 드러나면 소값파동·새마을성금유용등 全씨의 개인적 비리에 대해서도 수사를 벌이겠다』이라고 밝혔다。

姜부장대리는 또 『이번수사는 감사원의 감사결과에만 한정된 수사를 하는것이아니라 검찰이 독자적으로 혐의사실을 파악, 모든부분에대해 수사를 진행하게될것』이라며 『소환범위와 일자는 수사진전에 따라 결정할것이지만 수사과정은 공명정대하게 진행하고 그결과는 분명하게 밝히겠다』고 말했다。

검찰은 이에따라 내무부 농림수산부 체육부 문교부 서울시 조달청관계자들도 모두 불러 새마을관계비위사실을 알고도 묵살 또는 방조한부분을 수사하고 필요한 사람은 출국정지 조치키로했다。

검찰은 특히 새마을운동중앙본부·永宗島연수원·새마을신문등 全씨가 관계한 각종단체의 회계감사자료를 확보하고 새마을성금갹출시 강제성개입여부와 횡령 의혹을 밝히기위해 성금을낸 기업체의 경리장부도 조사할 방침이다。

검찰은 우선 永宗島연수원 건립과 관련된 비리와 새마을지도자 연수비유용·새마을성금의 행방등 감사원지적 사항부터 수사한뒤 범죄사실이 드러나면 全씨와 본부간부들의 부정축재여부등으로 수사를 확대하고 관련자비리가 확인되면 지위고하를 막론하고 전원 구속하는한편 부당한방법으로 모은 재산은 국고에 환수조치키로했다。

서관장)▲농림수산부기획관리실장 閔圭 (〃양정국장)▲농진청차장 金康楨 (축산시험장장)▲상공부제2차관보 朴銷銀(〃기획관리실장)▲〃기획관리실장 金時衡 (〃무역위상임위원)▲〃무역위상임위원 李世徹 (공진청차장)▲공진청차장 金商默 (상공부기계공업국장)▲특허청차장 朴升煥 (〃항고심판소장)▲〃항고심판소장 金泰俊▲건설부기획관리실장 金炳根 (民正黨전문위원)

◇全敬煥씨가 21일상오 새마을중앙본부간부들에 둘러싸여 본부건물로 들어가고있다。全씨는 기자들의 질문에 입을 다물었으나 담담한 모습이었다。 【張暋文기자】

"당국搜査 언제든 응하겠다"

全씨회견 모든問題 내책임… 物議빚어 죄송

全敬煥 새마을운동중앙본부 전회장은 검찰의 새마을본부 비리에대한 수사가 시작된 21일 기자회견을갖고 『6년여동안 나름대로 열심히 일했으나 그과정에서 물의가 빚어진 것을 잘알고있다』고 말하고 『수사당국이 요구하면 언제든지 출석, 내용을 설명하겠다』고 밝혔다。

全씨는 또 새마을본부와 관련된 문제는 전적으로 자신의 책임이라고 강조하고 『새마을본부에대한 당국의수사가착수됐기 때문에 문제가있다면 당국이밝혀줄것』이라고말했다。

全씨는 이날 상오11시50분께 새마을본부 본관3층 회의실에서가진 기자회견에서 이같이 밝히고 수사과정에서 요청이있으면 자신이알고있는사실을모두털어놓겠다고말했다。

全씨는 일본출국에대해 『물의를 빚어 국민들에게 죄송하게 생각한다』며 『언론의공격을 피하기위한 출국이아니라 오래전부터 계획돼있던 일정에 따른것』이었다고 밝히고 『일본에서 近畿大의 이키가미교수와 마에교수를만나 유통관계세미나를 협의하고 왔다』고 해명했다。

全씨는 또 『일본은 21일까지가 연휴여서 당초 21일저녁에 귀국할 예정이었으나 마음이 편치않아 일정을앞당겨 부산으로 조용히 귀국했다』고 설명했다。

全씨는 『20일하오귀국후 이날 밤은 친척집에서 잤다』고 자신의 행적을 밝히고 『일본여행에서 정신적휴식도 취할 계획이었으나 출국등에 따른 의혹을 풀기위해 일정을 바꿨다』고 말했다。

건강한 모습으로 감색바탕에 옅은 줄무늬양복과 줄무늬가 든 감색넥타이차림을한 全씨는 이날 임시로 마련된 회견장에서 金瑛燦새마을운동중앙본부회장과 崔松大새마을부녀연합회회장을 배석시킨 가운데 약 3분간에걸쳐 마이크없이 차분히 자신의 입장을밝혔으나 기자들의 질문에는 일체 응하지않았다。

이틀만에 日서 歸國

金海공항거쳐 서울로

지난18일 하오 일본으로 출국했던 全敬煥 전 새마을중앙본부회장이 45시간40분만인 20일 하오4시34분 오사카(大阪)발 KAL753편(A300)으로 金海공항에 도착, 입국했다。

全씨는 이날 하오3시 오사카를 떠난 항공기에 사전예약없이 단신 탑승했다。

全씨는 金海공항에 내린뒤 연락을 받고 대기중이던 모기관지역책임자 3명과 공항을 나와 하오5시50분께 승용차편으로 서울로 향했다。

全씨는 京釜고속도로—중부고속도로를 거쳐 하오9시27분 서울上一洞 중부고속도로에 도착했다。

대검, 전현직 간부 등 29명 먼저 소환키로

불법압력·성금유용 등 중점조사
관련 당국 이권개입 방조 여부도 조사
"독자 혐의 파악 철저 공개수사" 강 중수부장 대리

079

전씨 비리 '사실확인' 착수

『한국일보』 1988. 3. 22. 1면

전경환씨와 새마을운동중앙본부 비리에 대한 수사에 착수한 대검중앙수사부(부장직무대리 강원일 대검검사)는 21일 전씨가 귀국함에 따라 기초조사가 끝나는 대로 빠르면 주말께 전씨를 소환조사하기로 했다.

검찰은 전씨를 소환하기 전에 새마을운동중앙본부의 각종 비리와 관련, 징계 또는 문책을 받았던 내무부 관계자와 새마을본부 전·현직간부 29명을 소환하기로 했다.

강원일 대검중앙수사부장 직무대리는 이날 상오 기자회견을 통해 "검찰은 그동안 감사원으로부터 넘겨받은 감사 자료와 새마을운동본부 비리에 대한 내무부의 조치사항을 검토한 결과 검찰수사가 필요하다고 판단, 본격적인 수사에 착수했다"고 밝혔다.

강 부장대리는 "새마을본부에 대한 수사 과정에서 전경환씨가 개인적으로 이권에 개입했거나 공공기관에 압력을 넣는 등 불법행위를 저지른 사실이 드러나면 소값 파동·새마을성금 유용 등 전씨의 개인적 비리에 대해서도 수사를 할 방침"이라고 밝혔다.

강 부장대리는 또 "이번 수사는 감사원의 감사결과에만 한정된 수사를 하는 것이 아니라 검찰이 독자적으로 혐의사실을 파악, 모든 부분에 대해 수사를 진행하게 될 것"이라며 "소환범위와 일자는 수사진전에 따라 결정할 것이지만 수사과정은 공명정대하게 진행하고 그 결과는 분명하게 밝히겠다"고 말했다.

검찰은 이에 따라 내무부, 농림수산부, 체육부, 문교부, 서울시, 조달청 관계자들도 모두 불러 새마을 관계 비위사실을 알고도 묵살 또는 방조한 부분을 수사하고 필요한 사람은 출국정지하기로 했다.

검찰은 특히 새마을운동중앙본부·영종도연수원·새마을신문 등 전씨가 관계한 각종 단체의 회계감사자료를 확보하고 새마을 성금 갹출할 때 강제성 개입 여부와 횡령 의혹을 밝히기 위해 성금을 낸 기업체의 경리장부도 조사할 방침이다.

검찰은 먼저 영종도연수원 건립과 관련된 비리와 새마을지도자 연수비 유용·새마을성금의 행방 등 감사원 지적 사항부터 수사한 뒤 범죄사실이 드러나면 전씨와 본부 간부들의 부정축재 여부 등으로 수사를 확대하고 관련자 비리가 확인되면 지위고하를 막론하고 전원 구속하는 한편 부당한 방법으로 모은 재산은 국고에 환수 조치하기로 했다.

이권 청탁 2억 수재 추가…미흡부분 계속 수사

전경환씨 등 12명 구속 기소

全敬煥씨등 12명 구속起訴

9개罪目 횡령액73억·秘資金86억원

利權청탁 2億收財추가… 미흡부분 계속수사

全敬煥씨와 새마을운동중앙본부의 비리를 수사해온 대검중앙수사부 (부장직무대리 姜原一대검검사) 는 16일 수사착수 27일만에 보강수사를 마치고 全씨등 관련자12명을 특정경제범죄가중처벌법위반 등 혐의로 서울형사지법에 구속기소했다.

★관련기사4·10·11면

검찰은 또 중고선위장도입과 관련, 한성상베지 대표 李民錫씨 (66) 를 무역거래법위반혐의로 불구속기소하고 전새마을운동중앙본부 회장金東顯씨(56), 럭키상역대표 吳民燮씨(50)등 4명을 건축법 배임증재등 혐의로 벌금3백만~1백만원에 약식 기소하는 한편 해외로 도피한 전새마을본부 기획실장金鎭澤씨를 기소중지했다.

검찰은 또 새마을신문사를 조세범처벌법상의 법인처벌규정에 따라 함께 기소했다.

全씨에게는 특정경제범죄가중처벌법(업무상횡령)、특정범죄가중처벌법(알선수재·탈세)、공유수면매립법、도시계획법、건축법、형법상업무상횡령죄、외환관리법、무역거래법등 9가지 죄목이 적용됐다.

검찰은 全敬煥씨의 공금횡령액수가 구속당시보다 8억3천여만원이 많은 73억6천7백만원으로 늘어났고、南裝山건설관사와 관련、(株)漢陽 裵鍾烈회장으로부터 서울시등에 청탁해 달라는 명목으로 2억원을 받은사실이 새로 드러났다고 밝혔다.

검찰은 이날 발표를통해 全씨의 개인비자금은 85년2월~88년2월까지 3년동안 시중은행과 단자회사등의 실·가명구좌31개를 통해 모두 86억6천여만원이 조성됐다고 밝히고 조성내역과 사용처를 공개했다.

검찰은 또 全씨의 해외관련부분은 美國뉴저지주택구입비19만8천달러 (한화 1억4천5백만원)、美國당좌수표 1백10만달러 (한화 8억7천만원) 수령등 두가지뿐이었으며 ▲미주한국방송(KTE) 관련 ▲美國내거액예금 ▲호주부동산부자 ▲아르헨티나금괴및 농장투자등은 수사결과 혐의점을 찾지 못했다고 밝혔다.

검찰은 그러나 大邱 파크호텔신축허가및 대출부분등은관할검찰청으로 넘겨 계속 조사키로 했다.

搜査발표·公訴狀내용 4면에

검찰은 또 공무원 관련부분은 지난번 감사원의 감사결과외에 별다른 비위사실이 없어 별도의 징계통보조치는 하지않았다고 밝혔다.

姜原一중수부장대리는 이날 발표를 통해 『검찰은 수사가 미흡하거나 의혹이 남아있는 부분을 계속 수사, 새마을과 관련된 새로운 범법사실이 드러나면 모두형사처벌할방침』이라고 밝혔다.

全씨등에 대한 첫공판은 국회구성과 함께 사법부의 개편이 이루어진뒤인 6월초에 열릴것으로 예상된다.

◇구속기소된 全敬煥씨

"盧대통령 光州연설 근본적해결책 외면"

平民 반박聲明

平民黨의 [illegible] 선거대책본부 대변인은 16일 盧泰愚대통령의 光州연설과 관련、성명을 내고 『표현상으로는 인식과 태도면에서 진전을 보인것으로 평가되나 내용상으로

9개 죄목

횡령액 73억·비자금 86억 원

전경환씨 등 12명 구속 기소

『한국일보』 1988. 4. 17. 1면

080

전경환씨와 새마을운동중앙본부의 비리를 수사해 온 대검중앙수사부(부장직무대리 강원일 대검검사)는 16일 수사 착수 27일 만에 보강수사를 마치고 전씨 등 관련자 12명을 특정경제범죄가중처벌법위반 등 혐의로 서울형사지법에 구속 기소했다.

검찰은 또 중고선 위장도입과 관련, 한성살베지 대표 이민석씨(66)를 무역거래법 위반혐의로 불구속 기소하고 전 새마을운동중앙본부 회장 김동하씨(56), 럭키산업대표 오민환씨(50) 등 4명을 건축법 배임중재 등 혐의로 벌금 3백만~1백만 원에 약식 기소하는 한편 해외로 도피한 전 새마을본부 기획실장 김진택씨를 기소 중지했다.

검찰은 또 새마을신문사를 조세범처벌법 상의 법인처벌규정에 따라 함께 기소했다.

전씨에게는 특정경제범죄가중처벌법(업무상횡령), 특정범죄가중처벌법(알선수재·탈세), 공유수면매립법, 도시계획법, 건축법, 형법상 업무상 횡령죄, 외환관리법, 무역거래법 등 9가지 죄목이 적용되었다.

검찰은 전경환씨의 공금횡령액수가 구속 당시보다 8억 3천여만 원이 많은 73억 6천7백만 원으로 늘어났고, 우장산 건설공사와 관련, ㈜한양 배종렬 회장으로부터 서울시 등에 청탁해 달라는 명목으로 2억 원을 받은 사실이 새로 드러났다고 밝혔다.

검찰은 이날 발표를 통해 전씨의 개인비자금은 85년 2월~88년 2월까지 3년 동안 시중은행과 단자회사 등의 실·가명구좌 31개를 통해 모두 86억 6천여만 원이 조성됐다고 밝히고 조성내역과 사용처를 공개했다.

검찰은 또 전씨의 해외관련 부분은 미국 뉴저지주택 구입비 19만 8천 달러(한화 1억 4천5백만 원), 미국당좌수표 110만 달러(한화 8억 7천만 원) 수령 등 두 가지뿐이었으며 ▲ 미주한국방송(KTE) 관련 ▲ 미국 내 거액 예금 ▲ 호주부동산 투자 ▲ 아르헨티나 금광 및 농장 투자 등은 수사 결과 혐의점을 찾지 못했다고 밝혔다.

검찰은 그러나 대구 파크호텔 신축허가 및 대출 부분 등은 관할 검찰청으로 넘겨 계속 조사하기로 했다.

전 전 대통령 모든 공직 사퇴

全前대통령 모든公職 사퇴

元老회의 議長·民正명예총재등

"동생團束 잘못한 不德통감"

日海研 名稱변경도 요청

安賢泰사무총장·金炳薰의장비서실장도 辭表

◇全斗煥前대통령이 13일상오 기자회견을 갖고 일체의 공직에서 사퇴할것임을 밝히고있다.

국가원로자문회의의장인 全斗煥前대통령은 13일 동생 全敬煥씨의 새마을 비리사건에 책임을 느끼고 국가원로자문회의의장직과 民正黨명예총재직등 모든 공직에서 사퇴한다고 밝혔다. ★관련기사3·7면

全前대통령은 또 자신의 아호를 딴 日海연구소의 명칭을 바꾸도록 요청했다고 밝혔다.

全前대통령은 이날상오 서울延禧洞자택에서 기자회견을 갖고 實弟인 全敬煥 전새마을운동중앙본부회장의 구속과관련 『동생이 여러가지 물의스러운일을 저질러 국민에게 심려를 끼쳐드린데대해 송구스러움을 금치못하며 동생에 대한 단속과 감독을 잘못한것은 전적으로 나의 불민과 부덕의 소치임을 통감한다』며 『이러한 상황에서 공직을 수행할수 없다고 판단, 국가원로자문회의 의장職과 民正黨명예총재職을 사퇴키로 결심했다』고 말했다.

全前대통령은 『새정부가 이제 막 자리를 잡고 일을 시작하려는 시기에 불미스러운 일로 사회에 큰 물의를 일으켜 盧泰愚대통령을 위시한 모든 공직자들에게 죄송함과 책임감을 절실히 느끼고있다』고 거듭 밝히고 『지난 70년초반 새마을운동이 시작된 이래 지역개발과 소득증대를 위해 밤낮을 가리지 않고 헌신적으로 노력해온 새마을 지도자들의 사기저하와 명예손상을 마음아프게 생각한다』고 말했다.

全前대통령은 『동생 문제는 법에의해 공정하게 처리돼 죄질에따라 엄격한 법의 심판이 있을것으로 기대하며 이것이야말로 국민의 의혹을 풀어줄수 있는 길이라고 말하고『죄가 있으면 지위고하를 막론하고 벌을 받는것이 법의 평등정신에 알맞는 것』이라고 강조했다.

全前대통령은 日海연구소문제에도 언급, 『그동안 日海연구소가 마치 정치적기구로 오해되는 점이 없지않았으나 그러한 오해가 확실히 해소됐으면 좋겠다』면서『그러한 오해는 내가 설립했고 명칭도 나의 아호인 日海를 따서 붙인것 때문인것으로 알고있으며 연구소의 명칭을 바꾸어 달라고 요청했다』고 말했다.

全前대통령은『日海 연구소는 나와관련없이 학자들에의해 운영되고있고 많은 학자들이 참여할수있도록 문호도 개방돼있다』고 설명하고『연구소는 개인연구소가 될수 없으며 日海연구소가 국가적차원에서 많은 유능한 인사들이참여하고 세계인과 교류하는 연구소로 발전하기를 기대한다』고 말했다.

全前대통령은 民正黨명예총재직 사퇴와관련,『당원자격은 그대로 갖겠다』고말했다.

한편 국가원로자문회의 安賢泰사무총장과 金炳薰비서실장도 이날 사표를 제출했다.

그런데 현행헌법90조1항은 「국가원로자문회의를 둘수있다」고 임의기구로 자문회의의 성격을 규정하고있다. 따라서 「국가원로자문회의를 두지않으면그만」이라는것이 한 정부관계자의 견해다.

헌법90조2항및 자문회의법2조2항의「국가원로자문회의의장은 직전대통령이 된다. 다만 직전대통령이 없을때는 대통령이 지명한다」는 규정과, 자문회의법4조2항「의장이 사고로인해직무를 수행할수 없을때는 의장이지명하는 위원이 의장의직무를 대행한다」는 규정중 하나를택해 이문제를 처리할수밖에 없다는 것이 정부관계자들의 설명이다.

그러나 「직전대통령이 없을때」나 「사고로 인해 직무를 수행할수 없을때」는 有故또는 외국에 나가있을때를 상정한 것이어서 이번같은 의장의 사퇴경우에 원용하기에는 입법취지상 무리가 있지만 정부관계자들은 의장의 사퇴도 광의의 有故에 포함될수 있을것이라는 견해를 밝히고 있다.

원로회의 의장·민정 명예총재 등

"동생 단속 잘못한 부덕 통감"
일해연 명칭 변경도 요청
안현태 사무총장·김병훈 의장비서실장도 사표

전 전 대통령 모든 공직 사퇴

『한국일보』 1988. 4. 14. 1면

국가원로자문회의 의장인 전두환 전 대통령은 13일 동생 전경환씨의 새마을 비리사건에 책임을 느끼고 국가원로자문회의 의장직과 민정당 명예총재직 등 모든 공직에서 사퇴한다고 밝혔다.

전 전 대통령은 또 자신의 아호를 딴 일해연구소의 명칭을 바꾸도록 요청했다고 밝혔다.

전 전 대통령은 이날 상오 서울 연희동 자택에서 기자회견을 갖고 동생인 전경환 전 새마을운동중앙본부회장의 구속과 관련, "동생이 여러 가지 불미스러운 일을 저질러 국민에게 심려를 끼쳐드린 데 대해 송구스러움을 금치 못하며 동생에 대한 단속과 감독을 잘못한 것은 전적으로 나의 불민과 부덕의 소치임을 통감한다"며 "이러한 상황에서 공직을 수행할 수 없다고 판단, 국가원로자문회의 의장직과 민정당 명예총재직에서 물러나기로 결심했다"고 말했다.

전 전 대통령은 "새 정부가 이제 막 자리를 잡고 일을 시작하려는 시기에 불미스러운 일로 사회에 큰 물의를 일으켜 노태우 대통령을 위시한 모든 공직자들에게 죄송함과 책임감을 절실히 느끼고 있다"고 거듭 밝히고 "지난 70년 초반 새마을운동이 시작된 이래 지역개발과 소득증대를 위해 밤낮을 가리지 않고 헌신적으로 노력해 온 새마을 지도자들의 사기저하와 명예손상을 마음 아프게 생각한다"고 말했다.

전 전 대통령은 "동생 문제는 법에 따라 공정하게 처리되어 죄질에 따라 엄격한 법의 심판이 있을 것으로 기대하며 이것이야말로 국민의 의혹을 풀어줄 수 있는 길"이라고 말하고 "죄가 있으면 지위고하를 막론하고 벌을 받는 것이 법의 평등 정신에 알맞은 것"이라고 강조했다.

전 전 대통령은 일해연구소 문제에도 언급, "그동안 일해연구소가 마치 정치적 기구로 오해되는 점이 없지 않았지만 그러한 오해가 확실히 풀렸으면 좋겠다"면서 "그러한 오해는 내가 불렀고 명칭도 나의 아호인 일해를 따서 붙인 것 때문인 것으로 알고 있으며 연구소의 명칭을 바꿔달라고 요청했다"고 말했다.

전 전 대통령은 "일해 연구소는 나의 관여 없이 학자들이 운영하고 있고 많은 학자들이 참여할 수 있도록 문호도 개방되어 있다"고 설명하고 "연구소는 개인연구소가 될 수 없으며 일해연구소가 국가적 차원에서 많은 유능한 인사들이 참여하고 세계인과 교류하는 연구소로 발전하길 바란다"고 말했다.

전 전 대통령은 민정당 명예총재직 사퇴와 관련, "당원 자격은 그대로 갖겠다"고 말했다. 한편 국가원로자문회의 안현태 사무총장과 김병훈 비서실장도 이날 사표를 냈다.

국가원로자문회의 의장인
전두환 전 대통령은 13일
동생 전경환씨의 새마을
비리사건에 책임을 느끼고
국가원로자문회의 의장직과
민정당 명예총재직 등 모든
공직에서 사퇴한다고 밝혔다.

새세대육영회서 '변명특강'…심정 밝혀

새세대육영회서 '변명특강'…심정밝혀

전두환 전 대통령의 부인 이순자씨는 새세대육영회의 연례 교육석상에서 이 단체의 회장직에서 결코 물러나지 않을 뜻을 비침으로써 뒤늦게 말썽이 되고 있다.

이순자씨는 지난 8월8일부터 10일까지 있은 제3회 새세대육영회(유아교원) 회원 교육 중 예정에 없던 '특강'을 자청, 최근 자신에 대해서 일고 있는 온갖 비리 의혹이 "악의적인 편파·왜곡보도"로서 "사실 무근한 일"이라고 주장했다는 것이다.

1백30여 명이 참석한 이날(8월8일 오후 4시~5시10분) 특강에서 이씨가 말한 내용은 교육 목적과는 관련이 없는, 자신의 변명과 강변이 전체 시간의 3분의 2를 차지했다고 한 회원은 즉 이씨는 남편인 전두환씨의 요즘 근황을 얘기하면서 "대통령께서는…"이라고 스스럼없이 전씨가 현직 대통령인 것처럼 두 번씩이나 언급하곤 했다는 것이다. 그러면서 이씨는 최근의 자신의 심경에 언급, "괴롭고 우울한 나날의 연속으로 밤마다 불면에 시달리고 있다"고 말하고 "새벽 2시만 되면 울화병에 소리를 지르고 싶도록 괴로움을 당하고 있다"고 신경질적인 어투로 말하더라는 것.

특히 1백30여 명이 넘는 수강생들이 한결같이 놀란 것은 "이럴 줄 알았으면 대통령직에서 물러나지 않았을 것"이란 말을 두번씩이나 되풀이했다는 점. 이씨는 "대통령직에서 물러나 15일밖에 안 된 시점에서 여론재다.

이순자씨는 현재의 처지를 괴로운 표정으로 변명하면서 중간중간 과거의 영화에서 아직도 벗어나지 못하고 있음을 보여줘 참석회원들이 입방아를 찧기도. 즉 이씨는 "대통령 부인으로서 나는 일부러 떠벌리지 않고 조용히 일해 왔는데 지금 생각해 보니 오히려 후회스럽다"고 말해 국민들이 자신의 업적(?)을 과소평가하고 있는 듯한 데 대해 커다란 실망과 함께 후회스런 표정을 짓더라고.

이씨는 "미국의 레이건 대통령의 영부인 낸시 여사가 우리나라를 방문해 심장질환 어린이를 단지 두 명 고쳐줬음에도 전 언론이 떠들썩했는데, 나는 그 같은 일을 계속해 오면서도 '왼손이 하는 일을 오른손이 모르게 하라'는 말씀대로 했더니 국민들이 자신의 업적을 몰라 준

연희동 이순자씨 "분하고 원통하다"

의혹·불명예 회복 때까지 회장직 안 물러나

'사람 좋아서 뒤집어쓴 죄'…전경환씨 변호도

연희동 이순자씨 "분하고 원통하다"

의혹·불명예 회복때까지 회장직 안 물러나
'사람좋아서 뒤집어쓴 죄'…전경환씨 변호도

털어놨다.

특히 이씨는 한 회원의 "회장직을 언제까지 수행할 것인가?"라는 질문을 받고 "나에 대한 의혹을 씻고 불명예를 회복하기까지는 결코 물러나지 않겠다"고 답변함으로써 국민여론에 정면으로 도전하는 자세를 보였다는 것. 이순자씨는 최근의 신문보도에 대해 큰 반감을 보였으며, 강의(?) 내용도 시종일관 신문과 잡지를 비판하는 내용으로 채워졌다는 것이다.

이씨의 이날 특강은 다른 일반 교수들의 강의 자세와는 전혀 달랐다고 한다. 교수들은 강단에 서서 한 반면, 이씨는 소파에 앉아서 과거의 영부인 시절과 하나도 다름 없는 자세를 보였다는 게 수강자들의 한결같은 얘기다. 머리모양과 함께 옷차림 역시 상아색 투피스차림에다 하얀 구두를 신어 예전과 별로 다름이 없었다는 것. "영부인 시절과 다름 없었다"는 참석자들의 평은 이씨의 외양보다도 이씨가 강의시간 내내 틀먹인 남편의 호칭에서 보다 두드러졌다고 한 회원은 전했다.

판에 몰리기 시작했다" "신문·잡지 내용은 모두가 허위"라는 식으로 자신의 결백을 주장하는 가운데 이같이 말했다고 한다.

"빽이 없고 반박할 힘이 없어 여론에 몰리고 있다"고 이씨는 여인네 특유의 하소연조로 자신이 처한 현재의 심정을 토로하더라고.

이씨는 자신의 처지와는 달리 "대통령께서는 그동안 청와대에서 못 주무시던 잠을 잘도 주무시더라"고 말하는 가운데 "대통령 되실 분은 따로 있더라" "그 분은 그릇이 다른 분"이라고 전두환씨를 호칭해 수강생들에게 '아직 꿈에서 덜 깨어난 것이 분명하다'는 인식을 심어주기에 충분한 언행으로 일관했다.

한 질문자가 "시동생인 전경환씨에 대해 형수로서 어떻게 생각하느냐?"라는 질문에 대해 이씨는 "우리 삼촌(전경환씨를 지칭)이 인정도 많고 사람이 너무 좋다 보니 돈을 쓸 줄 몰라서 그렇게 됐다"면서 "돈을 이리저리 옮겨 쓰는 방법을 잘 몰라서 횡령죄를 뒤집어쓴 것"이라고 형수로서 시동생을 변호했다"고 불만을 토로했다는 것.

자신의 '주거턱'을 회화화하고 있는 언론에 대해서도 언급. "돈방석을 깔고 앉아 있는 내 모습의 그림을 그렸는데, 내 턱이 좀 나왔기로서니 그렇게 과장해서 그릴 수가 있느냐" "부산 하얏트 호텔, 스위스 그랜드 호텔이 내 것이라는 소문도 많던데 그곳 헬스클럽 회원권 하나도 없는 처지다"면서 자신이 결코 '욕심많은 여인'이 아님을 강조 하더라고.

이날 특강은 예정에도 없이 갑작스레 이뤄진 것으로 알려졌는데, 이에 대해 새세대육영회 부설 연수원 직원인 윤재동(40)씨는 "회장이 회원들에게 특강 형식을 빌어 회장 입장을 밝히는 것은 이번이 처음은 아니다"면서 이순자씨의 '변명특강'이 결코 갑작스레 이뤄진 것이 아님을 애써 강조했다.

윤씨는 이번 이순자 회장의 발언 내용들이 애초에 설정된 "소꿉[illegible]목 영역에서의 자유놀이 운영[illegible] "어느모로 보나 무관한 것이 아니냐"는 기자의 질문에, "상황이 상황인지라, 회장님이 처한 입장에 대해 회원들의 질문을 받다 보니 그렇게 된 것 같다"고 당시의 분위기를 간접적으로 피력.

한마디로 말해 전두환 전 대통령의 영부인이었던 이순자씨가 이날 특강을 통해 밝힌 현재의 심경 토로는 우리에게 '제5공화국의 비리 청산'이라는 민주화과제와 관련, 많은 시사를 준다고 보겠다. 〈윤재걸 기자〉

연희동 이순자씨 "분하고 원통하다"

『한겨레신문』 1988. 8. 23. 7면

전두환 전 대통령의 부인 이순자씨는 새세대육영회의 연례 교육석상에서 이 단체의 회장직에서 결코 물러나지 않을 뜻을 비침으로써 뒤늦게 말썽이 되고 있다.

이순자씨는 지난 8월 8일부터 10일까지 있은 제3회 새세대육영회(유아교원) 회원교육 중 예정에 없던 '특강'을 자청, 최근 자신에 대해서 일고 있는 온갖 비리 의혹이 "악의적인 편파·왜곡보도"로서 "사실 무근한 일"이라고 주장했다는 것이다.

130여 명이 참석한 이날(8월 8일 오후 4시~5시 10분) 특강에서 이씨가 말한 내용은 교육 목적과는 관련이 없는, 자신의 변명과 강변이 전체 시간의 3분의 2를 차지했다고 한 회원은 털어놨다.

특히 이씨는 한 회원의 "회장직을 언제까지 맡을 것인가?"라는 질문을 받고 "나에 대한 의혹을 씻고 불명예를 되찾을 때까지는 결코 물러나지 않겠다"고 답변함으로써 국민여론에 정면으로 도전하는 자세를 보였다는 것. 이순자씨는 최근의 신문보도에 대해 큰 반감을 보였으며, 강의(?) 내용도 시종일관 신문과 잡지를 비판하는 내용으로 채워졌다는 것이다.

이씨의 이날 특강은 다른 일반 교수들의 강의 자세와는 전혀 달랐다고 한다. 교수들은 강단에 서서 한 반면, 이씨는 소파에 앉아서 지난날 영부인 시절과 하나도 다름없는 자세를 보였다는 게 수강자들의 한결같은 얘기다. 머리 모양과 함께 옷차림도 상아색 투피스차림에다 하얀 구두를 신어 예전과 별로 다르지 않았다는 것. "영부인 시절과 다르지 않았다"는 참석자들의 평은 이씨의 외양보다도 이씨가 강의시간 내내 들먹인 남편의 호칭에서 더 두드러졌다고 한 회원은 전했다.

즉 이씨는 남편인 전두환씨의 요즘 근황을 얘기하면서 "대통령께서는…"이라고 스스럼없이 전씨가 현직 대통령인 것처럼 두 번씩이나 언급하곤 했다는 것이다. 그러면서 이씨는 최근의 자신의 심경을 언급, "괴롭고 우울한 나날의 연속으로 밤마다 불면에 시달리고 있다"고 말하고 "새벽 2시만 되면 울화병에 소리를 지르고 싶도록 괴로움을 당하고 있다"고 신경질적인 어투로 말하더라는 것.

특히 130여 명이 넘는 수강생들이 하나같이 놀란 것은 "이럴 줄 알았으면 대통령직에서 물러나지 않았을 것"이란 말을 두 번씩이나 되풀이했다는 점. 이씨는 "대통령직에서 물러나 15일밖에 안 된 시점에서 여론재판에 몰리기 시작했다", "신문·잡지 내용은 모두가 허위"라는 식으로 자신의 결백을 주장하는 가운데 이같이 말했다고 한다.

"빽이 없고 반박할 힘이 없어 여론에 몰리고 있다"고 이씨는 하소연조로 자신이 처한 현재의 심정을 토로하더라고.

이씨는 자신의 처지와는 달리 "대통령께서는 그동안 청와대에서 못 주무시던 잠을 잘도 주무시더라"고 말하는 가운데 "대통령 되실 분은 따로 있더라", "그분은 그릇이 다른 분"이라고 전두환씨를 호칭해 수강생들에게 '아직 꿈에서 덜 깨어난 것이 분명하다'는 인식을 심어주기에 충분한 언행으로 일관했다.

한 질문자가 "시동생인 전경환씨에 대해 형수로서 어떻게 생각하느냐?"라는 질문에 대해 이씨는 "우리 삼촌(전경환씨를 지칭)이 인정도 많고 사람이 너무 좋다 보니 돈을 쓸 줄 몰라서 그렇게 됐다"면서 "돈을 이리저리 옮겨 쓰는 방법을 잘 몰라서 횡령죄를 뒤집어쓴 것"이라고 형수로서 시동생을 변호했다.

이순자씨는 현재의 처지를 괴로운 표정으로 변명하면서 중간 중간 지난날의 영화에서 아직도 벗어나지 못하고 있음을 보여 줘 참석회원들이 입방아를 찧기도. 즉 이씨는 "대통령 부인으로서 나는 일부러 떠벌리지 않고 조용히 일해 왔는데, 지금 생각해 보니 오히려 후회스럽다"고 말해 국민들이 자신의 업적(?)을 과소평가하고 있는 듯한 데 대해 커다란 실망과 함께 후회스러운 표정을 짓더라고.

이씨는 "미국의 레이건 대통령의 영부인 낸시 여사가 우리나라를 방문해 심장질환 어린이를 단지 두 명 고쳐줬음에도 전 언론이 떠들썩했는데, 나는 그 같은 일을 계속해 오면서도 '왼손이 하는 일을 오른손이 모르게 하라'는 말씀대로 했더니 국민들이 자신의 업적을 몰라 준다"고 불만을 토로했다는 것.

자신의 '주걱턱'을 희화화하고 있는 언론에 대해서도 언급, "돈방석을 깔고 앉아 있는 내모습의 그림을 그렸는데, 내 턱이 좀 나왔기로서니 그렇게 과장해서 그릴 수가 있느냐", "부산 하얏트호텔, 스위스그랜드호텔이 내 것이라는 소문도 많던데 그곳 헬스클럽 회원권 하나도 없는 처지다"면서 자신이 결코 '욕심 많은 여인'이 아님을 강조하더라고.

이날 특강은 예정에도 없이 갑작스레 이뤄진 것으로 알려졌는데, 이에 대해 새세대육영회 부설 연수원 직원인 윤재동씨(40)는 "회장이 회원들에게 특강형식을 빌려 회장 입장을 밝히는 것은 이번이 처음은 아니다"면서 이순자씨의 '변명특강'이 결코 갑작스레 이뤄진 것이 아님을 애써 강조했다.

윤씨는 이번 이순자회장의 발언 내용들이 애초에 설정된 "소꿉 · 적목 영역에서의 자유놀이 운영"과 "어느 모로 보나 무관한 것이 아니냐"는 기자의 질문에, "상황이 상황인지라, 회장님이 처한 입장에 대해 회원들의 질문을 받다 보니 그렇게 된 것 같다"고 당시의 분위기를 간접적으로 피력.

한마디로 말해 전두환 전 대통령의 영부인이었던 이순자씨가 이날 특강을 통해 밝힌 현재의 심경 토로는 우리에게 '제5공화국의 비리 청산'이라는 민주화과제와 관련, 많은 시사를 준다고 하겠다.

토요일에 만난 사람
"7년간 모자 쓰고 기름장사 했어요"

"7년간 모자쓰고 기름장사 했어요"

토요일에 만난사람

전두환씨 닮아 수난받은 연기자 박용식씨

"그 양반이 국보위 상임위원장이던 시절이지요, 아마. 결정적으로 뒤통수를 맞았읍니다. 방송사 고위층이 어느날 '생김새나 필링이 닮아도 너무 닮았으니 앞으로 방송 출연 어렵게 됐다'며 '그리 알라'는 거예요. '올게 왔구나'하는 생각이 들었읍니다. 그때, 얼마나 서슬이 퍼랬었읍니까?"

10·26 직후, 계엄사 합동수사본부장으로 당시 보안사령관이던 전두환씨가 처음으로 텔리비전에 얼굴을 보일 때부터 "어떻게 그렇게 꼭 빼다박을 수 있느냐"며 주위에서 야단들이었던 터였다.

단순히 특정인과 닮았다는 이유 하나로 7년 넘게 고통과 시련의 세월을 살아야 했던 사람. 상식으론 차마 상상조차 하기 힘든 '5공화국적 권위주의'의 기막힌 상징, 텔리비전 연기자 박용식(43)씨.

"닮았다는 얘기가 나오기 시작할 때부터 어쩐지 조짐이 안좋고 상황이 막 조여오더군요. 광주사태서 봤듯이 수단·목적을 가리지 않고 사람도 막 죽였던 판이었잖아요? 죽을지도 모른다 싶었읍니다. 먹곤 살아야겠다는 생각에 전직을 결심했읍니다."

이 '결심'에는 모진 고통이 뒤따랐다. 두 가지 이유에서였다.

67년 3월 스물두 살에 동양방송(TBC) 4기생으로 연기자의 길에 들어선 후 '결심'때까지 15년 가까이 연기생활을 했다. '연기에의 집념' 하나로 버텨온 짧지 않은 세월과의 결별이 무엇보다 '가슴이 찢어지게' 아팠다.

"30대 중반에서 40대 초 사이가 연기자에겐 생명입니다. 이때 맞은 뒤통수는 연기자로선 사실 치명적인 것입니다." 이것이 둘째 이유이다.

"화해술 한잔하세" 한마디면 될텐데 5공드라마서 '그 양반'역 하고파

"톱탤런트라도 몇 달 안 나오면 금방 잊혀지는 것이 바보상자의 생리"라며 자기와 계기는 다르지만, 그런 뜻에서 박규채씨의 아픔을 누구보다 잘 알 것 같다고 덧붙인다.

-7년 동안 뭘 했읍니까?

=도봉구 방학동에서 방앗간 기름집을 했읍니다. 연기자 수입으론 살기 어려워(결혼 이듬해인 29살부터) 시작한 일이니 사실 '전업'이랄 건 없지요. 직접 오토바이 뒤에 기름을 싣고 거래처에 배달하기도 하면서 열심히 한 보람으로 이젠 사업이 꽤 커졌읍니다. 사람도 여럿 쓰고.

-그렇다면 그 기간 동안엔 전혀 출연 안한 겁니까?

=정확하게 10개월 동안은 안했어요. 그러다 안되겠다 싶어 당시 방송사 사장을 찾아가 30분 넘게 읍소했읍니다.

"내 연기에 대한 집념은 신앙에 가깝다. 대머리만 바꾸면 되는 것 아니냐. 가발은 얼마든지 준비하겠으니 한번만 기회를 달라"고 호소했읍니다.

그래서 그는 '아주 가끔씩' 역사물에 조연으로 출연하는 기회를 갖기도 했다. 물론 그때까지 제일 많이 해 왔던 스님 역은 할 수 없었다. 예의 그 '대머리' 때문에.

"7년 세월 동안 제 머리 위엔 모자가 떠난 적이 없었어요. 그래서 정장은 거의 못해 봤읍니다. '정장'에 '모자', 그거 안 어울리거든요."

스스로 '맘씨 좋은 이웃 박서방' '훈훈한 아버지' 역이 제일 마음에 든다는 그에겐 '서민적 소탈함'이 촉촉이 배어 있었다.

-5공화국을 다루는 현대사 드라마가 있다면 '그 양반' 역을 하겠읍니까.

=물론입니다. 긍정·부정, 어떤 측면으로 다뤄지든 혼신의 힘으로 해내고 싶어요. 연기자로선 당연한 욕구이지요.

그는 전두환씨가 퇴임한 직후인 3월 중순께부터 '그리던' 화면에 모습을 보이기 시작했고 현재는 〈TV손자병법〉과 〈토지〉에 출연하고 있다.

"누가 암만 욕해도 자길 닮은 사람에겐 이상스레 친근감이 가지않아요? 철부지같은 생각이지만 그래서 한번 봤으면 해요. 매스컴에 더러 오르내려 알긴 알텐데. '나 때문에 이런 일도 있었나? 자, 용서하고 소주나 한잔하세' 아, 이러면 뭐 잘못되나요. 그러고 보면 참 멋없는 사람이에요." 〈김영철 기자〉

전두환씨 닮아 수난 받은
연기자 박용식씨

"화해술 한잔 하세" 한마디면 될 텐데
5공드라마서 '그 양반' 역 하고파

083

“7년간 모자 쓰고 기름장사 했어요”

『한겨레신문』 1988. 9. 17. 12면

“그 양반이 국보위 상임위원장이던 시절이지요, 아마. 결정적으로 뒤통수를 맞았습니다. 방송사 고위층이 어느 날 ‘생김새나 필링이 닮아도 너무 닮았으니 앞으로 방송 출연 어렵게 됐다’며 ‘그리 알라’는 거예요. ‘올 게 왔구나’ 하는 생각이 들었습니다. 그때, 얼마나 서슬이 퍼랬었습니까?”

10·26 직후, 계엄사 합동수사본부장으로 그때 보안사령관이던 전두환씨가 처음으로 텔레비전에 얼굴을 보일 때부터 “어떻게 그렇게 꼭 빼다 박을 수 있느냐”며 주위에서 야단들이었던 터였다.

단순히 특정인과 닮았다는 이유 하나로 7년 넘게 고통과 시련의 세월을 살아야 했던 사람. 상식으론 차마 상상조차 하기 힘든 ‘5공화국적 권위주의’의 기막힌 상징, 텔레비전 연기자 박용식씨(43).

“닮았다는 얘기가 나오기 시작할 때부터 어쩐지 조짐이 안 좋고 상황이 막 조여오더군요. 광주사태서 봤듯이 수단·목적을 가리지 않고 사람도 막 죽였던 판이었잖아요? 죽을지도 모른다 싶었습니다. 먹곤 살아야겠다는 생각에 전직을 결심했습니다.”

이 ‘결심’에는 모진 고통이 뒤따랐다. 두 가지 이유에서였다.

67년 3월 스물두 살에 동양방송(TBC) 4기생으로 연기자의 길에 들어선 뒤 ‘결심’ 때까지 15년 가까이 연기생활을 했다. ‘연기에의 집념’ 하나로 버텨온 짧지 않은 세월과의 결별이 무엇보다 ‘가슴이 찢어지게’ 아팠다.

“30대 중반에서 40대 초 사이가 연기자에겐 생명입니다. 이때 맞은 뒤통수는 연기자로선 사실 치명적인 것입니다." 이것이 둘째 이유이다.

"톱 탤런트라도 몇 달 안 나오면 금방 잊혀지는 것이 바보상자의 생리"라며 자기와 계기는 다르지만, 그런 뜻에서 박규채씨의 아픔을 누구보다 잘 알 것 같다고 덧붙인다.

— 7년 동안 뭘 했습니까?

═ 도봉구 방학동에서 방앗간 기름집을 했습니다. 연기자 수입으론 살기 어려워(결혼 이듬해인 29살부터) 시작한 일이니 사실 '전업'이랄 건 없지요. 직접 오토바이 뒤에 기름을 싣고 거래처에 배달하기도 하면서 열심히 한 보람으로 이젠 사업이 꽤 커졌습니다. 사람도 여럿 쓰고.

—그렇다면 그 기간 동안엔 전혀 출연 안한 겁니까?

═ 정확하게 10개월 동안은 안했어요. 그러다 안 되겠다 싶어 당시 방송사 사장을 찾아가 30분 넘게 읍소했습니다.

"내 연기에 대한 집념은 신앙에 가깝다. 대머리만 바꾸면 되는 것 아니냐. 가발은 얼마든지 준비하겠으니 한 번만 기회를 달라"고 호소했습니다.

그래서 그는 '아주 가끔씩' 역사물에 조연으로 출연하는 기회를 갖기도 했다. 물론 그때까지 제일 많이 해 왔던 스님 역은 할 수 없었다. 예의 그 '대머리' 때문에.

"7년 세월 동안 제 머리 위엔 모자가 떠난 적이 없었어요. 그래서 정장은 거의 못해 봤습니다. '정장'에 '모자', 그거 안 어울리거든요."

"화해술 한잔 하세" 한마디면 될 텐데
5공드라마서 '그 양반' 역 하고파

스스로 '맘씨 좋은 이웃 박서방', '훈훈한 아버지' 역이 가장 마음에 든다는 그에겐 '서민적 소탈함'이 촉촉이 배어 있었다.

— 5공화국을 다루는 현대사 드라마가 있다면 '그 양반' 역을 하겠습니까?

— 물론입니다. 긍정·부정, 어떤 측면으로 다뤄지든 혼신의 힘으로 해내고 싶어요. 연기자로선 당연한 욕구이지요.

그는 전두환씨가 퇴임한 직후인 3월 중순께부터 '그리던' 화면에 모습을 보이기 시작했고 현재는 「TV손자병법」과 「토지」에 출연하고 있다.

"누가 암만 욕해도 자길 닮은 사람에겐 이상스레 친근감이 가지 않아요? 철부지 같은 생각이지만 그래서 한 번 봤으면 해요. 매스컴에 더러 오르내려 알긴 알 텐데. '나 때문에 이런 일도 있었나? 자, 용서하고 소주나 한잔 하세' 아, 이러면 뭐 잘못되나요. 그러고 보면 참 멋없는 사람이에요."

이창석씨 오늘 구속

검찰 철야 조사
공금 9억 횡령 밝혀

비행선·전동차 의혹 '단서' 못 찾아

李昌錫씨 오늘 구속

검찰 徹夜조사 公金 9億횡령 밝혀

비행선·電動車의혹「단서」못찾아

두손모은채 굳은표정 기자질문에 沈默일관

◇단정한 차림의 李昌錫씨
14일밤 단정한 차림으로 검찰에 자진출두하는 李昌錫씨. 【金建秀기자】

단정한 차림의 이창석씨
14일 밤 단정한 차림으로 경찰에
자진출두하는 이창석씨

084

이창석씨 오늘 구속

『한국일보』 1988. 11. 15. 15면

전두환 전 대통령 친·인척비리를 수사하고 있는 검찰은 14일 전 전 대통령의 처남 이창석씨(37)가 ㈜동일의 공금 9억 원을 횡령한 사실을 밝혀내고 이씨를 14일 하오 소환, 밤샘 조사한 끝에 15일 특정경제범죄가중처벌법 위반(업무상 횡령) 혐의로 구속하기로 했다.

또 검찰은 13일 전 전 대통령의 손아래 동서 홍순두씨(47)를 구속수감했다.

그러나 검찰은 국정감사에서 드러난 마두라 유전개발의혹, 서울 시내 교통신호기 납품의혹, 88비행선 도입가격의혹 등은 아직 형사처벌의 단서나 대상을 찾지 못했다고 밝혔다.

이창석씨 수사

서울지검 특수2부(최경원 부장검사)는 13일 이창석씨의 4촌 동생인 창원총업 전대표 이웅석씨(35·이규광씨 아들)와 ㈜동일 전 부사장 지영학씨, 동일 관계 경리담당, 납품업자 등 10여 명을 조사한 데 이어 14일 하오 이씨를 소환, 조사한 끝에 이씨가 지난 85년 6월부터 86년 12월까지 접대비·인건비 등 경비를 늘려 세금계산서를 조작, 회사공금 9억여 원을 빼돌린 사실을 확인했다.

검찰은 이씨가 측근인 회사간부 명의로 9억 원을 입금한 실명구좌 2개를 찾아내 경리장부와 거래처의 세금계산서를 대조, 횡령사실을 밝혀냈다.

검찰은 또 이씨가 ㈜동일의 주거래 선인 포항제철에서 시가보다 훨씬 싸게 사들인 철광 등외품을 거래업체에 비싸게 팔아 폭리를 취하면서 사들인 가격보다 높게 장부를 조작, 차액을 횡령해 온 사실도 밝혀냈다.

검찰은 이날 밤샘 신문에서 주식회사 동일 공금의 횡령

전두환 전 대통령
친·인척비리를 수사하고 있는
검찰은 14일 전 전 대통령의
처남 이창석씨(37)가 (주)동일의
공금 9억 원을 횡령한 사실을
밝혀내고 이씨를 14일 하오
소환, 밤샘 조사한 끝에 15일
특정경제범죄가중처벌법
위반(업무상 횡령) 혐의로
구속하기로 했다.

여부와 회사의 출자금, 토지매매 임대금 등의 출처 및 유용여부를 집중 추궁했다.

이씨는 비교적 공손한 태도로 신문에 응했으며 검찰의 횡령 사실 추궁에 대체로 시인한 것으로 알려졌다.

검찰은 국세청 세무사찰에서 밝혀진 55억 상당의 이씨 재산 중 출처불명의 25억 원이 공금횡령이나 이권청탁의 대가로 받은 돈이 아닌가 보고 자금 조성 경위와 출처를 수사하고 있다.

검찰은 이 밖에 이씨가 아버지 이규동씨(77)로부터 받은 경기 화성군 오산읍 임야 26만 평에 대한 증여세 등 각종 세금의 포탈여부도 수사하고 있다.

검찰관계자는 "지금까지 수사결과 이씨 비밀장부는 찾아내지 못했으나 은행구좌와 세금계산서 등을 비교해 일부 횡령 사실을 확인했다"고 밝혔다.

전씨 사과…백담사 암자 은둔

정치자금 139억…전 재산 헌납
"5공 과오 모두 내 책임…용서를 빕니다."

전씨 사과…백담사 암자 은둔

『한국일보』 1988. 11. 24. 1면

전두환 전 대통령은 23일 자신의 재임 중 일어났던 정책적 과오와 친인척비리 등을 시인, 사과하고 재산 일체를 국고에 헌납한 뒤 부인 이순자씨와 함께 서울을 떠나 은둔생활에 들어갔다.

전 전 대통령은 이날 상오 연희동 사저 응접실에서 TV로 전국에 생중계되는 가운데 「국민 여러분께 드리는 말씀」을 읽은 뒤 승용차 편으로 연희동을 떠났다.

전 전 대통령은 이날 "물러난 대통령이 퇴임하자마자 비운의 주인공으로 국민적 비판의 표적이 되고 만 것은 자업자득이라고 하겠으며 국민 여러분의 어떠한 비난과 추궁도 모면할 길이 없어 속죄하는 뜻에서 재산 모두를 밝혀 국가 관리에 맡기고 연희동을 떠나겠다"고 말했다.

전 전 대통령은 "제 가족의 재산은 연희동 집 한 채(대지 358평, 건평 116.9평)와 두 아들이 결혼해 살고 있는 바깥채(대지 94평, 건평 78평), 서초동의 땅 2백 평, 그 밖에 용평에 콘도(34평) 하나와 골프회원권 2건 등이며 금융자산은 재산등록제도가 처음 실시된 83년 총무처에 등록한 19억 원과 그 증식이자를 포함해 모두 23억 원"이라고 밝히고 "이 모두를 정부가 국민의 뜻에 따라 처리해 주기 바란다"고 말했다.

특히 전 전 대통령은 정치자금과 관련, 퇴임 뒤 국가원로자문회의 의장으로서 쓰려고 여당총재로서 사용하다가 남은 돈 139억 원까지 모두 국가가 관리해 주도록 내놓는다고 말했다.

전 전 대통령은 "국외에는 결코 한 평의 땅, 한 푼의 돈도 갖고 있지 않으며 만일 해외재산도피나 국내은닉재산이 밝혀지면 어떠한 책임도 감수하겠다"고 밝히고 "국민 여러분이 가라고 하는 곳이면 조국을 떠나는 것이 아닌 한 속죄하는 마음으로 어느 곳에라도 가겠다"고 말했다.

전 전 대통령은 ▲ 삼청교육대 사건 ▲ 공직자 및 언론인 해직 문제 ▲ 인권침해 사례 등에 대해 "피해당사자 한 분 한 분에게 진심으로 사과를 드리며 이들에 대한 적절한 보상이 이뤄지기를 바란다"고 말했다.

전 전 대통령은 광주사태에 대해 "그 비극적인 결과에 큰 책임을 느끼고 있다"고 말하고 "그 상처를 치유하지 못했던 점을 후회하며 피해자와 유가족의 아픔과 한이 풀어질 수 있다면 어떤 일이라도 마다하지 않겠다"고 말했다.

전 전 대통령은 일해재단에 대해 "시설을 호화롭게 꾸미고 기금의 관리·운영에 잘못이 빚어진 점은 저의 불찰과 감독소홀의 탓임을 자책한다"고 말하고 새세대 육영회 및 심장재단에 대해서도 "대통령 부인이 직접 맡아서 한다는 사실이 기업인들에게 무언의 압력이 됐으리라는 점을 미처 생각지 못했던 것은 큰 잘못이었다"고 말했다.

전 전 대통령은 이날 "물러난 대통령이 퇴임하자마자 비운의 주인공으로 국민적 비판의 표적이 되고 만 것은 자업자득이라고 하겠으며 국민 여러분의 어떠한 비난과 추궁도 모면할 길이 없어 속죄하는 뜻에서 재산 모두를 밝혀 국가 관리에 맡기고 연희동을 떠나겠다"고 말했다.

"'광주'는 사전 조작 발포 등 전씨 책임"

당시 보안대 상사 주장

"「光州」는 事前조작 發砲등 全씨 책임"

당시 保安隊上士주장

5·18光州사태당시 보안사 光州지구 505보안부대상사였던 許壯煥씨(41)는 6일 光州사태 사전조작및발포책임자는 全斗煥前대통령이라고주장했다。許씨는 이날상오 平民黨당무지도합동회의에 나와『80년5월21일 全보안사령관이 光州K57비행장에 도착、상무대 전투병과 교육사령부에서 사태진행과정에대한 브리핑을받은후 헬機를 타고 光州일원을 살펴보고 상경한후 전교사기밀실에서 505보안부대장李재우대령、戰敎司사령관 尹興禎중장、공수특전사령관 鄭鎬溶소장등 계엄관계관회의가열렸다』고 말하고『이회의 석상에서 특전사령관 鄭鎬溶소장을 비롯한 예하 3개공수여단장들이 무기사용여부로 회의를 질질끌것이 아니라 軍이자위력을 행사하는것은 당연한 것 아니냐는 결정이 있었다』고 주장했다。

許씨는『이날 회의가 끝난뒤 505대공과장 徐의남중령은 戰敎司회의에서 자위력구사를결정했으니 폭도들에게 곧 사살명령이내려질것이라며 모든문제는 全사령관이책임진다고 말한바있다』고주장했다。

許씨는 결론적으로『5·18만행은 5월16일 보안대대공과장회의에서 이미 그사건전모가 李鶴捧대령에 의해 지시돼 공수부대의 무자비한 살육진압작전이 시작됐으며 5월19일부터 鄭鎬溶소장이 수시로 서울과 光州를 내왕하며 작전상황을 지휘、보고했으며 全사령관이 직접 光州를 다녀가는등 일련의 과정을 감안하면 全사령관이 光州사태사전조작및 발포책임자라는것은명백한사실』이라고 주장했다。

"'광주'는 사전 조작 발포 등 전씨 책임"

『한국일보』 1988. 12. 7. 1면

5·18 광주사태 때 보안사 광주 지구 505 보안부대 상사였던 허장환씨(41)는 6일 광주사태 사전조작 및 발포책임자는 전두환 전직 대통령이라고 주장했다. 허씨는 이날 상오 평민당 당무지도 합동회의에 나와 "80년 5월 21일 전 보안사령관이 광주 K57 비행장에 도착, 상무대 전투병과 교육사령부에서 사태진행과정에 대한 브리핑을 받은 뒤 헬기를 타고 광주 일원을 살펴보고 상경한 뒤 전교사기밀실에서 505보안부대장 이재우 대령, 전교사사령관 윤흥정 중장, 공수특전사령관 정호용 소장 등 계엄관계관 회의가 열렸다"고 말하고 "이 회의에서 특전사령관 정호용 소장을 비롯한 예하 3개 공수여단장들이 무기사용 여부로 회의를 질질 끌 것이 아니라 군이 자위력을 행사하는 것은 당연한 것 아니냐는 결정이 있었다"고 주장했다.

허씨는 "이날 회의가 끝난 뒤 505대공과장 서의남 중령은 전교사회의에서 자위력 구사를 결정했으니 폭도들에게 곧 사살명령이 내려질 것이라며 모든 문제는 전 사령관이 책임진다고 말한 바 있다"고 주장했다.

허씨는 결론적으로 "5·18 만행은 5월 16일 보안대대공과장회의에서 이미 그 사건 전모가 이학봉 대령의 지시로 공수부대의 무자비한 살육 진압작전이 시작되었으며 5월 19일부터 정호용 소장이 수시로 서울과 광주를 오가며 작전상황을 지휘, 보고했으며 전 사령관이 직접 광주를 다녀가는 등 일련의 과정을 감안하면 전 사령관이 광주사태 사전조작 및 발포 책임자라는 것은 명백한 사실"이라고 주장했다.

장세동씨 오늘 중 구속

張世東씨 오늘중 拘束

檢察 日海부지조성 직권남용 혐의

◇5共비리 수사와관련, 26일 검찰에 소환된 張世東 전안기부장(左), 李源祚 전은행감독원장(中), 安賢泰 전 대통령경호실장(右).

李源祚·安賢泰씨 徹夜조사

5共非理수사 來週初 전모 발표

내달中旬 領袖회담

特委마무리등 政局현안 打開

平民·民主총재 제의…與도 긍정

中間평가案 내달마련

5共청산 연계 信任투표로

蘇 고르바초프 年間訪日 안해

검찰 일해부지조성 직권남용 혐의

이원조·안현태씨 철야조사

5공 비리 수사 내주 초 전모 발표

087

장세동씨 오늘 중 구속

『한국일보』 1989. 1. 26. 1면

검찰 5공 비리 특별수사본부(본부장 박종철 대검중수부장)는 25일 장세동·안현태 전 청와대 경호실장과 이원조 전 은행감독원장 등 5공 핵심 인물들을 소환하여 이들의 직권남용혐의 등을 밤샘 조사했다.

검찰은 그동안 방증수사를 통해 일해재단 부지조성과 관련해서 직권을 남용한 혐의가 드러난 장세동씨를 대통령 경호실 법상의 직권남용혐의로 26일 중 구속영장을 청구하기로 했다.

그러나 검찰은 대한선주 강제인수와 관련해서 피고소인 자격으로 소환된 이원조씨와 일해재단 기금관리 및 운영과 관련해 참고인으로 소환된 안현태씨는 밤샘 조사 과정에서 구체적 범죄 사실을 밝혀내지 못할 때 26일 중으로 귀가시킬 것으로 알려졌다.

검찰은 장씨에 대한 밤샘 조사에서 일해재단기금 조성 경위와 서울 연희동 전 전직 대통령 사저 신·개축 과정에서 직권남용 여부를 추궁하고 일해재단 부지를 확보하려고 경기 성남시의 공원용 녹지를 해제하도록 성남시장 등 관계 공무원들에게 부당한 압력을 넣는 등 직권을 남용한 혐의에 대해 집중 신문했다.

검찰은 또 장씨가 경호실장 재직 중 또 다른 직권을 남용한 사실이 있는지 여부와 개인비리 혐의에 대해서도 조사하고 있다.

장씨는 검찰에서 "일해재단 부지 확보를 위해 성남시장에게 부지 마련을 요청한 것은 사실"이라고 압력행사 사실은 시인했지만 "이는 대통령의 안전을 책임지는 경호실장으로서의 정당한 직권 행사"라고 범죄 사실을 부인한 것으로 알려졌다.

그러나 검찰은 장씨의 압력행사 사실 자체가 '대통령 경호실 직원은 직권을 남용해서는 안 된다'고 규정된 경호실법을 위반했다고 보고 있다.

검찰은 또 이원조씨를 상대로 대한선주 정리 과정에서 직권남용 여부와 석유개발기금의 유용 여부를 조사했다.

검찰은 대한선주를 해체하고 한진해운이 인수하는 과정에 참여했던 은행감독원과 외환은행 관계자들과의 대질신문을 통해 이씨에 대한 직권남용 혐의를 집중 추궁했지만 당시 재무부 장관 정인용씨가 대한선주 해체 과정에 깊숙이 개입했다는 사실을 밝혀냈을 뿐 이씨의 개입혐의를 찾아내지 못한 것으로 알려졌다.

한편 이씨는 석유개발기금 유용과 관련하여 4조 원에 이르는 석유개발기금의 사용처와 운영실태 등에 대해서도 조사를 받고 있다.

검찰은 이들에 대한 수사가 끝나는 대로 다음 주 초 5공수사결과 전모를 발표할 예정이다.

오늘 전·최씨 동행명령장 집행

오늘 全·崔씨 同行命令狀 집행

光州청문회 續開

"不參" 밝혀… 百潭寺찾아 전달

秋夕도 3일連休

U대회 개최 검토

브라질측 요청따라

수석대표 宋漢虎차관

南北고위 예비회담

광주청문회 속개
'불참' 밝혀 …
백담사 찾아 전달

080

오늘 전·최씨 동행명령장 집행

『한국일보』 1989. 1. 26. 1면

국회광주특위는 26·27일 이틀간 광주청문회를 속개, 최규하·전두환 두 전직 대통령과 광주민주화운동 때의 피해자와 현장지휘관 등 16명을 출석시켜 증언을 듣는다.

그러나 최·전 두 전직 대통령은 특위불참의사를 분명히 하고 있어 문동환 광주특위위원장은 26일 상오 두 사람에 대해 동행명령장을 집행할 예정이다.

문 위원장은 25일 상오 4당 간사회의를 열고 동행명령장 발부가 불가피하다는 사실을 알린 뒤 이날 하오 동행명령장 발부를 위한 결재서류에 서명했다.

이 동행명령장은 광주 특위 소속의 국회사무처 직원 2명을 통해 최 전직 대통령의 서교동 자택과 전 전직 대통령이 은둔하고 있는 강원도 백담사에 전달되었다. 그러나 두 전직 대통령은 동행명령에 응하지 않을 것이 확실시된다.

최·전 전직 대통령은 이미 문 위원장 앞으로 서신을 보내 "청문회에 출석할 수 없으며 동행명령에도 응할 수 없다"는 입장을 분명히 밝혔다.

국회에서의 증언과 감정에 대한 법률에는 "동행명령장을 해당 증인에게 제시함으로써 한다"고 명시되어 있어 증인이 동행명령에 불응할 때 현장 구인 등은 할 수 없으나 국회모욕의 죄로 고발하도록 규정되어 있다.

그러나 광주특위는 두 전직 대통령을 곧바로 형사고발할 때 두 사람의 국회출석이 국회차원을 떠나 사법적 문제가 되어 버릴 것이라는 점을 감안하여 고발을 유보해 가면서 국회출석의 실현을 위한 정치적 절충을 계속해 나갈 것으로 보인다.

이번 광주청문회의 초점은 전남도청 앞 발포상황과 광

주 주남마을의 양민학살 여부에 모아질 것으로 보인다.

평민당 등 야당은 피해자 측의 증언을 통해 광주민주화운동의 전개과정에서 일어난 참상을 알리고 이를 곧바로 관련자들의 책임문제와 연계시킨다는 방침을 세워 놓고 있다.

이에 대해 민정당은 현장을 지휘했던 공수부대대대장 등 당시 군 지휘관 4명의 증언을 통해 과잉진압이 불가피했다는 점을 부각시킨 뒤 야당의 주장이 일방적이라는 점을 강조할 것으로 보인다.

동행명령 발부 전·최씨 또 거부

『한국일보』 1989. 2. 23. 1면

동행명령 발부 전·최씨 또 거부

同行명령 발부
全·崔씨또거부

【百潭寺=李榮星기자】全斗煥·崔圭夏 두전직대통령은 지난 1월에 이어 22일에도 국회光州특위로부터 청문회에 출석、증언하라는 동행명령장을 전달받았으나 이를 거부했다。

光州특위는 金永善특위입법심의관을 이날 西橋洞의 崔전대통령 자택과 百潭寺의 全전대통령에게 보내 文東煥위원장 명의의 동행명령장을 각각 전달했다。

전두환·최규하 두 전직 대통령은 지난 1월에 이어 22일에도 국회광주특위로부터 청문회에 출석해서 증언하라는 동행명령장을 전달받았으나 이를 거부했다.

광주특위는 김영선 특위입법심의관을 이날 서교동의 최 전 대통령 자택과 백담사의 전 전 대통령에게 보내 문동환 위원장 명의의 동행명령장을 각각 전달했다.

국회광주특위는 26·27일 이틀간 광주청문회를 속개, 최규하·전두환 두 전직 대통령과 광주민주화운동 때의 피해자와 현장지휘관 등 16명을 출석시켜 증언을 듣는다.

百潭寺에 醫師왕진 건강 진단
全씨、佛教귀의 목적 入山한듯

백담사에 의사 왕진 건강 진단
전씨, 불교 귀의 목적 입산한 듯

【百潭寺】百潭寺에 은거중인 全斗煥씨 부부는 3일에도 평소처럼 새벽4시 예불을 하고 산책을 하며 지냈다。

全씨부부는 백팔번뇌참회식에따라 스님들이 千手經을 독송하는동안 계속 절을 한것으로 전해졌는데 당초 기도를위해 입산한 것으로 밝혀졌다。

金度吼 百潭寺주지는 이날 『全씨가 百潭寺에 오기 이틀전 기도를 할수있겠느냐고 문의해와 徐義玄총무원장의 동의를 얻어 체류를 허용했다』고 말해 全씨의 입산목적이 은거뿐아니라 불교에 귀의 기도하려는 것이었음이 밝혀졌다。

百潭寺에는 이날 50대남자 의사가 왕진가방을 들고 들어가 全씨부부의 건강에 이상이 있는게 아닌가 관심을 모았으나 경호원들은 『그저 건강진단을 하기 위해 의사가 온것』이라고 말했다。

한편 국립공원 雪嶽山 관리사무소는 지난11월 1일부터 오는 15일까지 산불방지를 위해 설정했던 雪嶽山 입산통제를 15일이후 풀겠다고 밝혔다。【聯合】

089

백담사에 의사 왕진 건강 진단 전씨, 불교 귀의 목적 입산한 듯

『한국일보』 1988. 12. 4. 11면

백담사에 은거 중인 전두환씨 부부는 3일에도 평소처럼 새벽 4시 예불을 하고 산책을 하며 지냈다.

전씨 부부는 백팔번뇌 참회식에 따라 스님들이 『천수경』을 독송하는 동안 계속 절을 한 것으로 전해졌는데 당초 기도를 위해 입산한 것으로 밝혀졌다.

김도후 백담사 주지는 이날 "전씨가 백담사에 오기 이틀 전 기도를 할 수 있겠느냐고 문의해 와 서의현 총무원장의 동의를 얻어 체류를 허용했다"고 말해 전씨의 입산목적이 은거뿐 아니라 불교에 귀의 기도하려는 것이었음이 밝혀졌다.

백담사에는 이날 50대 남자 의사가 왕진가방을 들고 들어가 전씨 부부의 건강에 이상이 있는 게 아닌가 관심을 모았으나 경호원들은 "그저 건강진단을 하기 위해 의사가 온 것"이라고 말했다.

한편 국립공원 설악산 관리사무소는 지난 11월 1일부터 오는 15일까지 산불방지를 위해 설정했던 설악산 입산통제를 15일 이후 풀겠다고 밝혔다.

“확 나서볼 생각 치밀기도”

“확 나서볼 생각 치밀기도”

김정회기자 백담사 현장 취재

“용천사 신도 1백50여명이 백담사 주차장에 8일 낮 12시에 집결할 것”이란 제보를 받고 서울을 떠난 시각이 8일 새벽 5시30분.

백담사 입구에는 경비가 허술할 것이란 제보와는 달리 정류장에 내리자마자 무전기를 들고 두툼한 파카를 걸친 경호원들이 삼엄한 분위기를 자아내고 있었다.

4백여m를 걸어 올라간 매표소 앞에서도 경호원 네댓명이 동시에 뛰어나와 카메라 셔터를 눌러댔다. 백담사의 원매표소는 그보다 훨씬 위쪽인데 경호를 이유로 현위치로 내려 초소를 다시 세웠다고 한다.

신도틈에 슬그머니 끼여

제보대로 다행히 ‘용천사’에서 온 관광대절버스가 인원 점검을 위해 주차장에 서 있었다. 빗속에 서 있는 신도들 틈에 슬그머니 끼어들어 조마조마하게 대기하다가 절에서 운행하는 셔틀버스 4대에 나눠 타 가파르고 굽이진 계곡을 올라갔다. 맑은 계곡물이 넘쳐 흐르는 길목엔 10여곳의 임시초소가 설치되어 있었고 전경들이 곳곳에 지키고 있었다.

백담사는 병풍을 두른 듯한 산속 오목한 분지에 자리잡고 있다. 일주문 앞에는 실개울 위에 널빤지로 다리를 놓았고 2개 소대 병력이 경비초소를 짓고 마지막 검문을 하고 있었다.

일행이 모두 여성이고 주부 중심이었으나 젊은 사람들은 신원확인 과정을 거쳐야 했다. 카메라·녹음기 등은 모두 입구에 놓고 가야 했으며, 경내에서도 “기자냐, 르포라이터냐”라는 식의 신분확인을 여러차례 당했다.

이날 기자가 도착하기 직전 원주지역 전대협 학생들이 몰려와 시위를 벌이다 전원 연행된 사건이 있었기 때문에 경비는 한층 엄중한 듯했다.

분통·억울·배신감 가시지않아 이순자씨 고개 끄덕이며 동조

실개천 널빤지를 타고 건너 일주문을 통과한 일행은 때마침 전씨 부부가 예불중이라 극락보전으로 인도됐다가 곧바로 두사람과 마주 대하게 됐다.

전두환씨는 회색 두루마기차림에 왼손엔 단주를 들고 절에서 주지 스님이 설법할 때 앉는 자리에 보료를 높이 깔고 앉아서 일행과 얘기를 나눴다. 전씨가 일방적으로 얘기하고 일행은 듣기만 하는 편이었다. 짙은 회색 한복차림의 이순자씨는 바로 옆에 앉아 이따금 웃거나 고개를 끄덕이며 전씨의 ‘심경 토로’에 동참하고 있었다.

이날 주제는 ‘업장소멸(業障消滅)’이었다. 하루 평균 1천여명의 신도들이 찾아올 때마다 똑같은 얘기를 수없이 반복하기 때문인지 밖에서 이미 들었던 이야기와 토씨 하나 틀리지 않게 되풀이되면서 법당을 메운 신도들의 ‘감탄’을 자아냈다. 특유의 다변에 꽤 어려운 불교용어도 많이 사용했다.

“인과법에 의하면 모든 잘못을 남에게만 미루는 태도는 옳지 않습니다. 그 업(業)은 결국 자신에게 돌아옵니다. 이곳에 처음 왔을 땐 분하고 원통해서 잠이 안와 수면제를 먹기까지 했지만 기도를 열심히 하고 마음을 비우고 나니 화병도 낫고 몸도 건강해졌지요. 백일기도 20일째엔 멸치 꽁댕이 하나도 못 먹어 온갖 번뇌가 들끓었어요. 70일째 되니까 마음이 맑아졌지만 백일기도 한다고 분함이 사라지진 않았습니다. 대통령도 해보았으니 이곳에서 부처가 될까 합니다. 이것도 ‘탐·진·치’라 합디다.”

그러나 “지금도 재임 땐 가장 충성을 맹세했다가 내게서 멀어져간 사람들에 대한 배신감 때문에 이곳을 나가 확 나서볼 생각도 있다”는 대목에 이르면 “그가 아직도 변한 게 없구나” 싶어 조금은 안쓰럽게 느껴지던 감정이 싹 사라지기도 했다.

“냉수먹고 속차리라 조언”

전씨는 “이쪽에서 이말 하던 사람이 저쪽에서 금방 다른 얘기를 하는 경우도 많다”고 서운함을 표시하다가도 “그러나 이쪽장이 서면 여기서 물건 사고 저쪽에 장이 서면 그쪽 장을 보는 것이 세상인심이려니 하고 지낸다”고 덧붙이기도 했다.

이같은 전씨의 ‘설법’에 등촌동에 산다는 한 40대 주부는 “전씨가 과연 ‘인과응보’를 외칠 자격이 있는 건지, 뭐가 그렇게 분한 건지 모르겠다”고 말했다. 화곡동에서 온 한 주부도 법당을 나온 뒤 “그가 아직도 대통령인 듯한 착각 속에 빠져 있는 것 같다”며 “용서를 받아야 할 처지에서 용서를 해주겠다니 우스운 일”이라고 꼬집기도 했다.

전씨는 재산과 관련된 비리부분에 대해 특히 ‘억울함’을 강조했다. “이 양반(이순자씨를 부를 때면 늘 그렇게 불렀다)이 2백만원짜리 비누를 쓰고, 치마에 금을 주렁주렁 달았다니 이런 모함이 어디 있겠습니까. 참고 살자니 울화가 치밀지만 이 양반이 냉수 먹고 속 차리라고 해서 용서하지요.”

불자출입 계속 허용 바라

전씨 부부는 예불 뒤 거처인 ‘만해당’으로 돌아갔다. ‘만해당’은 극락보전 왼쪽편에 세워진 요사채로 두평 남짓한 방 세개가 있는데 이들은 맨 끝방에 기거한다.

지난해와 달라진 게 있다면 ‘만해당’쪽 마루에 문을 해달고 비닐방풍막을 쳐서 밖에서 들여다 볼 수 없게 했다는 점과 수세식 화장실 한채가 신축되어 있었으며, 가스온수기를 단 목욕탕과 테라스처럼 간이탁자로 꾸민 후원 등을 볼 수 있었다는 점이다. 최근에는 6천5백만원을 들여 용대리 매표소에서 백담사까지 전기가설공사를 진행중이라고 한다.

백담사는 해마다 11월15일부터 다음해 3월까지 입산금지로 돼 있는데 최근 전씨가 자신에게 오는 신도들에게는 계속 출입이 허용됐으면 하는 뜻을 전해와 그렇게 될 것으로 알고 있다는 한 여권 인사의 말을 서울에 돌아온 뒤 들을 수 있었다.

김정회 기자 백담사 현장 취재

060

"확 나서볼 생각 치밀기도"

『한겨레신문』 1989. 11. 12. 3면

"용천사 신도 1백50여 명이 백담사 주차장에 8일 낮 12시에 집결할 것"이란 제보를 받고 서울을 떠난 시각이 8일 새벽 5시 30분.

백담사 입구에는 경비가 허술할 것이란 제보와는 달리 정류장에 내리자마자 무전기를 들고 두툼한 파카를 걸친 경호원들이 삼엄한 분위기를 자아내고 있었다.

4백여 미터를 걸어 올라간 매표소 앞에서도 경호원 네댓 명이 한꺼번에 튀어나와 카메라 셔터를 눌러 댔다. 백담사의 원매표소는 그보다 훨씬 위쪽인데 경호를 이유로 현위치로 내려 초소를 다시 세웠다고 한다.

신도 틈에 슬그머니 끼어

제보대로 다행히 '용천사'에서 온 관광대절버스가 인원 점검을 위해 주차장에 서 있었다. 빗속에 서 있는 신도들 틈에 슬그머니 끼어들어 조마조마하게 대기하다가 절에서 운행하는 셔틀버스 4대에 나눠 타 가파르고 굽이진 계곡을 올라갔다. 맑은 계곡물이 넘쳐흐르는 길목엔 10여 곳의 임시초소가 설치되어 있었고 전경들이 곳곳에 지키고 있었다.

백담사는 병풍을 두른 듯한 산속 오목한 분지에 자리 잡고 있다. 일주문 앞에는 실개울 위에 널빤지로 다리를 놓았고 2개 소대 병력이 경비초소를 짓고 마지막 검문을 하고 있었다.

일행이 모두 여성이고 주부 중심이었으나 젊은 사람들은 신원확인 과정을 거쳐야 했다. 카메라·녹음기 등은 모두 입구에 놓고 가야 했으며, 경내에서도 "기자냐, 르포라이터냐"라는 식의 신분확인을 여러 차례 당했다.

이날 기자가 도착하기 직전 원주지역 전대협 학생들이 몰려와 시위를 벌이다 전원 연행된 사건이 있었기 때문에 경비는 한층 엄중한 듯했다.

실개천 널빤지를 타고 건너 일주문을 통과한 일행은 때마침 전씨 부부가 예불 중이라 극락보전으로 인도되었다가 곧바로 두 사람과 마주 대하게 되었다.

전두환씨는 회색 두루마기차림에 왼손엔 단주를 들고 절에서 주지 스님이 설법할 때 앉는 자리에 보료를 높이 깔고 앉아서 일행과 얘기를 나눴다. 전씨가 일방적으로 얘기하고 일행은 듣기만 하는 편이었다. 짙은 회색 한복차림의 이순자씨는 바로 옆에 앉아 이따금 웃거나 고개를 끄덕이며 전씨의 '심경토로'에 동참하고 있었다.

분통 · 억울 · 배신감 가시지 않아
이순자씨 고개 끄덕이며 동조

이날 주제는 '업장소멸'이었다. 하루 평균 1천여 명의 신도들이 찾아올 때마다 똑같은 얘기를 수없이 반복하기 때문인지 밖에서 이미 들었던 이야기와 토씨 하나 다르지 않게 되풀이되면서 법당을 메운 신도들의 '감탄'을 자아냈다. 특유의 다변에 꽤 어려운 불교용어도 많이 썼다.

"인과법에 따르면 모든 잘못을 남에게만 미루는 태도는 옳지 않습니다. 그 업은 결국 자신에게 돌아옵니다. 이곳에 처음 왔을 땐 분하고 원통해서 잠이 안 와 수면제를 먹기까지 했지만, 기도를 열심히 하고 마음을 비우고 나니 화병도 낫고 몸도 건강해졌지요. 백일기도 20일째엔 멸치 꽁댕이 하나도 못 먹어 온갖 번뇌가 들끓었어요. 70일째 되니까 마음이 맑아졌지만 백일기도한다고 분함이 사라지진 않았습니다. 대통령도 해 보았으니 이곳에서 부처가 될까 합니다. 이것도 '탐 · 진 · 치'라 합디다."

그러나 "지금도 재임 땐 가장 충성을 맹세했다가 내게서 멀어져 간 사람들에 대한 배신감 때문에 이곳을 나가 확 나서볼 생각도 있다"는 대목에 이르면 "그가 아직도 변한 게 없구나" 싶어 조금은 안쓰럽게 느껴지던 감정이 싹 사라지기도 했다.

"냉수 먹고 속 차리라 조언"

전씨는 "이쪽에서 이 말 하던 사람이 저쪽에서 금방 다른 얘기를 하는 경우도 많다"고 서운함을 표시하다가도 "그러나 이쪽 장이 서면 여기서 물건 사고 저쪽에 장이 서면 그쪽 장을 보는 것이 세상인심이려니 하고 지낸다"고 덧붙이기도 했다.

이 같은 전씨의 '설법'에 등촌동에 산다는 한 40대 주부는 "전씨가 과연 '인과응보'를 외칠 자격이 있는 건지, 뭐가 그렇게 분한 건지 모르겠다"고 말했다. 화곡동에서 온 한 주부도 법당을 나온 뒤 "그가 아직도 대통령인 듯한 착각 속에 빠져 있는 것 같다"며 "용서를 받아야 할 처지에서 용서를 해 주겠다니 우스운 일"이라고 꼬집기도 했다.

전씨는 재산과 관련된 비리부분에 대해 특히 '억울함'을 강조했다. "이 양반(이순자씨를 부를때면 늘 그렇게 불렀다)이 2백만 원짜리 비누를 쓰고, 치마에 금을 주렁주렁 달았다니 이런 모함이 어디 있겠습니까. 참고 살자니 울화가 치밀지만 이 양반이 냉수 먹고 속 차리라고 해서 용서하지요."

불자출입 계속 허용 바라

전씨 부부는 예불 뒤 거처인 '만해당'으로 돌아갔다. '만해당'은 극락보전 왼쪽 편에 세워진 요사채로 두 평 남짓한 방 세 개가 있는데 이들은 맨 끝 방에 기거한다.

지난해와 달라진 게 있다면 '만해당' 쪽 마루에 문을 해달고 비닐방풍막을 쳐서 밖에서 들여다볼 수 없게 했다는 점과 수세식 화장실 한 채가 신축되어 있었으며, 가스온수기를 단 목욕탕과 테라스처럼 간이탁자로 꾸민 후원 등을 볼 수 있었다는 점이다. 최근에는 6천5백만 원을 들여 용대리 매표소에서 백담사까지 전기가설공사를 하고 있다고 한다.

백담사는 해마다 11월 15일부터 다음 해 3월까지 입산금지로 돼 있는데 최근 전씨가 자신에게 오는 신도들에게는 계속 출입이 허용되었으면 하는 뜻을 전해 와 그렇게 될 것으로 알고 있다는 한 여권 인사의 말을 서울에 돌아온 뒤 들을 수 있었다.

전두환씨 오늘 증언

새벽 백담사 출발
125개항 서면 질의 답변

여권, '증언 후 외유' 신중히 검토
4당 1명씩 20분 구두 보충질의·일괄 답변
상오 10시 개회…양 TV 1시간 차 녹화중계

전두환씨 오늘 증언

『한국일보』 1989. 12. 31.1면

전두환 전 대통령이 31일 상오 국회청문회에 나와 광주문제와 5공비리에 대해 증언한다.

국회는 이날 상오 10시 5공·광주 양 특위 연석회의를 열어 5공비리와 광주민주화운동진상규명을 위한 청문회를 연다. 전씨는 청문회에 출석, 양 특위가 작성해서 미리 전달한 125개 항목(5공문제 74·광주문제 51개)의 서면질의에 대해 구두로 답변하며 보충질의답변도 있을 예정이다.

전씨가 이날 청문회에 출석해서 증언을 함으로써 우리 헌정사상 전직 대통령증언의 첫 선례를 기록하게 되었다.

전씨는 이날 새벽 승용차 편으로 백담사를 떠나 청문회 시작 1시간 전인 상오 9시께 국회의사당에 도착할 예정이다.

여권은 전씨의 증언이 끝난 뒤 연초에 전씨의 외유를 신중히 검토하고 있는 것으로 알려졌다.

여권의 고위 소식통은 "전씨가 백담사에 들어가기 전과 백담사에 들어간 뒤 여권은 전씨의 외유문제를 여러 차례 논의했다"면서 "그때에는 전씨가 이 제안을 완강히 부인했지만 증언이 끝나면 외유문제에 대한 시각이 바뀔 수 있다는 것을 부인할 수 없다"고 말했다.

전씨의 증언은 KBS·MBC 두 방송사가 1시간 차로 TV녹화중계해서 방송된다.

이날 청문회는 국회양특위가 전씨에게 미리 보낸 서면질의서를 바탕으로 전씨가 한꺼번에 답변하는 형식으로 진행된다. ▲ 광주민주화운동과 관련한 책임소재 규명 ▲ 12·12사태 배경과 5·17계엄확대 배경 ▲ 각종 정치자금 출처와 배분의혹 ▲ 6·29선언 배경 ▲ 일해와 새세대심장재단 문제 ▲ 부실기업 정리문제 ▲ 언론통폐합문제 ▲ 삼청교육대 등 각종 문제 등이 증언의 초점이 될 것으로 예상된다.

국회는 30일 하오 5공특위와 광주특위위원장과 4당 간사 연석회의를 열고 전두환 전 대통령의 증언과 관련한 구체적 절차 문제를 논의하고 보충질의를 4당 1명씩 구두로 20분씩 하고 답변은 답변준비를 위한 정회시간을 가진 뒤 한꺼번에 구두로 하기로 했다.

여야는 또 전씨의 증인선서 문제를 논의했으나 결론을 내리지 못하고 증언 당일인 31일 상오 9시 30분께 재론하기로 했다. 그러나 야당 측은 국회법규정을 들어 전씨가 선서를 하지 않는 대신 선서문을 낭독해야 한다고 주장했고 여당 측도 이를 묵시적으로 양해한 것으로 알려졌다.

"정치자금 논란 우려 못 밝힌다
광주 작전권 일원화…관여 안 해"

답변내용 불만 정회·소란…끝내 중단

"政治자금 논란우려 못밝힌다
光州 작전권一元化…關與안해"

全斗煥씨 前職대통령으로 史上 첫 國會증언

답변내용불만 停會·소란… 끝내中斷

12·12는 수사중의 우발사건…내책임
6·29배경 훗날 회고록서 밝히겠다

野의원 사과싸고 民正불참… 子正넘자 全씨 百潭寺로

◇證言臺에 선 全씨 全斗煥 前대통령이 31일 국회 5共·光州특위 합동청문회에서 80년대 각종 역사적 사건에 대해 증언하고있다.

전두환씨 전직
대통령으로 사상 첫
국회증언

야 의원 사과 싸고 민정 불참…자정 넘자
전씨 백담사로

12·12는 수사 중의 우발사건…내 책임
6·29배경 훗날 회고록서 밝히겠다.

092

"정치자금 논란 우려 못 밝힌다 광주 작전권 일원화… 관여 안 해"

『한국일보』 1990. 1. 1. 1면

전두환 전 대통령은 31일 전직국가원수로서는 헌정사상 처음으로 국회 광주·5공특위 연석회의 청문회에 증인으로 출석, 재임 중에 일어난 5공비리와 각종 의혹, 광주문제에 대해 구두 증언했다.

전씨는 이날 그동안 논란이 되어 온 정치자금문제에 대해서 "민정당 이외의 특정 정치인에게 정치자금을 준 사실이 없다"고 증언했다.

전씨는 5공 당시의 정치자금 공개문제에 대해 "평화적으로 정권을 인계해 주고 나온 어떤 통치자도 정치자금의 내역을 공개한 사례를 본 적이 없다"면서 "본인이 이 문제에 대해 공개를 하지 않는 것은 과거청산의 마무리가 아니라 청산의 새로운 시작이 되고 과거의 수렁에 빠져 헤어날 수 없지 않을까 두려워하기 때문"이라고 말했다.

전씨는 또 광주문제와 관련, 지휘체계2원화 문제에 대해 "일반적 군의 상식으로는 있을 수 없는 일"이라고 부인하고 "배속된 부대가 현지지휘관의 지휘통제에 불응했다는 주장도 이해할 수 없다"고 말했다.

전씨는 이어 군의 자위권 발동에 대해 "자위권의 행사문제는 초기에 군복무 규율에 따라 불가피한 상황 아래서 행사된 것으로 판단된다"며 "상황이 악화됨에 따라 5월 22일 자위권 발동이 가능하다는 계엄사령부의 작전지침이 지휘계통을 통해 하달된 것으로 알고 있다"고 말했다.

전씨는 이어 “본인은 광주사태 초기단계에서 제한된 정보를 입수한 상태에서 무력진압에는 신중을 기하는 것이 좋겠다는 의견을 계엄사 지휘관들에게 전달했다”며 군의 과잉진압은 자신이 명령한 것이 아니라고 부인했다.

전씨는 6·29선언 배경에 대해 “6·29선언은 그것이 담고 있는 내용이 어떻게 추진되어 정치발전과 국가이익에 이바지하고 있는가라는 점이 중요하다”면서 “따라서 그 경위와 배경을 들추어내는 일은 결코 바람직스러운 일이 아니며 훗날 회고록 등을 통해 국민들에게 소상히 밝히겠다”고 말해 6·29선언에 관련이 있음을 분명히 했다.

전씨는 12·12사태에 대해 “12·12사태는 10·26시해사건을 수사하는 가운데 일어난 우발적인 사건이었을 뿐, 그 이상도 그 이하도 아니다”라고 한 뒤 “그러나 시해사건에 대한 최고 수사책임자인 본인이 주도한 것이며 그 때문에 생긴 사건의 모든 책임은 전적으로 본인에게 있다”고 말했다.

전씨는 증언을 통해 5공비리 문제 가운데 ▲ 일해재단의 기금 강제조성 여부 ▲ 기부업체의 특혜문제 ▲ 비협조기업에 대한 정치보복설 ▲재단 설립목적이 퇴임 뒤 영향력 행사의도 ▲ 부실기업정리의 의혹설 등에 대해선 대부분 사실무근이라고 부인했다.

전씨는 이 밖에 ▲ 언론 통폐합조치에 대해 그때 상황에선 어쩔 수 없다고 판단, 승인했으며 ▲ 평화의 댐건설은 국가안보차원의 최선의 대응방안이었다고 답변했다.

상오 10시께 시작된 이날 청문회는 125개의 질의 항목에 대해 전씨가 주요사안별로 묶어 일괄 답변하는 형식으로 진행되었다.

이날 전씨가 증언하는 가운데 야당의원들은 전씨의 증언이 부실하다며 거칠게 항의, 여야 의원들이 설전을 벌여 몇 차례 정회가 선포되었다.

특히 광주문제에 대한 전씨의 증언 도중 야당의원들이 욕설과 함께 명패를 집어던지는 거친 항의를 해 여야 의원들은 몸싸움 일보 전까지 벌인 뒤 정회되어 끝내 전씨와 민정의원들이 불참한 가운데 이날 밤늦게 야 3당만으로 회의를 속개, 의사진행발언을 하는 '반쪽청문회'로 진행되었다.

전씨는 1일 0시 5분께 기자들에게 증언하지 못한 답변이 담긴 유인물을 배포하고 백담사로 떠났다.

美、全씨증언 반박

"80년당시 安保정세등 歪曲"

美國정부는 4일 駐韓美대사관을 통해 구랍31일 행해진 全斗煥前대통령의 국회증언중 美國관련부분에 대한 반박문을 발표,『미국은 朴正熙씨의 암살에 미국이 개입되었을지도 모른다는 全씨의 언급을 무례하고도 터무니없는 말이라고 생각한다』고 밝혔다。

美國은 또 80년5월 당시 한국의 안보정세에 대한 韓美간의 인식차에 관한 全씨의 언급과 관련,『당시는 북한으로부터의 위협이 고조되었다는 징후가 없었다는 내용의 「80년5월 대한민국 光州에서 일어난 제반사건에 대한 美國정부의 성명서」제26、27항을 강조하며 全씨가 당시 美國의 입장을 왜곡증언했다고 주장했다。

이와함께 美國은 80년5월 22일자 美국무부 성명에대한 全씨의 증언과 관련,『美國은 당시 북한에대한 경고뿐아니라 관계자들에게 자제와 대화를 촉구했다』며『全씨가 이 성명서의 일부만을 인용함으로써 전체의 뜻을 왜곡했다』고주장했다.

미, 전씨 증언 반박

"80년 당시 보안정세 등 왜곡"

093

미, 전씨 증언 반박

『한국일보』 1990. 1. 5. 2면

미국 정부는 4일 주한미대사관을 통해 작년 31일 행해진 전두환 전 대통령의 국회증언 가운데 미국 관련 부분에 대한 반박문을 발표, "미국은 박정희씨의 암살에 미국이 개입되었을지도 모른다는 전씨의 언급을 무례하고도 터무니없는 말이라고 생각한다"고 밝혔다.

미국은 또 80년 5월 한국의 안보정세에 대한 한미 간의 인식 차에 관한 전씨의 언급과 관련, "그때는 북한으로부터의 위협이 고조되었다는 징후가 없었다"는 내용의 「80년 5월 대한민국 광주에서 일어난 모든 사건에 대한 미국정부의 성명서」 제26, 27항을 강조하며 전씨가 그때 미국의 입장을 왜곡 증언했다고 주장했다.

이와 함께 미국은 80년 5월 22일자 미국무부 성명에 대한 전씨의 증언과 관련, "미국은 그때 북한에 대한 경고뿐 아니라 관계자들에게 자제와 대화를 촉구했다"며 "전씨가 이 성명서의 일부만을 인용함으로써 전체의 뜻을 왜곡했다"고 주장했다.

전씨 오늘 연희동 사저로

全씨 오늘 연희동私邸로

상오 百潭寺출발

【百潭寺=鄭炳鎭기자】 全斗煥前대통령과 부인 李順子여사가 지난88년11월23일 서울延禧洞사저를 떠나 江原道麟蹄郡龍垈里 百潭寺에 은둔한지 7백69일만인 30일상오9시 百潭寺를 출발, 하오2시께 延禧洞사저로 돌아간다.

★관련기사3면

全씨내외는 30일 상오8시30분 百潭寺경내에서 간단한 예불을 가진뒤 9시정각 百潭寺를 출발, 승용차편으로 麟蹄~洪川~春川을 경유해 서울로 돌아갈 예정이다.

全前대통령은 百潭寺출발에앞서 기자회견을갖고 그동안의 은둔생활과 延禧洞사저로 돌아가는데 대한 자신의 입장등을 밝힐예정이다.

全씨내외는 이에앞서 29일밤9시 徐義玄조계종총무원장·金度吼百潭寺주지등 불교계인사들이 마련한 가족법회에 참석한데이어 자정에는 마지막예불을 올렸다.

이날 가족법회에는 全씨의 딸孝善씨등 가족과 張世東전안기부장·安賢泰전경호실장·許文道前통일원장관·李亮雨변호사등 측근들이 부부동반으로 참석했다.●

094

전씨 오늘 연희동 사저로

『한국일보』 1990. 12. 30. 1면

상오 백담사 출발

전두환 전 대통령과 부인 이순자여사가 지난 88년 11월 23일 서울 연희동 사저를 떠나 강원도 인제군 용대리 백담사에 은둔한 지 769일 만인 30일 상오 9시 백담사를 출발, 하오 2시께 연희동 집으로 돌아간다.

전씨 내외는 30일 상오 8시 30분 백담사 경내에서 간단한 예불을 가진 뒤 9시 정각 백담사를 출발, 승용차 편으로 인제~홍천~춘천을 거쳐 서울로 돌아갈 예정이다.

전 전 대통령은 백담사 출발에 앞서 기자회견을 갖고 그 동안의 은둔생활과 연희동 집으로 돌아가는 데 대한 자신의 입장 등을 밝힐 예정이다.

전씨 내외는 이에 앞서 29일 밤 9시 서의현 조계종 총무원장·김도후 백담사 주지 등 불교계인사들이 마련한 가족법회에 참석한데 이어, 자정에는 마지막 예불을 올렸다.

이날 가족법회에는 전씨의 딸 효선씨 등 가족과 장세동 전 안기부장, 안현태 전 경호실장, 허문도 전 통일원장관, 이양우 변호사 등 측근들이 부부동반으로 참석했다.

全·盧씨 반란혐의 고소

鄭昇和前총장등 22명

鄭昇和 전육군참모총장등 12·12당시 육군수뇌부 지휘관과 참모등 22명은 19일全斗煥·盧泰愚전대통령등 12·12주모자 34명을 반란·살인 등 혐의로 대검에 고소했다.

鄭씨등 고소인22명은 이날 하오2시 서울플라자호텔에서 기자회견을 갖고 대국민성명을 발표, 12·12사태를 예방하지못한 점을 사과하고 당시 주모자들에 대한 엄정한 사법처리를 촉구했다.

대검은 이 사건을 서울지검 공안1부(趙俊雄부장검사)에 배당, 수사토록 했다.

피고소인 명단은 다음과 같다. 괄호안은 당시직책.

全斗煥(소장·보안사령관) 盧泰愚(소장·9사단장) 兪學聖(중장·국방부 군수차관보) 車圭憲(중장·수도군단장) 黃永時(중장·1군단장) 朴熙道(준장·1공수여단장) 崔世昌(준장·3공수여단장) 張基梧(〃·5공수여단장) 白雲澤(〃·71방위사단장) 朴俊炳(소장·20사단장) 張世東(대령·수경사30단장) 金振永(〃·〃33단장) 許三守(〃·보안사인사처장) 李鶴捧(중령·보안사대공처장) 許和平(대령·보안사령관비서실장) 鄭棒永(준장·보안사보안처장) 金政龍 (대령·특전사보안부대장) 禹慶允(대령·육군 범죄수사단장) 成煥玉(대령·육본헌병감실) 崔石立(중령·33헌병대장) 李鍾敏(중령·육본 헌병대장) 趙洪(대령·수경사헌병대장) 申允熙(중령·수경사 헌병단부단장) 鄭東鎬(준장·청와대 경호실장대리) 高明昇(대령·청와대경호실 작전과장) 朴熹模(소장·30사단장) 李相珪(준장·제2기갑 여단장) 宋膺燮(대령·30사단90연대장) 徐守烈(중령·제1공수여단 2대대장) 朴德和 (중령·제1공수여단5대대장) 朴琮圭(중령·제3공수여단 5대대장) 申雨湜(대령·특전사작전참모) 具昌會(대령·9사단참모장) 李弼燮(대령·9사단29연대장)

전·노씨 반란혐의 고소

095

전·노씨 반란혐의 고소

『한국일보』 1993. 7. 20. 2면

정승화 전총장 등 22명

정승화 전육군참모총장 등 12·12 당시 육군수뇌부 지휘관과 참모 등 22명은 19일 전두환·노태우 전 대통령 등 12·12 주모자 34명을 반란·항명 등 혐의로 대검에 고소했다.

정씨 등 고소인 22명은 이날 하오 2시 서울 플라자호텔에서 기자회견을 갖고 대국민성명을 발표, 12·12사태를 예방하지 못한 점을 사과하고 주모자들에 대한 엄정한 사법처리를 촉구했다.

대검은 이 사건을 서울지검 공안 1부(조준웅 부장검사)에 배당하여 수사하도록 했다.

피고소인 명단은 다음과 같다(괄호 안은 당시 직책).

전두환(소장·보안사령관), 노태우(소장·9사단장), 유학성(중장·국방부 군수차관보), 차규헌(중장·수도군단장), 황영시(중장·1군단장), 박희도(준장·1공수여단장), 최세창(준장·3공수여단장), 장기오(준장·5공수여단장), 백운택(준장·71방위사단장), 박준병(소장·20사단장), 장세동(대령·수경사30단장), 김진영(대령·수경사33단장), 허삼수(대령·보안사인사처장), 이학봉(중령·보안사대공처장), 허화평(대령·보안사령관비서실장), 정도영(준장·보안사보안처장), 김정룡(대령·특전사보안부대장), 우경윤(대령·육군 범죄수사단장), 성환옥(대령·육본 헌병대장) 조홍(대령·수경사헌병대장), 신윤희(중령·수경사 헌병단부단장), 정동호(준장·청와대경호실장대리), 고명승(대령·청와대경호실 작전과장), 박희모(소장·30사단장), 이상규(준장·제2기갑 여단장), 송응섭(대령·30사단90연대장), 서수열(중령·제1공수여단2대대장), 박덕화(중령·제1공수여단5대대장), 박종규(중령·제3공수여단5대대장), 신우식(대령·특전사작전참모), 구창회(대령·9사단참모장), 이필섭(대령·9사단29연대장)

"경제회생·화합정치" 공감

"經濟회생·화합政治" 共感

金대통령, 세前대통령과 오찬회동

김 대통령,
세 전 대통령과
오찬회동

"변화와개혁 지속적 추진" 金대통령
"포용력은 국민통합 기여" 前대통령

非理구속인사문제 논의안된듯

◇어색한 악수 金泳三대통령의 초청으로 10일 청와대오찬회동에 참석한 全斗煥·盧泰愚전대통령이 金대통령과 崔圭夏전대통령이 지켜보는 가운데 다소 어색한 표정을 지으며 악수를 나누고 있다.

어색한 악수
김영삼 대통령의 초청으로 10일 청와대 오찬회동에 참석한 전두환·노태우 전 대통령이 김 대통령과 최규하 전 대통령이 지켜보는 가운데 다소 어색한 표정을 지으며 악수를 나누고 있다.

"변화와 개혁 지속적 추진" 김 대통령
"포용력은 국민통합 기여" 전 대통령

096

"경제회생·화합정치" 공감

『한국일보』 1994. 1. 11. 1면

김영삼 대통령은 10일 낮 최규하·전두환·노태우 세 전직 대통령을 청와대로 초청, 오찬회동을 갖고 국정운영 전반에 대해 의견을 교환했다.

김 대통령은 배석자 없이 2시간여 진행된 이날 회동에서 취임 후 지난 한 해 동안 펼친 개혁정치의 내용을 설명하고 "금년에는 국가경쟁력을 높여 기필코 선진대열에 들어가야 한다"는 국정최고목표를 밝혔다고 주돈식 청와대대변인이 발표했다.

대통령은 특히 "앞으로도 변화와 개혁을 지속적으로 추구하겠다"면서 "경제회생과 '화합정치' 및 국민의 높은 도덕심이 절실하다"고 밝히고 전직 대통령들의 적극적인 협조를 요청했으며 이에 대해 세 전직 대통령은 공감을 표시하고 적극적인 협조와 지지를 약속했다.

세 전직 대통령은 이어 이날 모임을 주선해 준 데 대해 대통령에게 감사를 표명하고 이러한 포용력이 새 정치문화와 국민통합에 크게 이바지할 것임을 확신한다고 말했다.

김 대통령은 "지난 10개월간 혼신의 힘을 다해 국가와 민족을 위해 일했으며 앞으로 4년간도 깨끗하고 당당하게 일하겠다"고 다짐하고 "급변하는 21세기의 세계질서 속에서 우리가 생존하기 위해서는 의식과 정치가 바뀌야겠다는 것을 절감하고 있다"고 말했다.

김 대통령은 또 갈등관계에 있는 전·노 두 전직 대통령에게 화해를 당부했으며 전 전직 대통령은 이에 "좋은 말씀"이라고 대답한 것으로 알려졌다.

이날 오찬은 청와대의 관례대로 칼국수로 했으며 회동에서는 격의 없는 대화와 농담이 오갔다고 주 대변인이 전했다.

김 대통령은 이날 오찬에 앞서 노·최·전 전직 대통령 순으로 도착한 전직 대통령들을 접견실에서 맞아 5분간 차를 함께 마시며 환담한 뒤 백악실로 자리를 옮겨 오찬회동을 가졌다.

한편 청와대 고위관계자는 "이날 회동이 국민화합과 화합정치의 시발이 될 것"이라고 말하고 "그러나 당장 구체적인 조치가 있을 것으로 보아서는 안 될 것"이라고 밝혀 이날 회동의 상징성을 강조했다.

이 관계자는 또 이날 회동에서 지난 해 과거비리 청산과정에서 구속수감된 5·6공 특정 인사들에 대한 구속집행정지 등 조치는 전혀 논의되지 않은 것으로 알고 있다고 말했다.

전·노씨 등 전원 불기소
새 정권 창출 사법심사대상 안 돼

5·18 '공소권 없음' 결정

계엄확대 등 일련 조치 신군부 집권목적
계엄군 광주 인근 주민 30여 명 사살 확인

097

5·18 '공소권 없음' 결정

『한국일보』 1995. 7. 19. 1면

5·18 광주민주화운동 고소·고발사건을 수사해 온 서울지검 공안1부(장윤석 부장검사)는 18일 전두환·노태우 전 대통령을 포함, 이 사건 피고소·고발인 58명 모두에 대해 공소권 없음 결정을 내려 불기소 처분했다고 발표했다.

검찰은 이날 발표문을 통해 "전씨 등 신군부의 집권과정에 있었던 조치들은 외형적으로는 최규하 당시 대통령의 국사행위 또는 그 집행행위에 해당되지만 실제로는 12·12군사반란으로 군권을 장악한 전 당시 보안사령관이 최대통령의 사전 지시 없이 주도적으로 기획·입안·추진한 정권 창출의 준비 또는 기초행위였다"고 규정했다.

검찰은 특히 전씨가 추진했던 보안사의 '시국수습방안'에는 비상계엄 전국 확대의 명분 아래 ▲ 비상기구의 설치 ▲ 기성정치인과 재야인사의 연행·체포 ▲ 정치활동 금지 등 특단의 조치를 취함으로써 정국을 주도하고 장악할 의도가 있었던 점이 인정된다고 밝혔다.

그러나 검찰은 "변혁에 성공, 통치조직과 지배권력이 바뀔 때 새로운 정권과 헌법질서를 위한 행위들의 법적 효력을 다투거나 새로운 체제의 주체들을 내란죄로 처벌할 수 없다는 것이 법률적 판단"이라며 "전씨가 새로운 정권을 창출하고 새로운 헌법질서를 이루는 데 성공했기 때문에 이 과정에서 취한 일련의 조치는 사법심사의 대상이 되지 않아 공소권 없음으로 결정했다"고 밝혔다.

검찰은 5·18 진압경위에 대해서는 "정국을 주도하고자 한 군수뇌부가 광주시민들의 민주화요구를 받아들일 수 없어 강경진압으로 사태를 해결하려다 살상행위로까지 발전했다"며 "그러나 의도적으로 사태를 촉발했다고 볼

만한 증거는 확보하지 못했다"고 밝혔다.

검찰은 김대중 내란음모사건의 조작여부와 관련, "신군부측이 수사결과를 발표하면서 김대중씨가 광주시위와 직접 관련된 것으로 조사된 자료가 없는데도 광주시위를 배후 조정한 것으로 오해할 수 있는 표현을 사용했다"며 "당시 범죄사실과 허위자백 여부는 대법원까지 3심을 거치는 동안 사법부의 독자적인 증거판단에 따라 선고가 확정된 점에 비추어 위법성의 근거를 찾을 수 없다"고 밝혔다.

이와 같은 검찰의 수사결과 발표에 따라 광주민주화운동에 대한 사법적 판단은 본격 수사착수 8개월 만에 사실상 마무리되었으나 신군부 핵심세력에 사법적 면죄부를 주었다는 비난이 일고 있어 재야와 정치권 등으로부터 반발이 예상된다.

한편 5·18 광주민주화운동 때 계엄군이 광주 인근의 주민 시민 30여 명을 사살한 사실이 검찰 수사결과 18일 드러났다.

검찰에 따르면, 11공수여단이 5월 24일 하오 1시 30분께 주둔지인 주남마을에서 송정리 비행장으로 이동하던 중 시위대와 총격전을 벌이다 주변마을에 총기를 난사, 놀이터 등에서 놀던 전재수군(10·초등4)과 방광범군(13) 등 어린이 2명이 사망했다. 이들은 또 20여분 뒤 전교사 병력으로부터 오인사격을 받자 인근 마을을 수색, 권근립씨(33), 김승후군(18), 하수구에 숨어 있던 박연옥씨(50·여) 등에게 총을 쏴 숨지게 했다.

3공수여단은 이에 앞서 22일 상오 10시께 광주교도소 옆 고속도로 진입로 입구에서 김성주씨(51) 일가족 3명을 시위대로 착각, 사살하고 교전과정에서 숨진 12명을 교도소 부근에 가매장했다.

검찰은 이날 발표문을 통해 "전씨 등 신군부의 집권과정에 있었던 조치들은 외형적으로는 최규하 당시 대통령의 국사행위 또는 그 집행행위에 해당되지만 실제로는 12·12군사반란으로 군권을 장악한 전 당시 보안사령관이 최대통령의 사전 지시 없이 주도적으로 기획·입안·추진한 정권 창출의 준비 또는 기초행위였다"고 규정했다.

전씨 반란·내란죄 조사

안양교도소 수감 첫 신문

全씨 반란·내란죄 조사

안양교도소 收監 첫신문

軍事반란 혐의 대부분 확인

12·12핵심 2~3명 오늘소환

관련기사 2·3·4·5·6·7·8·9·11·33·34·35면

12·12 및 5·18사건특별수사본부(본부장 李鍾燦(이종찬) 서울지검3차장검사)는 3일 全斗煥전대통령을 안양교도소에 구속수감하고 12·12 당시 군사반란혐의를 특정짓기 위한 본격 조사에 착수했다. 검찰은 이날 12시간여에 걸친 교도소 출장 조사를 통해 全씨로부터 군사반란 혐의를 대부분 확인, 핵심관련자 2~3명을 4일중 소환키로 했다. 검찰은 5·17 및 5·18사건과 관련, 全씨에 대한 내란혐의에 대해서도 조사를 병행키로 했다.

검찰은 금명 崔圭夏전대통령도 직접 조사키로 했다. 崔전대통령은 검찰조사에 응하겠다는 입장을 정리했으며, 조사방법을 놓고 검찰과 막바지 협의중인 것으로 알려졌다. 崔전대통령에 대한 조사방법은 방문을 통한 직접조사가 유력한 것으로 전해졌다.

검찰은 이날 상오 金相喜(김상희)주임검사와 蔡東旭(채동욱)검사등 4명을 全씨가 수감된 안양교도소로 보내 鄭昇和(정승화)전육군참모총장을 강제로 연행한 경위와 崔圭夏전대통령에 대한 사후재가시 압력행사 여부 및 병력동원 과정등을 집중 추궁했다.

한편 검찰은 이날 상오 6시34분께 경남 합천군 율곡면 내천리 全씨의 장조카집에서 전날 법원으로부터 발부받은 사전구속영장을 집행, 상오 10시37분께 全씨를 안양교도소에 수감했다. 검찰이 全씨에게 적용한 혐의는 군형법상 반란수괴, 불법진퇴, 지휘관계엄지역 守所(수소)이탈, 상관살해 및 미수, 초병살해등 6개다.

어제 號外발행

검찰은 이번 주부터 5·18 및 12·12 사건의 핵심 가담자 10여명을 차례로 소환, 조사키로 했다. 검찰은 이들을 일단 참고인 자격으로 소환, 조사한 뒤 반란죄및 내란죄의 공소시효 배제조항을 담은 5·18특별법 제정 직후 피의자 신분으로 전환, 곧바로 사법처리키로 했다.

검찰의 소환 대상자는 鄭鎬溶(정호용) 당시 특전사령관, 朴俊炳(박준병)20사단장, 申佑湜(신우식)7공수여단장, 崔世昌(최세창)3공수여단장, 兪學聖(유학성)3군사령관, 黃永時(황영시)육군참모차장, 車圭憲(차규헌)육사교장, 李鶴捧(이학봉)합수부 수사단장, 許和平(허화평)보안사령관비서실장, 許三守(허삼수)보안사 인사처장등이다. 【黃相鈴·鄭熙景·李泰熙기자】

◇압송되는 全씨 全斗煥전대통령이 3일상오 안양교도소로 향하는 검찰 호송차 안에서 검찰수사관들 사이에 눈을 감은채 앉아 있다. 【崔鍾昱기자】

군사반란 혐의 대부분 확인

12·12 핵심 2~3명 오늘 소환

098

전씨 반란·내란죄 조사

『한국일보』 1995. 12. 4. 1면

12·12와 5·18사건특별수사본부(본부장 이종찬 서울지검3차장검사)는 3일 전두환 전 대통령을 안양교도소에 구속 수감하고 12·12 당시 군사반란혐의를 특정 짓기 위한 본격 조사에 착수했다. 검찰은 이날 12시간여에 걸친 교도소 출장 조사를 통해 전씨로부터 군사반란혐의를 대부분 확인, 핵심관련자 2~3명을 4일 중 소환키로 했다. 검찰은 5·17 및 5·18사건과 관련, 전씨에 대한 내란혐의에 대해서도 조사를 병행키로 했다.

검찰은 조만간 최규하 전 대통령도 직접 조사하기로 했다. 최 전 대통령은 검찰조사에 응하겠다는 입장을 정리했으며, 막바지 협의 중인 것으로 알려졌다. 최 전 대통령에 대한 조사방법은 방문을 통한 직접조사가 유력한 것으로 전해졌다.

검찰은 이날 상오 김상희 주임검사와 채동욱 검사 등 4명을 전씨가 수감된 안양교도소로 보내 정승화 전 육군참모총장을 강제로 연행한 경위와 최규하 전 대통령에게 사후 재가를 요청할 때 압력을 행사했는지 여부 및 병력동원 과정 등을 집중 추궁했다.

한편 검찰은 이날 상오 6시 34분께 경남 합천군 율곡면 내천리 전씨의 장조카 집에서 전날 법원으로부터 발부받은 사전구속영장을 집행, 상오 10시 37분께 전씨를 안양교도소에 수감했다. 검찰이 전씨에게 적용한 혐의는 군형법상 반란수괴, 불법진퇴, 지휘관계엄지역이탈, 상관살해와 미수, 초병살해 등 6개다.

검찰은 이번 주부터 5·18 및 12·12 사건의 핵심 가담자 10여 명을 차례로 소환, 조사하기로 했다. 검찰은 이들을 일단 참고인 자격으로 소환 조사한 뒤 반란죄 및 내란죄의 공소시효 배제조항을 담은 5·18 특별법 제정 직후 피의자 신분으로 전환, 곧바로 사법처리하기로 했다.

검찰의 소환대상자는 정호용 당시 특전사령관, 박준병 20사단장, 신우식 7공수여단장, 최세창 3공수단장, 유학성 3군사령관, 황영시 육군참모차장, 차규헌 육사교장, 이학봉 합수부 수사단장, 허화평 보안사령관 비서실장, 허삼수 보안사 인사처장 등이다.

두 전 대통령 함께 역사심판대 서다

전·노씨, 12·12반란 부인

두前대통령 함께 역사심판대 서다

全·盧씨, 12·12반란 否認

12·12 5·18 첫공판 검찰 "반성없이 재판 정치도구화"

수경사령관 체포·총리공관 장악 盧씨가 지시

12·12 및 5·18사건으로 기소된 全斗煥 盧泰愚 두전직대통령등 관련피고인 16명에 대한 첫공판이 11일 상오 서울지법 417호 대법정에서 서울지법 형사합의 30부(재판장 金榮一부장판사) 심리로 열려 盧피고인에 대한 검찰 신문이 진행됐다. 두 전직 대통령이 피고인으로 함께 법정에 선 것은 헌정사상 처음이다.

관련기사 2·3·4·5·6·7·8·9·18·19면

盧씨는 이날 검찰 심문에서 「12·12는 鄭昇和육군참모총장의 金載圭 내란방조사건 연루 혐의를 조사하는 과정에서 우발적으로 일어난 것」이라고 주장하고 「평소 좋아하던 군 선배인 鄭총장을 보안사로 모셔와 도의적 책임을 지고 용퇴할 것과 수사협조를 요청하려 했었다」면서 사전에 계획된 군사반란이었다는 검찰의 공소사실을 전면 부인했다.

盧씨는 또 「張泰玩수경사령관 등 육본측이 먼저 무력을 동원하는 바람에 30경비단에 모여있던 군장성들이 위기감을 느끼고 병력동원을 결정한 것」이라고 주장했다.

검찰은 그러나 「盧피고인이 全피고인과 사전에 만나 경복궁 모임과 군병력동원계획을 세웠다」며 「12·12 당일 대통령 경호실장 직무대리 鄭東鎬준장에게 국무총리공관을 장악, 총리를 통제토록 지시하고 당시 수경사 상황실장 金振永대령에게 張泰玩수경사령관을 체포토록 한 사람도 盧피고인」이라고 밝혔다.

이에 앞서 全씨측 변호인인 金錫휘변호사는 모두진술에서 「全씨등에 대한 내란죄 적용은 5공헌법의 전면 부정으로 역사의 단절을 가져오는 것」이라며 「검찰이 당초 기소유예, 공소권없음으로 결정한 사안을 다시 공소제기한 것은 정치적 필요 때문」이라고 말했다.

이에 대해 金相喜주임검사는 「감춰진 역사적 진실을 밝혀내고 다시는 불행한 역사가 되풀이 되지 않도록 하는데 이 사건 재판의 의미가 있다」며 「피고인들은 과거행위에 대한 반성없이 재판을 정치도구화하고 있다」고 말했다.

재판부는 「다음 공판을 18일 상오 10시 속개하고 그 후 재판은 주 2차례 개정, 신속하게 재판을 끝낼 방침」이라고 밝혔다.

【金來鎬·李泰熙기자】

◇재판까지 나란히 법정에 나란히 선 全斗煥(왼쪽) 盧泰愚 두전직대통령. 육사생도에서 대통령까지 같은 길을 걸은 두사람은 법정에도 함께 섰다.

재판까지 나란히
범정에 나란히 선 전두환(왼쪽)
노태우 두 전직 대통령.
육사생도에서 대통령까지 같은 길을
걷은 두 사람은 법정에도 함께 섰다

수경사령관 체포·
총리공관 장악 노씨가 지시

12·12, 5·18 첫공판
검찰 "반성 없이 재판 정치도구화"

두 전 대통령 함께 역사심판대 서다

『한국일보』 1996. 3. 12. 1면

12·12와 5·18사건으로 기소된 전두환, 노태우 두 전직 대통령 등 관련피고인 16명에 대한 첫 공판이 11일 상오 서울지법 417호 대법정에서 서울지법 형사합의 30부(재판장 김영일 부장판사) 심리로 열려 노 피고인에 대한 검찰신문이 진행되었다. 두 전직 대통령이 피고인으로 함께 법정에 선 것은 헌정사상 처음이다.

노씨는 이날 검찰직접신문에서 "12·12는 정승화 육군참모총장의 김재규 내란음모사건 연루 혐의를 조사하는 과정에서 우발적으로 일어난 것"이라고 주장하고 "평소 좋아하던 군선배인 정 총장을 보안사로 모셔와 도의적 책임을 지고 물러날 것과 수사협조를 요청하려 했었다"면서 사전에 계획된 군사반란이었다는 검찰의 공소사실을 전면 부인했다.

노씨는 또 "장태완 수경사령관 등 육본 측이 먼저 무력을 동원하는 바람에 30경비단에 모여 있던 군 장성들이 위기감을 느끼고 병력동원을 결행한 것"이라고 주장했다.

그러나 검찰은 "노 피고인이 전 피고인과 사전에 만나 경복궁 모임과 군 병력 동원계획을 세웠다"며 "12·12 당일 대통령 경호실장 직무대리 정동호 준장에게 국무총리공관을 장악, 출입을 통제토록 지시하고 당시 수경사 상황실장 김진선 대령에게 장태완 수경사령관을 체포·연행토록 한 사람도 노 피고인"이라고 밝혔다.

이에 앞서 전씨측 변호인인 전상석 변호사는 모두진술에서 "전씨 등에 대한 내란죄 적용은 5공헌법의 전면 부정으로 역사의 단절을 가져오는 것"이라며 "검찰이 당초 기소유예, 공소권 없음으로 결정한 사안을 다시 공소 제기한 것은 정치적 필요 때문"이라고 말했다.

이에 대해 김상희 주임검사는 "감춰진 역사적 진실을 밝혀내고 다시는 불행한 역사가 되풀이 되지 않도록 하는 데 이 사건 재판의 의미가 있다"며 "피고인들은 과거행위에 대한 반성 없이 재판을 정치도구화하고 있다"고 말했다.

재판부는 "다음 공판을 18일 상오 10시에 속개하고 그 뒤 재판은 주 2차례 개정, 신속하게 재판을 끝낼 방침"이라고 밝혔다.

전두환씨 사형 선고

노태우씨 22년 6월

全斗煥씨 사형 선고

盧泰愚씨 22년6월

내란·반란죄등 적용、朴俊炳씨 무죄

兪學聖·黃永時·崔世昌·張世東·李鶴捧·車圭憲·安賢泰씨 법정구속

서울지법 형사합의30부(재판장 金榮一 부장판사)는 26일 12·12 및 5·18사건과 비자금사건 선고공판에서 全斗煥피고인에게 반란 및 내란수괴, 내란목적 살인, 특정범죄가중처벌법 위반(뇌물수수)죄 등을 적용해 검찰구형대로 사형을 선고했다. 또 盧泰愚피고인에게는 반란 및 내란 중요임무종사 및 특정범죄가중처벌법상 뇌물수수혐의를 인정, 징역 22년6월을 선고했다.

재판부는 全·盧피고인이 재임중 기업체등으로부터 각각 받은 뇌물액 2천2백59억5천만원과 2천8백38억9천6백만원을 전액 추징했다.

재판부는 이밖에 黃永時·鄭鎬溶·李鶴捧·許和平피고인은 징역 10년, 李熺性·許三守·兪學聖·崔世昌피고인에게는 징역 8년, 周永福·車圭憲·張世東피고인에게 징역 7년씩을 각각 선고하고 申允熙·朴琮圭피고인에게는 징역 4년씩을 선고했다. 재판부는 그러나 朴俊炳피고인에게는 「12·12사건에서 全피고인을 위해 뚜렷한 역할을 했다고 볼 수 없다」며 무죄를 선고했다.

재판부는 광주유혈진압 및 자위권발동과 관련된 내란목적살인죄에 대해 全·李熺性·周永福피고인만 유죄를 인정했으나 鄭鎬溶·黃永時피고인에게는 무죄를 선고했다. 재판부는 선고와 동시에 [illegible] 기간만료 임박 등 이유로 풀려났던 兪學聖·張世東피고인 등 5명과 불구속 기소됐던 車圭憲피고인을 법정구속했다.

판결문 요약 26~35면

〈12·12 5·18 선고 刑量〉

黃永時	10년
鄭鎬溶	10년
許和平	10년
李鶴捧	10년
李熺性	8년
許三守	8년
兪學聖	8년
崔世昌	8년
周永福	7년
車圭憲	7년
張世東	7년
申允熙	4년
朴琮圭	4년

12·12 5·18 비자금 1審판결

〈비자금 선고刑量〉

李賢雨	7년	崔元碩	2년6월
安賢泰	4년	金宇中	2년
琴震鎬	3년	鄭泰守	2년
李源祚	3년	張震浩	2년
成鎔旭	3년	李健熙	執猶
安武赫	3년	李埈鎔	執猶
金鍾仁	執猶	金俊起	執猶
司空壹	執猶	李 鍵	執猶
李泰珍	執猶	李景勳	執猶

손잡고 역사의 심판앞에

법의 심판대에 나란히 선 「내란의 주역」 全斗煥·盧泰愚 두 전직대통령. 12·12사건 17년만에 열린 선고공판에서 서로를 위로하듯 손을 맞잡고 있다. 쿠데타동지였던 두 사람은 사형과 징역형으로 운명이 갈렸다. 【신문사진공동취재단】

손 잡고 역사의 심판 앞에

내란·반란죄 등 적용, 박준병씨 무죄

유학성·황영시·최세창·장세동·

이학봉·차규헌·안현태씨 법정구속

100

전두환씨 사형 선고

『한국일보』 1996. 8. 27. 1면

서울지법 형사합의30부(재판장 김영일 부장판사)는 26일 12·12, 5·18사건과 비자금사건 선고공판에서 전두환 피고인에게 반란과 내란수괴, 내란목적 살인, 특정범죄가중처벌법위반(뇌물수수)죄 등을 적용해 검찰구형대로 사형을 선고했다. 또 노태우 피고인에게는 반란과 내란 중요임무종사 및 특정범죄가중처벌법상 뇌물수수혐의를 인정, 징역 22년 6월을 선고했다.

재판부는 전·노 피고인이 재임 중 기업체 등으로부터 각각 받은 뇌물액 2,259억 5,000만 원과 2,838억 9,600만 원을 모두 추징했다.

12·12, 5·18 선고 형량

황영시	10년
정호용	10년
허화평	10년
이학봉	10년
이희성	8년
허삼수	8년
유학성	8년
최세창	8년
주영복	7년
차규헌	7년
장세동	7년
신윤희	4년
박종규	4년

재판부는 이 밖에 황영시·정호용·이학봉·허화평 피고인은 징역 10년, 이희성·허삼수·유학성·최세창 피고인에게는 징역 8년, 주영복·차규헌·장세동 피고인에게 징역 7년씩을 선고했다. 신윤희·박종규 피고인에게는 징역 4년씩을 선고했다. 그러나 재판부는 박준병 피고인에게는 "12·12사건에서 전 피고인을 위해 뚜렷한 역할을 했다고 볼 수 없다"며 무죄를 선고했다.

재판부는 광주유혈진압과 자위권발동과 관련된 내란목적살인죄에 대해 전·이희성·주영복 피고인은 유죄를 인정했지만, 정호용·황영시 피고인에게는 무죄를 선고했다. 재판부는 선고와 동시에 1심 구속기간 만료임박 등 이유로 풀려났던 유학성·장세동 피고인 등 5명과 불구속 기소되었던 차규헌 피고인을 법정 구속했다.

전씨 무기 확정

노씨 17년…대법 상고 기각

全씨 無期확정

盧씨 17년… 대법 上告기각

朴俊炳 무죄·李源祚씨등 곧수감

"내란 종료시점은 81년1월24일"

12·12 5·18 全·盧 비자금사건

12·12 및 5·18사건과 전두환·노태우 전대통령 비자금사건 상고심 공판이 17일 하오 대법원 대법정에서 전원합의체 심리로 열려 각각 무기징역과 17년형이 선고됐다.

비자금 차명전환 무죄

관련기사 2·3·4·5·6·33·35면 판결문 25~30면

鄭리스트의원 黨職사퇴

與, 文시장 탈당안하면 출당검토

"全·盧씨사면 검토안해"

청와대 국민합의 이뤄진뒤 판단

12·12 및 5·18사건과 전두환·노태우 전 대통령 비자금사건 상고심 공판이 17일 하오 대법원 대법정에서 전원합의체 심리로 열려 각각 무기징역과 17년 형이 선고되었다.

박준병 무죄·이원조 씨 등 곧 수감
"내란 종료시점은 81년 1월 24일"

101

전씨 무기 확정

『한국일보』 1997. 4. 18. 1면

12·12, 5·18 전·노 비자금사건

전두환 전 대통령에게 무기징역, 노태우 전 대통령에게 징역 17년의 형이 확정되었다. 대법원 전원합의체(재판장 윤관 대법원장·주심 정귀호 대법관)는 17일 하오 1시 30분 대법원 대법정에서 열린 12·12 및 5·18 사건과 전·노 전 대통령 비자금사건 상고심 선고공판에서 검찰과 피고인의 상고를 모두 기각, 항소심 형량대로 형을 확정했다.

군형법상 반란 및 내란죄와 뇌물수수죄 등이 적용된 전·노 피고인은 재임 중 기업체 등에서 뇌물로 받은 2,205억 원과 2,628억 원에 대한 추징금이 각각 확정되었다.

이 사건은 95년 10월 검찰이 수상에 착수한 뒤 1년 6개월 만에 사법적으로 심판이 마무리되었다.

재판부는 판결문에서 "헌법에 정한 민주적 절차에 의하지 않고 폭력으로 정권을 장악하는 행위는 어떠한 경우에도 용인할 수 없다"며 "5·18 특별법이 제정되고 헌법재판소의 합헌결정이 내려진 만큼 피고인들의 군사반란 및 내란행위는 사법심사의 대상이 된다"고 판단, '성공한 쿠데타'도 처벌할 수 있음을 밝혔다. 재판부는 또 1·2심에서 엇갈린 해석으로 논란을 불러일으켰던 5·18사건의 내란종료시점에 대해 "비상계엄이 해제된 81년 1월 24일까지로 봐야 한다"며 6·29선언 때까지 내란상태가 지속되었다고 판단한 항소심판결을 배척했다. 재판부는 그러나 내란 목적 살인죄는 광주재진입 작전 시에만 제한적으로 적용해야 한다고 밝혀 자위권발동에 따른 발포행위에 대해 일부 무죄를 선고한 원심을 정당하다고 판단했다.

이날 판결로 반란중요임무종사죄 등이 적용된 황영시·허화평·이학봉 피고인은 징역 8년, 정호용·이희성·주영복 피고인은 징역 7년씩의 형이 확정되었다. 또 허삼수 피고인은 징역 6년, 최세창 피고인은 징역 5년, 차규헌·장세동·신윤희·박종규 피고인은 징역 3년 6월씩의 형이 확정되었다.

1·2심에서 실형이 선고되었으나 불구속 상태에서 재판을 받은 이원조·이희성·주영복·박종규·신윤회 피고인은 형이 확정돼 수감되게 되었다.

'성공한 쿠데타' 17년 만의 단죄

「성공한 쿠데타」 17년만의 斷罪

12·12 및 5·18 비자금사건 선고 형량표

〈12·12 및 5·18사건〉

이 름	당 시 직 책	죄 명	1심 선고형량	2·3심 선고형량
전두환	보 안 사 령 관	반란·내란수괴·내란목적 살인, 상관살해미수, 뇌물수수등	사 형 추징금 2,259억여원	무기징역 추징금 2,205억원
노태우	9 사 단 장	반란·내란중요임무종사·상관살해미수, 뇌물수수등	징역22년6월 추징금 2,838억여원	징역17년 추징금 2,628억여원
황영시	1 군 단 장	반란·내란중요임무종사·내란목적살인	징역10년 (내란목적살인무죄)	징역 8년 (내란목적살인유죄)
정호용	특 전 사 령 관	반란·내란중요임무종사·내란목적살인, 뇌물방조	징역10년 (내란목적살인무죄)	징역7년 (내란목적살인유죄)
허화평	보안사비서실장	반란·내란중요임무종사	징역10년	징역 8년
이학봉	보안사수사국장	반란·내란중요임무종사	징역10년	징역 8년
허삼수	보안사인사처장	반란·내란중요임무종사	징역 8년	징역 6년
이희성	계 엄 사 령 관	반란·내란중요임무종사, 내란목적살인	징역 8년	징역 7년
유학성	국방부군수차관보	반란중요임무종사등	징역 8년	징역 6년 사망으로 공소기각
최세창	3 공 수 여 단 장	반란중요임무종사	징역 8년	징역 5년
주영복	국 방 부 장 관	반란·내란중요임무종사, 내란목적살인	징역 7년	징역 7년
차규헌	수 도 군 단 장	반란중요임무종사, 반란·내란모의참여	징역 7년	징역 3년6월
장세동	30 경 비 단 장	반란중요임무종사	징역 7년	징역 3년6월
신윤희	수경사헌병부단장	반란중요임무종사	징역 4년	징역 3년6월
박종규	3공수15대대장	반란중요임무종사	징역 4년	징역 3년6월
박준병	20 사 단 장	반란중요임무종사	무 죄	무 죄
〈전씨 비자금 사건〉				
안현태	청와대경호실장	뇌물수수 및 방조	징역 4년 추징금 5천만원	징역 2년6월 추징금 6억1천만원
〈노씨 비자금 사건〉				
이현우	청와대경호실장	뇌물수수 및 방조	징역 7년 추징금 6억1천만원	징역 4년 추징금 6억1천만원
금진호	국 회 의 원	뇌물방조 등	징역 3년	징역 2년6월 집유 4년
이원조	국 회 의 원	뇌물방조 등	징역 3년	징역 2년6월
김우중	대 우 그 룹 회 장	뇌물공여	징역 2년	징역 2년·집유 3년
최원석	동 아 그 룹 회 장	뇌물공여	징역 2년6월	징역2년6월·집유4년
정태수	한보그룹총회장	뇌물공여·업무방해	징역 2년	무 죄
이경훈	(주) 대 우 대 표	업무방해	징역10월·집유 2년	무 죄

1·2심 확정 피고인

〈전씨 비자금 사건〉

이 름	당 시 직 책	죄 명	1심 선고형량	2심 선고형량
성용욱	국 세 청 장	뇌물수수 및 방조	징역 3년	징역2년6월·집유4년
안무혁	안 기 부 장	뇌물수수	징역 3년	징역2년6월·집유4년
사공일	재 무 장 관	뇌물방조	징역 2년·집유 4년	
〈노씨 비자금 사건〉				
장진호	진 로 그 룹 회 장	뇌물공여	징역 2년	징역 2년·집유 3년
이건희	삼 성 그 룹 회 장	뇌물공여	징역 2년·집유 3년	
김종인	청와대경제수석	뇌물방조 등	징역2년6월·집유4년	
이준용	대 림 그 룹 회 장	뇌물공여	징역1년6월·집유3년	
김준기	동 부 그 룹 회 장	뇌물공여	징역1년6월·집유2년	
이 건	대 호 건 설 대 표	뇌물공여	징역1년6월·집유3년	
이태진	경호실경리과장	업무방해 등	징역 1년·집유 2년	

全·盧씨 刑확정

대법원 판결 의미

[illegible]

정치군인 하극상·내란목적 殺人 판단

집권不法 재임合法 「내란시효」 모순도

[illegible]

광주민주화운동 法的인정

권력-재벌 유착에도 경종

[illegible]

新軍部에 피해 당사자들 損賠訴 "난관"

시효기산점은 81년 1월 24일

[illegible]

12·12 및 5·18, 비자금사건 선고 형량표

전·노씨 형 확정

대법원 판결 의미

정치군인 하극상·내란목적 살인 판단

집권 불법 재임 합법 '내란시효' 모순도

광주민주화운동 법적 인정 권력-재벌 유착에도 경종

'성공한 쿠데타' 17년 만의 단죄

『한국일보』 1997. 4. 18. 3면

헌정사상 처음으로 전직 대통령 3명을 법정에 세운 12·12 및 5·18 사건과 전두환·노태우 전 대통령 비자금 사건에 대한 대법원의 확정 판결이 내려짐에 따라 잘못된 과거사에 대한 법률적 단죄 작업이 매듭지어졌다.

95년 10월 노 전 대통령 비자금 사건수사 착수 뒤 1년 6개월 만, 지난해 3월 재판시작 1년 1개월 만에 사법적 판단이 최종 마무리된 셈이다.

이번 재판은 정권탄생과정의 불법성과 집권 시 부정부패 관행에 대해 준엄한 사법적 제재를 가함으로써 우리 현대사에 새로운 이정표를 세웠다는 평가를 받을 만하다.

대법원이 특히 판결문을 통해 "헌법에 정한 민주적 절차에 의하지 않고 폭력에 의해 정권을 장악한 행위는 어떠한 경우에도 용인될 수 없다"고 밝힘으로써 '성공한 쿠데타'에 대한 단죄의지를 분명히 했다.

또 통치자금을 거둔다는 미명으로 자행되어 온 최고권력자의 '검은돈 챙기기'에 대해서도 유죄가 선언됨으로써 뇌물을 고리로 한 권력과 재벌 간의 유착관계에 철퇴를 가했다는 의미도 찾을 수 있다.

하지만 대법원은 법률적 판단은 단호하면서도 형량에 있어서는 관용을 베풀었던 항소심의 양형을 그대로 받아들여 쿠데타의 주역들이 '사정변경'으로 뒤늦게 처벌받게 되는 점을 충분히 감안했다는 지적이다.

대법원은 주요 법률적 쟁점에 대해 내란의 기산점을 제외하고는 항소심 재판부의 판단을 인정했다. 군사반란과 내란의 가벌성 등에 대해 소수 의견이 있었으나 12·12는 군권장악을 위한 정치군인들의 하극상이고 신군부의 집권과정은 국헌문란을 목적으로 한 폭동이었다는 검찰의 주장과 항소심 재판부의 판단은 다수의견으로 채택되었다.

법률적 구성논리가 가장 취약한 것으로 지적되었던 내란목적 살인 부분에 대해 대법원은 광주재진입 작전에 대해서만 적용할 수 있다고 본 원심 판단이 그대로 인정되었다. 교도소 부근에서의 총격 등 광주에서의 살상행위 대부분을 내란목적살인으로 기소했던 검찰은 절반의 승리를 거둔 셈이다.

하지만 이번 판결로 시위 진압의 책임자들이 처벌을 받게 됨에 따라 폭도들의 난동으로 매도되었던 광주민주화운동이 내란 세력에 대한 저항으로 인정받게 된 것도 되새길 만한 대목이다.

대법원은 또 "금융기관은 거래자의 실명 여부만 확인하면 되는 것이지 돈의 실제 주인이 누구인지를 확인할 의무까지 없다"고 밝혀 노씨의 비자금을 실명전환한 정태수 피고인 등에게 업무방해혐의를 적용했던 검찰에 유일한 '패배'를 안겨 주었다.

반란중요임무 종사혐의로 기소된 박준병씨에 대한 무죄선고가 다수의견 8명, 반대의견 5명으로 아슬아슬하게 확정된 것은 대법관들 사이에 치열한 법률 공방이 있었음을 보여 주고 있다.

수사 때부터 논란이 벌어졌던 내란의 기산점에 대해 대법원은 비상계엄이 해제된 81년 1월 24일이라 규정, 신군부가 국민의 저항에 굴복한 87년 6·29선언을 내란 종료시점으로 본 항소심의 판결을 뒤집었다.

대법원의 이런 판단에는 신군부의 집권기간 전체를 내란상태로 볼 경우 오게 될 법적 혼란을 피하기 위한 의도가 깔려 있는 것으로 보이지만 "집권과정은 불법이고 재임기간은 합법"이라는 논리의 모순을 담고 있다는 지적도 나오고 있다.

12·12 및 5·18사건

이름	당시 직책	죄명	1심 선고형량	2·3심 선고형량
전두환	보안사령관	반란·내란수괴·내란목적 살인·상관살해미수·뇌물수수 등	사형 추징금 2,259억여 원	무기징역 추징금 2,205억 원
노태우	9사단장	반란·내란중요임무종사자·상관살해미수·뇌물수수 등	징역 22년 6월 추징금 2,838억여 원	징역 17년 추징금 2,628억여 원
황영시	1군단장	반란·내란중요임무종사·내란목적살인	징역 10년(내란목적살인무죄)	징역 8년(내란목적살인유죄)
정호용	특전사령관	반란·내란중요임무종사·내란목적살인	징역 10년(내란목적살인무죄)	징역 7년(내란목적살인유죄)
허화평	보안사비서실장	반란·내란중요임무종사	징역 10년	징역 8년
이학봉	보안사수사국장	반란·내란중요임무종사	징역 10년	징역 8년
허삼수	보안사인사처장	반란·내란중요임무종사	징역 8년	징역 6년
이희성	계엄사령관	반란·내란중요임무종사·내란목적살인	징역 8년	징역 7년
유학성	국방부군사차관보	반란중요임무종사 등	징역 8년	징역 6년. 사망으로 공소기각
최세창	3공수여단장	반란중요임무종사	징역 8년	징역 5년
주영복	국방부장관	반란·내란중요임무종사·내란목적살인	징역 7년	징역 7년
차규헌	수도군단장	반란중요임무종사, 반란·내란모의참여	징역 7년	징역 3년 6월
장세동	30경비단장	반란중요임무종사	징역 7년	징역 3년 6월
신윤희	수병사헌병부단장	반란중요임무종사	징역 4년	징역 3년 6월
박종규	3공수15대대장	반란중요임무종사	징역 4년	징역 3년 6월
박준병	20사단장	반란중요임무종사	무죄	무죄

전씨 비자금

안현태	청와대경호실장	뇌물수수 및 방조	징역 4년 추징금 5천만 원	징역 2년 6월 추징금 6억 1천만 원

노씨 비자금

이현우	청와대경호실장	뇌물수수 및 방조	징역 7년 추징금 6억 1천만 원	징역 4년 추징금 6억 1천만 원
금진호	국회의원	뇌물방조 등	징역 3년 집유 4년	징역 3년 6월
이원조	국회의원	뇌물방조 등	징역 3년	징역 2년 6월
김우중	대우그룹회장	뇌물공여	징역 2년	징역 2년·집유 3년
최원석	동아그룹회장	뇌물공여	징역 2년 6월	징역 2년 6월·집유 3년
정태수	한보그룹총회장	뇌물공여·업무방해	징역 2년	무죄
이경훈	㈜대우대표	업무방해	징역 10월·집유 2년	무죄

1·2심 확정 피고인
전씨 비자금 사건

성용욱	국세청장	뇌물수수 및 방조	징역 3년	징역 2년 6월·집유 4년
안무혁	안기부장	뇌물수수	징역 3년	징역 2년 6월·집유 4년
사공일	재무장관	뇌물방조	징역 2년·집유 4년	

노씨 비자금 사건

장진호	진로그룹회장	뇌물공여	징역 2년	징역 2년·집유 3년
이건희	삼성그룹회장	뇌물공여	징역 2년·집유 3년	
김종인	청와대경제수석	뇌물방조 등	징역 2년 6월·집유 4년	
이준용	대림그룹회장	뇌물공여	징역 1년 6월·집유 3년	
김준기	동부그룹회장	뇌물공여	징역 1년 6월·집유 2년	
이건	태호건설대표	뇌물공여	징역 1년 6월·집유 3년	
이태진	경호실경리과장	업무방해 등	징역 1년·집유 2년	

전·노씨 석방

全·盧씨 석방

12·12、5·18 사건과 전직대통령 비자금 사건으로 각각 무기징역과 징역17년을 선고받은 전두환(全斗煥)·노태우(盧泰愚) 전대통령이 정부의 특별사면조치로 22일 상오 안양교도소와 서울구치소에서 석방돼 귀가했다。

★관련기사 38·39면

또 수감중이던 정호용(鄭鎬溶) 전국방장관과 황영시(黃永時) 전감사원장 등 12·12、5·18사건 관련자 11명과 안현태(安賢泰) 전청와대경호실장 등 비자금사건관련자 2명、이양호(李養鎬)전국방장관과 박은태(朴恩台)전의원도 이날 석방됐다。 또 형집행정지조치로 입원치료중이던 장세동(張世東) 전안기부장과 이원조(李源祚) 전의원도 사면됐다。

이로써 전·노 전대통령은 95년 11월16일과 12월3일 구속된지 2년여만에 풀려나 참정권 등 권리가 모두 회복됐다。

전·노 전대통령은 출감후 승용차편으로 각각 연희동 집에 도착했으며 친지들과 측근들이 이들을 맞았다。

【김상철·이태희기자】

전·노씨 석방

『한국일보』 1997. 12. 23. 1면

전·노씨 석방

12·12, 5·18 사건과 전직 대통령 비자금 사건으로 각각 무기징역과 징역 17년을 선고받은 전두환·노태우 전 대통령이 정부의 특별사면조치로 22일 상오 안양교도소와 서울구치소에서 석방되어 귀가했다.

또 수감 중이던 정호용 전 국방장관과 황영시 전 감사원장 등 12·12, 5·18사건 관련자 11명과 안현태, 이현우 전 청와대 경호실장 등 비자금사건 관련자 2명, 이양호 전 국방장관과 박은태 전의원도 이날 석방되었다. 또 형집행정지조치로 입원치료하고 있던 장세동 전 안기부장과 이원조 전 의원도 사면되었다.

이로써 전·노 전 대통령은 95년 11월 16일과 12월 3일 구속된 지 2년여 만에 풀려나 참정권 등 권리가 모두 회복되었다.

전·노 전 대통령은 출감 뒤 승용차편으로 각각 연희동 집에 도착했으며 친지들과 측근들이 이들을 맞았다.

추징금 집행 전씨 돈은 "꼭꼭" 노씨 돈 "착착"

추징금 집행 全씨돈은 "꼭꼭" 盧씨돈 "착착"

全씨 14%
盧씨 84%

검찰, 盧씨 359억 강제추징 착수

全씨돈 대부분 무기명債 추정
"돈없다" 일관 검찰 속앓이
최근 정치행보 "무슨 돈…" 의혹

찰이 9일 노태우(盧泰愚)전대통 의 비자금 359억원에 대한 강제추 에 착수함에 따라 법원이 선고한 노 대통령과 전두환(全斗煥)전대통령 비자금에 대한 관심이 높아지고 있

서울지검 총무부(조승식·趙承植 부 검사)는 이날 노전대통령이 사돈인 병수(申明秀)신동방회장에게 빌려 비자금 230억원과 동생인 재우(載 씨에게 맡긴 129억원 등 359억원에 해 지난 3월 서울고검에 지급명령 청계획 승인을 요청했다고 밝혔다.

노씨는 97년 4월 비자금사건 상고 에서 2,628억원의 추징금을 선고받 이중 1,742억원을 추징당했으며, 찰이 지난달 노씨가 김석원(金錫 쌍용그룹회장에게 맡긴 비자금 2 억원(이자 51억원 포함)중 주식과 금등 102억7,000여만원에 대한 가집 절차를 밟은데 이어 이번에 359억 원에 대한 추가 추징이 이뤄지면 미집행금은 425억원으로 줄게 된다. 이에 따라 노씨에 대한 추징금 집행률은 66.3%에서 83.8%가 된다.

하지만 두 전직 대통령중 한 명인 전전대통령의 비자금에 대한 추징금 집행률은 14%수준이며 추징도 현재까지 답보 상태다. 특히 전씨가 최근 정치적 행보를 거듭하고 있어 숨겨둔 비자금을 정치적으로 사용할 가능성에 대한 의혹이 제기되고 있다.

전씨는 97년 4월 대법원의 비자금사건 상고심에서 2,205억원의 추징금을 선고받았다. 그러나 2년여가 지난 현재까지 집행된 추징금은 312억9,000만원에 불과하다. 이 추징금은 전씨측이 무기명 산업금융채권을 현금화하는 과정에서 노출된 180여억원과 쌍용그룹에서 변칙 실명전환해준 비자금 60여억원 및 전씨 명의 예금 등이다. 1,892억여원은 여전히 미집행 상태이고 그나마 97년 8월 이후 추징된 금액은 단한푼도 없다.

검찰은 전씨의 비자금 대부분이 추적이 곤란한 무기명 채권으로 되어 있을 것으로 보고 있다. 전씨의 외형적인 재산은 연희동 자택중 별채와 벤츠승용차 및 골프장 회원권 2장 등에 불과하다. 자택 본채는 부인 이순자(李順子)씨 명의로 되어 있어 추징대상이 아니다.

검찰은 전씨의 비자금이 무기명 채권 800억원대를 포함, 1,800억원대에 달할 것으로 보고 전담 추적반을 구성, 추징시효(3년)를 연장해가며 무기한 추징하겠다는 방침을 세우고 있지만 현실성이 없어 속앓이만 하고 있다. 검찰관계자는 「전씨는 추징금 납부를 독촉하는 최고장을 보내도 묵묵부답으로 일관하고 있다」며 「많은 사람들을 거느리며 지방을 돌아다닐 돈이 있다면 마땅히 추징금부터 내야 할 것」이라고 말했다.

그러나 전씨는 8월 부산 금정산에서 열린 등반대회에 참가, 「상당한 수사능력을 갖고 있는 검찰이 그렇게 조사해 뭐가 나왔다면 가만히 있겠느냐」며 추징금을 낼만한 재산이 없다고 주장했다. 전씨는 지방방문 자금의 출처에 대해서도 「밥은 초청하는 데서 주고 아는 집에서 잔다. 돈으로 따진다면 얼마 되겠느냐」고 말하기도 했다.

/박일근기자 ikpark@hk.co.kr

● 전두환·노태우 전대통령 추징현황

	전두환씨	노태우씨	
선고된 추징금 총액	2,205억원	2,628억원	
집행	312억9,000만원	1,742억원	
미집행	1,892억1,000만원	886억원	
집행예정	대부분 무기명채권으로 현실적으로 추징 곤란	쌍용에 맡긴	102억7,000만원
		신동방에 빌려준	230억원
		동생에게 맡긴	129억원
		합계	461억7,000만원
추징률	14%	83.8%(집행예정포함)	

전씨 14%
노씨 84%

104

추징금 집행 전씨 돈은 "꼭꼭" 노씨 돈 "착착"

『한국일보』 1999. 5. 10. 23면

전두환·노태우 전 대통령 추징현황

선고된 추징금 총액	전두환씨	노태우씨
	2,205억 원	2,628억 원
집행	312억 9,000만 원	1,742억 원
미집행	1,892억 1,000만 원	886억 원
집행예정	대부분 무기명채권으로 현실적으로 추징 곤란	쌍용에 맡긴 102억 7,000만 원
		신동방에 빌려준 230억 원
		동생에게 맡긴 129억 원
		합계 461억 7,000만 원
추징률	14%	83.8%(집행예정 포함)

검찰이 9일 노태우 전 대통령의 비자금 359억 원에 대한 강제추징에 착수함에 따라 법원이 선고한 노 전 대통령과 전두환 전 대통령 비자금에 대한 관심이 높아지고 있다.

서울지검 총무부(조승식 부장검사)는 이날 노 전 대통령이 사돈인 신명수 신동방회장에게 빌려준 비자금 230억 원과 동생인 재우씨에게 맡긴 129억 원 등 359억 원에 대해 지난 3일 서울고검에 지급명령신청계획 승인을 요청했다고 밝혔다.

노씨는 97년 4월 비자금사건 상고에서 2,628억 원의 추징금을 선고받고 이 가운데 1,742억 원을 추징당했다. 검찰이 지난달 노씨가 김석원 쌍용그룹회장에게 맡긴 비자금 200억 원(이자 51억 원 포함) 가운데 주식과 비자금 등 102억 7,000여만 원에 대한 가집행 절차를 밟은 데 이어 이번에 359억 원에 대한 추가추징이 이뤄지면 미집행금은 425억 원으로 줄게 된다. 이에 따라 노씨에 대한 추징금 집행률은 66.3%에서 83.8%가 된다.

하지만 두 전직 대통령 가운데 한 사람인 전 전 대통령의 비자금에 대한 추징금 집행률은 14% 수준이다. 추징도 현재까지 더 이뤄지지 못하고 있다. 특히 전씨가 최근 정치적 행보를 거듭하고 있어 숨겨둔 비자금을 정치적으로 사용할 수도 있을 것이라는 의혹이 제기되고 있다.

전씨는 1997년 4월 대법원의 비자금사건 상고심에서 2,205억 원의 추징금을 선고받았다. 그러나 2년여가 지난 현재까지 집행된 추징금은 312억 9,000만 원에 지나지 않는다. 이 추징금은 전씨 측이 무기명 산업금융채권을 현금화하는 과정에서 드러난 180여억 원과 쌍용그룹에서 변칙 실명전환해 준 비자금 60여억 원 및 전씨 명의 예금 등이다. 1,892억여 원은 여전히 미집행 상태이고 그나마 1997년 8월 뒤 추징된 금액은 단 한푼도 없다.

검찰, 노씨 359억 강제추징 착수
전씨 돈 대부분 무기명채 추정
"돈 없다" 일관 검찰 속 앓이
최근 정치행보 "무슨 돈…" 의혹

검찰은 전씨의 비자금 대부분이 추적이 곤란한 무기명 채권으로 되어 있을 것으로 보고 있다. 전씨의 외형적인 재산은 연희동 자택 가운데 별채와 벤츠 승용차와 골프장 회원권 2장 등이다. 자택 본채는 부인 이순자씨 명의로 되어 있어 추징대상이 아니다.

검찰은 전씨의 비자금이 무기명 채권 800억 원대를 포함, 1,800억 원대에 이를 것으로 보고 전담 추적반을 구성, 추징시효(3년)를 연장해 가며 무기한 추징하겠다는 방침을 세우고 있다. 그러나 현실성이 없어 속앓이만 하고 있다. 검찰관계자는 "전씨는 추징금 납부를 독촉하는 최고장을 보내도 묵묵부답으로 일관하고 있다"며 "많은 사람들을 거느리며 지방을 돌아다닐 돈이 있다면 마땅히 추징금부터 내야 할 것"이라고 말했다.

그러나 전씨는 8일 부산 금정산에서 열린 등반대회에 참가, "상당한 수사능력을 갖고 있는 검찰이 그렇게 조사해 뭐가 나왔다면 가만히 있겠느냐"며 추징금을 낼 만한 재산이 없다고 주장했다. 전시는 지방방문 자금의 출처에 대해서도 "밥은 초청하는 데서 주고 아는 집에서 잔다. 돈으로 따진다면 얼마 되겠느냐"고 말하기도 했다.

○ "전씨 재산목록 신빙성 없어"

"全씨 재산목록 신빙성 없어"

■ **법원, 심리종결… 의문 제기**

법원이 전두환 전 대통령의 은닉재산을 환수하기 위해 검찰이 제기한 재산명시 심리를 종결하면서 전씨측이 낸 배우자 및 직계 존비속의 재산목록이 거짓일 가능성이 있다며 의문을 제기했다.

서울지법 서부지원 민사26단독 신우진(30) 판사는 23일 전씨가 출석한 가운데 열린 재산명시 심리 공판에서 "전씨측이 제출한 재산목록 자료의 신빙성에 의혹은 가지만 심리를 연기할 경우 재산조회 및 형사 처벌 등 검찰의 후속 수사 등 절차가 연기될 수 있는 만큼 심리를 종결한다"고 밝혔다.

전씨측이 지난 19일 법원에 제출한 재산목록은 부인 이순자씨와 아들 3형제, 며느리 3명, 손자 손녀 등의 명의로 된 재산으로, 그동안 언론에서는 이씨와 직계 존비속의 재산이 200억원대로 추정된다고 보도했으나 이날 전씨측 변호인은 "50억원이 채 안된다"고 주장했다.

4월28일 전씨가 참석한 가운데 열린 첫 심리에서

제3자 지원도 자료서 누락
"허위사실땐 처벌받겠다"
全씨 얼굴 굳은채로 선서

"재산이 29만원 밖에 안된다는 전씨가 많은 사람들을 거느리고 골프와 해외여행을 할 수 있는지 납득키 어렵다"며 재산목록 보완 및 정정 명령을 내렸던 신판사는 이날도 재산목록의 신빙성이 떨어지는 이유로 우선 "29만원 밖에 현금이 없다는 전씨측 진술은 믿을 수가 없다"고 밝혔다. 그는 또 "전씨는 제3자로부터 생계비 이상의 지원을 받고 있는 것 같은데도 참고자료에는 그 같은 부분이 누락돼 있다"며 "재산목록이 진실이 아닐 개연성이 높고 이후 수사기관의 형사상 절차 가능성이 높다"는 의견을 제시했다.

이날 두 번째로 법정에 선 전씨는 긴장된 표정으로 심리에 임했으나 '감치' 명령 등 최악의 상황이 발생하지 않은 채 선서를 하는 것으로 심리가 마무리되자 여유있는 표정으로 "감사합니다"라는 인사를 남긴 뒤 법정을 떠났다.

그러나 심리 종반 "재산목록 중 허위 사실, 누락 부분이 있을 경우 3년 이하 징역, 500만원의 벌금을 선고받을 수 있다"는 신 판사의 공지가 있은 뒤 "허위 사실이 있으면 처벌받겠다"고 선서를 할 때는 얼굴 표정이 딱딱하게 굳기도 했다.

전두환 전 대통령이 23일 오전 재산명시심리공판에 참석하기 위해 서울지법 서부지원으로 들어서고 있다. /이종철기자

한편 민주노동당은 이날 서부지원 앞에서 기자회견을 갖고 지난 한 달여 동안 전씨 은닉재산에 대한 제보를 받은 결과 7조350억원 규모의 예치 확인서와 2,300억원 규모의 68개 계좌 등 모두 25건의 제보가 접수됐다며 전씨의 재산은닉 의혹을 거듭 주장했다.

/이왕구기자 fab4@hk.co.kr

제3자 지원도 자료서 누락
"허위사실 땐 처벌받겠다"
전씨 얼굴 굳은 채로 선서

"전씨 재산목록 신빙성 없어"

『한국일보』 2003. 6. 24. 9면

법원, 심리종결…의문 제기

법원이 전두환 전 대통령의 은닉재산을 환수하려고 검찰이 제기한 재산명시 심리를 종결하면서 전씨 측이 낸 배우자와 직계 존비속의 재산목록이 거짓일 가능성이 있다며 의문을 제기했다.

제3자 지원도 자료서 누락
"허위사실 땐 처벌받겠다"
전씨 얼굴 굳은 채로 선서

서울지법 서부지원 민사26단독 신우진(30) 판사는 23일 전씨가 출석한 가운데 열린 재산명시 심리 공판에서 "전씨 측이 제출한 재산목록 자료의 신빙성에 의혹은 가지만 심리를 연기할 때 재산조회와 형사처벌 등 검찰의 후속 수사 등 절차가 연기될 수 있는 만큼 심리를 종결한다"고 밝혔다.

전씨 측이 지난 19일 법원에 제출한 재산목록은 부인 이순자씨와 아들 3형제, 며느리 3명, 손자 손녀 등의 명의로 된 재산으로, 그동안 언론에서는 이씨와 직계 존비속의 재산이 200억 원대로 추정된다고 보도했으나 이날 전씨 측 변호인은 "50억 원이 채 안 된다"고 주장했다.

4월 28일 전씨가 참석한 가운데 열린 첫 심리에서 "재산이 29만 원밖에 안 된다는 전씨가 많은 사람들을 거느리고 골프와 해외여행을 할 수 있는지 납득하기 어렵다"며 재산목록 보완과 정정 명령을 내렸던 신 판사는 이날도 재산목록의 신빙성이 떨어지는 이유로 먼저 "29만 원밖에 현금이 없다는 전씨 측 진술을 믿을 수가 없다"고 밝혔다.

4월 28일 전씨가 참석한 가운데 열린 첫 심리에서 "재산이 29만 원밖에 안 된다는 전씨가 많은 사람들을 거느리고 골프와 해외여행을 할 수 있는지 납득하기 어렵다"며 재산목록 보완과 정정 명령을 내렸던 신 판사는 이날도 재산목록의 신빙성이 떨어지는 이유로 먼저 "29만 원밖에 현금이 없다는 전씨 측 진술을 믿을 수가 없다"고 밝혔다.

그는 또 “전씨는 제3자로부터 생계비 이상의 지원을 받고 있는 것 같은데도 참고자료에는 그 같은 부분이 누락돼 있다”며 “재산목록이 진실이 아닐 개연성이 높고 이후 수사기관의 형사상 절차 가능성이 높다”는 의견을 제시했다.

이날 두 번째로 법정에 선 전씨는 긴장된 표정으로 심리에 임했으나 ‘감치’ 명령 등 최악의 상황이 벌어지지 않은 채 선서를 하는 것으로 심리가 마무리되자 여유 있는 표정으로 “감사합니다”라는 인사를 남긴 두 법정을 떠났다.

그러나 심리 종반 “재산목록 가운데 허위 사실, 누락 부분이 있을 경우 3년 이하 징역, 500만 원의 벌금을 선고받을 수 있다”는 신 판사의 공지가 있은 뒤 “허위 사실이 있으면 처벌받겠다”고 선서를 할 때는 얼굴 표정이 딱딱하게 굳기도 했다.

한편 민주노동당은 이날 서부지원 앞에서 기자회견을 갖고 지난 한 달여 동안 전씨 은닉재산에 대한 제보를 받은 결과 7조 350억 원 규모의 예치 확인서와 2,300억 원 규모의 68개 계좌 등 모두 25건의 제보가 접수되었다며 전씨의 재산은닉 의혹을 거듭 주장했다.

채동욱 총장 "전씨 일가 범죄 혐의 포착 땐 수사 전환"

채동욱 총장 "全씨 일가 범죄 혐의 포착 땐 수사 전환"

친인척 집 등 13곳 압수수색 재산 추징팀 확대 개편

채동욱 검찰총장은 17일 전두환 전 대통령에 대한 미납 추징금 집행과 관련, "범죄 혐의가 포착되면 수사로 전환하는 경우도 있을 수 있다"고 말했다.

채 총장은 이날 서울 서초구 대검찰청 청사에서 열린 기자간담회에서 "전 전 대통령 추징팀을 상당 부분 확대 개편하겠다"면서 이렇게 밝혔다.

이는 조사 과정에서 범죄 혐의가 포착되면 전 전 대통령에 대한 본격 수사 착수 및 형사처벌 가능성을 내비친 것이라 주목된다. 검찰 총수가 미납 추징금 집행과 관련해 전 전 대통령의 수사 가능성을 시사한 것은 처음이다.

★관련기사 4·17면

검찰은 전날에 이어 이날에도 전 전 대통령 형의 경기도 여주 자택을 비롯, 서울 10곳과 경기도 2곳 등 친인척 주거지 12곳과 장남 재국씨가 운영 중인 시공사 관련 1곳 등 총 13곳에 대해 압수수색을 벌였다.

검찰은 이들의 주거지와 회사 사무실에서 회계 자료와 금융거래 내역, 컴퓨터 하드 디스크, 전씨 일가와 관련된 각종 문서 등을 확보한 것으로 전해졌다.

현행 금융실명제법상 은행 계좌의 경우 개설할 때에만 실명 확인이 필요하며 일단 실명이 확인된 계좌로 계속 거래할 때에는 실명 확인 의무가 없다.

따라서 검찰은 전 전 대통령 측이 자신의 이름이 아닌 친인척의 명의로 차명 계좌를 개설한 뒤 비자금 관리나 자금 세탁용으로 사용한 게 아닌지 의심하는 것으로 알려졌다.

검찰은 또 전 전 대통령이 대법원에서 유죄와 거액의 추징금이 확정되자 주택·대지 등 일부 자산이 강제 집행을 당할 것으로 예상하고 친인척과 일정한 약속 하에 소유권을 넘기는 형태로 몰래 관리해 왔을 가능성에 주목하고 있다.

검찰은 이처럼 추징금의 강제 집행을 회피하기 위해 부동산을 명의 신탁한 경우 추징 대상이 된다고 판단하고 있다. 전 전 대통령의 비자금으로 사들인 재산은 불법원인 급여 또는 부당이득에 해당한다고 검찰은 보고 있다.

검찰은 전 전 대통령 일가의 자산 내역과 친인척을 동원한 차명 관리 실태를 종합적으로 파악해 전 전 대통령의 은닉 재산이거나 과거 비자금으로 마련한 재산이 드러날 경우 추징해 국고로 환수할 방침이다.

이를 위해 검찰은 수사팀을 18일부터 검사를 총 8명으로 증원하고 수사관을 20여명으로 확대키로 했다.

염영남기자

106

채동욱 총장 "전씨 일가 범죄 혐의 포착 땐 수사 전환"

『한국일보』 2013. 7. 18. 1면

친인척 집 등 13곳 압수수색

재산 추징 팀 확대 개편

채동욱 검찰총장은 17일 전두환 전 대통령에 대한 미납 추징금 집행과 관련, "범죄 혐의가 포착되면 수사로 전환하는 경우도 있을 수 있다"고 말했다.

채 총장은 이날 서울 서초구 대검찰청 청사에서 열린 기자간담회에서 "전 전 대통령 추징 팀을 상당 부분 확대 개편하겠다"면서 이렇게 밝혔다.

이는 조사과정에서 범죄혐의가 포착되면 전 전 대통령에 대한 본격 수사 착수 및 형사처벌 가능성을 내비친 것이라 주목된다. 검찰총수가 미납 추징금 집행과 관련해 전 전 대통령의 수사 가능성을 시사한 것은 처음이다.

검찰은 전날에 이어 이날에도 전 전 대통령 형의 경기도 여주 자택을 비롯, 서울 10곳과 경기도 2곳 등 친인척 주거지 12곳과 장남 재국씨가 운영하고 있는 시공사 관련 1곳 등 총 13곳에 대해 압수수색을 벌였다.

검찰은 이들의 주거지와 회사 사무실에서 회계 자료와 금융거래 내역, 컴퓨터 하드 디스크, 전씨 일가와 관련된 각종 문서 등을 확보한 것으로 전해졌다.

현행 금융실명제법상 은행 계좌의 경우 개설할 때에만 실명 확인이 필요하며 일단 실명이 확인된 계좌로 계속 거래할 때에는 실명 확인 의무가 없다.

따라서 검찰은 전 전 대통령 측이 자신의 이름이 아닌

친인척의 명의로 차명 계좌를 개설한 뒤 비자금 관리나 자금 세탁용으로 사용한 것이 아닌지 의심하는 것으로 알려졌다.

검찰은 또 전 전 대통령이 대법원에서 유죄와 거액의 추징금이 확정되자 주택·대지 등 일부 자산이 강제 집행을 당할 것으로 예상하고 친인척과 일정한 약속 하에 소유권을 넘기는 형태로 몰래 관리해 왔을 가능성에 주목하고 있다.

검찰은 이처럼 추징금의 강제 집행을 회피하려고 부동산을 명의 신탁한 경우 추징대상이 된다고 판단하고 있다. 전 전 대통령의 비자금으로 사들인 재산은 불법원인 급여 또는 부당이득에 해당한다고 검찰은 보고 있다.

검찰은 전 전 대통령 일가의 자산 내역과 친인척을 동원한 차명 관리 실태를 종합적으로 파악해 전 전 대통령의 은닉재산이거나 과거 비자금으로 마련한 재산이 드러날 경우 추징해 국고로 환수할 방침이다.

이를 위해 검찰은 수사팀을 18일부터 검사를 총 8명으로 증원하고 수사관을 20여 명으로 확대하기로 했다.

전두환 연표

1931년	1월 18일 경상남도 합천군 율곡면 내천리 264번지 출생(일곱 남매 중 다섯째)
1937년	희도공립국민학교 입학
1940년	4월 1일 가족이 간도로 이주. 만주 길림성 반석현 호란보통소학교에 입학
1947년	9월 1일 대구공립공업중학교 기계과 입학
1950년	6월 25일 한국전쟁 발발
1952년	6월 14일 육군사관학교 11기로 입학
1954년	6월 14일 육군사관학교 참모장이던 이규동의 딸 이순자를 처음 만남
1955년	10월 4일 육군사관학교 11기 졸업. 전두환 소위 21사단 배속
1959년	1월 24일 이순자와 결혼
	아들 재국 태어남
1961년	4월 육군본부 특전감실 기획과장 대리 전속. ROTC 창단 준비위원. 서울대 문리대 교관 요원 지명
	5월 5·16 쿠데타 일어남. 18일 당시 육사 교장의 반대를 무릅쓰고 생도들의 쿠데타 지지 데모를 주도해 성사시킴
	7월 3일 장도영이 물러나고 박정희가 국가재건최고회의 2대 의장이 됨. 얼마 뒤 전두환은 의장실 민원 담당 비서관으로 전속
1962년	중앙정보부 인사과장으로 약 5개월 근무한 뒤 육군본부 인사참모부에서 근무. 딸 효선 태어남
1964년	아들 재용 태어남
1966년	11월 1일 중령 진급, 1공수특전단 부단장
1967년	8월 11일 수도경비사령부 30대대 대대장
1969년	11월 30일 대령 진급, 서종철 육군참모총장의 수석부관이 됨
1971년	11월 귀국 후 1공수특전단 단장
1973년	1월 1일 준장 진급, 청와대 경호실 차장보
1977년	2월 1일 소장 진급
1979년	3월 5일 보안사령관에 임명됨
	10월 26일 박정희 사망(10·26사태). 최규하 권한대행이 제주도를 제외한 전국에 계엄령 선포
	합동수사본부장으로 처음 국민 앞에 존재를 드러냄
	10월 27일 새벽 1시 김재규 체포
	12월 3일 김재규 기소

12월 6일 최규하가 통일주체국민회의에서 대통령으로 선출됨

12월 12일 전두환을 비롯한 신군부 세력이 정승화 계엄사령관 및 반대파 세력에 대해 공격을 감행한 이른바 12·12사태를 일으킴

12월 13일 이희성 계엄사령관 취임

1980년 2월 6일 정승화, 국방부 계엄보통군법회의에서 내란방조죄로 기소됨

3월 13일 국방부 계엄보통군법회의에서 정승화, 징역 10년형 선고

4월 14일 최규하 대통령, 전두환을 중앙정보부장 서리에 겸직 임명

5월 16일 전국 대학생들의 대규모 시위가 벌어짐

5월 17일 국무회의에서 계엄령을 전국으로 확대. 김종필과 김대중을 체포하고 김영삼이 가택 연금됨

5월 18일 광주 시민 봉기

5월 24일 김재규 사형 집행

5월 27일 계엄군, 광주도청에 진입

6월 1일 국가보위비상대책위원회 설치. 전두환은 상임위원장에 임명됨. 또한 전두환은 중정부장 서리 및 국군보안사령관으로서 위원회 명단에 두 번 이름을 올림

7월 4일 보안사가 김대중 내란음모사건 발표

8월 16일 최규하 대통령 하야

8월 22일 육군 대장으로 전역

8월 27일 통일주체국민회의에서 대통령 후보로 단독 출마해 당선

9월 1일 11대 대통령에 취임

9월 18일 육군본부 계엄보통군법회의, 김대중에 사형 선고

9월 29일 대통령 임기 7년 단임과 간선제에 의한 대통령 선출을 골자로 하는 헌법개정안이 공고됨

10월 27일 국민투표에 의해 새 헌법이 공포됨

11월 언론통폐합과 언론인 강제해직 등을 단행

1981년 1월 23일 대법원에서 김대중 사형 확정

1월 24일 김대중 무기징역으로 감형. 계엄 해제

2월 3일 미국 방문

2월 25일 제5공화국 헌법에 따라 5,277명의 대통령선거인단이 투표한 간접선거에서 90.23%를 득표해 12대 대통령으로 당선됨. 이로써 전두환은 두 번 대통령에 당선되고 두 번 취임식을 가짐

1983년 10월 9일 서남아 및 대양주 순방 일정 중 버마 아웅산 묘소에서 폭발사건 발생. 이로 인해 전두환을 수행한 16명의 각료가 순직

1984년 11월 15일 남북 경제회담 개최

1985년 5월 24일 미 문화원 점거 사건 발생

9월 10일 김근태 민주화운동청년연합 전 의장 구속

1986년 7월 권인숙에 대한 부천경찰서 문귀동의 성고문 사건 발생

9월 20일 서울 아시안 게임 개최(참가국: 아시아경기연맹 36개 회원국 중 27개국, 불참국: 북한, 라오스, 몽골, 베트남, 남예멘, 시리아, 캄보디아, 미얀마, 브루나이, 아프가니스탄 총 10개국)

1987년 1월 14일 박종철 고문치사 사건 발생

4월 13일 현행 헌법에 따라 1988년 2월 후임자에게 정부를 이양하겠다는 '4·13 호헌조치' 발표

6월 10일 민주정의당 전당대회에서 노태우를 대통령 후보로 지명

전국에서 시민들, 민주화를 외치며 대규모 시위 개최. 6월 9일, 연세대학교에서 일어난 시위 과정에서 이한열, 경찰의 최루탄을 머리에 맞고 중태에 놓였다가 7월 5일 사망

6월 29일 노태우 민정당 대통령 후보, 직선제 개헌 및 김대중 사면복권 등을 포함한 8개항의 '6·29선언' 발표

7월 10일 민주정의당 총재직 사퇴

11월 29일 대한항공 KAL기 858편 폭파 사건 발생

12월 16일 제13대 대통령선거에서 노태우 후보 당선. 선거 전날 대한항공 폭파 사건의 범인인 김현희(일명 마유미), 귀국

1988년 2월 25일 노태우, 대통령에 취임

4월 13일 동생 전경환의 비리 사건에 책임을 지고 모든 공직에서 사퇴

4월 16일 전경환, 특정경제범죄가중처벌법 위반 등의 혐의로 구속 기소

11월 15일 처남 이창석, 특정경제범죄가중처벌법 위반 혐의로 구속

11월 23일 부인 이순자와 함께 강원도 백담사에 은둔

11월 29일 민주정의당 탈당

1989년 12월 31일 국회에서 광주·5공특위 연석회의 청문회에 증인으로 출석, 증언

1990년 12월 30일 백담사에서 하산하여 연희동 자택으로 귀가

1993년 2월 25일 김영삼 대통령 취임

7월 19일 정승화를 비롯한 12·12 사태 당시 육군 수뇌부 지휘관 및 참모 22명이 전두환, 노태우를 비롯한 12·12 주모자 34명을 반란 및 항명 등 혐의로 고소

1995년 11월 16일 노태우, 특정경제범죄가중처벌법 혐의로 구속 수감

12월 3일 12·12 및 5·18사건 특별수사본부, 전두환을 반란과 내란 수괴, 내란목적 살인, 특정경제범죄가중처벌법상 뇌물수수죄 등의 혐의로 안양교도소에 구속 수감

1996년 8월 26일 서울지법 형사합의 30부, 전두환에게 사형, 노태우에게는 22년 6월의 형을 선고

1997년 4월 17일 대법원에서 전두환, 반란, 내란수괴, 내란목적 살인, 상관살해미수, 뇌물 수수 등의 혐의로 무기징역 및 추징금 2,205억 원 선고. 노태우, 반란, 내란중요임무종사자, 상관살해미수, 뇌물 수수 등의 혐의로 징역 17년, 추징금 2628억 원 선고

1997년 12월 18일 제15대 대통령선거에서 김대중 후보 당선

12월 22일 전두환 및 노태우, 특별사면조치로 석방

2006년 국무회의에서 전두환과 노태우의 서훈을 취소하고 훈장 등을 환수키로 의결

2017년 3월 27일 이순자 자서전 『당신은 외롭지 않다』 출간

4월 5일 『전두환 회고록』(전3권) 출간